Tobias Häberlein
Informatik
De Gruyter Studium

Weitere empfehlenswerte Titel

Python 3
S. Kaminski, 2016
ISBN 978-3-11-047361-2, e-ISBN 978-3-11-047400-8,
e-ISBN (EPUB) 978-3-11-047365-0

Rechnerorganisation und Rechnerentwurf, 5. Auflage
D. Patterson, J.L. Hennessy, 2016
ISBN 978-3-11-044605-0, e-ISBN 978-3-11-044606-7,
e-ISBN (EPUB) 978-3-11-044612-8

*Informatik, Band 1: Programmierung, Algorithmen und
Datenstrukturen*
H.P. Gumm, M.Sommer, 2016
ISBN 978-3-11-044227-4, e-ISBN 978-3-11-044226-7, e-ISBN (EPUB)
978-3-11-044231-1

*Informatik, Band 2: Rechnerarchitektur, Betriebssysteme,
Rechnernetze*
H.P. Gumm, M.Sommer, 2017
ISBN 978-3-11-044235-9, e-ISBN 978-3-11-044236-6,
e-ISBN (EPUB) 978-3-11-043442-2

*Informatik, Band 3: Formale Sprachen, Compilerbau,
Programmierung*
H.P. Gumm, M.Sommer, 2018
ISBN 978-3-11-044238-0, e-ISBN 978-3-11-044239-7, e-ISBN (EPUB)
978-3-11-043405-7

Tobias Häberlein

Informatik

Eine praktische Einführung mit Bash und Python

2. Auflage

DE GRUYTER
OLDENBOURG

Autor
Prof. Dr. Tobias Häberlein
Hochschule Albstadt-Sigmaringen
Fakultät Informatik
Poststraße 6
72458 Albstadt
haeberlein@hs-albsig.de

Die erste Auflage dieses Buches erschien unter dem Titel „Eine praktische Einführung in die Informatik mit Bash und Python"

"Python" and the Python logos are trademarks or registered trademarks of the Python Software Foundation, used by the Author with permission from the Python Software Foundation. Die Lizenz von Python ist abrufbar über https://docs.python.org/3/copyright.html

ISBN 978-3-11-049686-4
e-ISBN (PDF) 978-3-11-049687-1
e-ISBN (EPUB) 978-3-11-049569-0

Library of Congress Cataloging-in-Publication Data
A CIP catalog record for this book has been applied for at the Library of Congress.

Bibliografische Information der Deutschen Nationalbibliothek
Die Deutsche Nationalbibliothek verzeichnet diese Publikation in der Deutschen Nationalbibliografie; detaillierte bibliografische Daten sind im Internet über http://dnb.dnb.de abrufbar.

© 2017 Walter de Gruyter GmbH, Berlin/Boston
Einbandabbildung: taviphoto/iStock/thinkstock
Druck und Bindung: CPI books GmbH, Leck
♾ Gedruckt auf säurefreiem Papier
Printed in Germany

www.degruyter.com

Vorwort

Zur zweiten Auflage

Die zweite Auflage bleibt der schon im Vorwort zur ersten Auflage beschriebenen Konzeption des Buchs treu: Nämlich eine Einführung in die Informatik praktisch zu betreiben und mittels typischer Werkzeuge der Informatik, einem Betriebssystem und einer Programmiersprache, erfahrbar zu machen.

Das Buch wurde in der zweiten Auflage auf Python 3 umgestellt, um viele aktuelle Informationen ergänzt und von Tippfehlern und inhaltlichen Fehlern bereinigt.

Rückmeldungen zu Inhalt und Form können jederzeit gerne an den Autor direkt per Mail an `tobias.haeberlein@gmx.de` gegeben werden.

Viel Spaß beim Lesen und Ausprobieren.

Tobias Häberlein   Blaustein im Oktober 2016

Zur ersten Auflage

Es gibt eine Vielzahl exzellenter Bücher, die eine Einführung in die Informatik vermitteln, und dabei teilweise ein weites Feld von Themen abdecken. Jedoch vermisse ich in all diesen Informatik-Einführungen ein didaktisches Konzept des Ausprobierens: Eine einheitliche Art, alle präsentierten Konzepte selbst zu erfahren, mit Ihnen zu arbeiten und zu experimentieren und so die eigentlichen Probleme der Informatik besser zu verstehen. Insbesondere die praktische Informatik lebt vom Ausprobieren verschiedener Lösungswege, Experimentieren mit Programmkonstrukten und Algorithmen, und allgemein vom "Selber-Machen". Dieser Tatsache wird durch die Vielzahl der in diesem Buch gestellten Aufgaben Rechnung getragen. Diese befinden sich immer an genau der Stelle im Buch, die den zu übenden Stoff behandelt. Ein großer Teil der zugehörigen Lösungen ist zu finden unter www.TobiasHaeberlein.net.

Die wichtigsten Werkzeuge, um diese Konzepte der praktischen Informatik am Rechner auzuprobieren, sind das *Betriebssystem* und eine *Programmiersprache*. Aus diesem Grund geben die ersten beiden Kapitel dieses Buches, Kapitel 2 und 3, eine Einführung zum einen in ein für das Erlernen von Informatik-Konzepten geeignetes Betriebssystem (nämlich Linux) und zum anderen in eine für Anfänger besonders geeignete höhere Programmiersprache (nämlich Python). Nochmals im Detail:

Kapitel 2 (Unix/Linux und Shell-Programmierung) vermittelt eine Betriebssystem-nahe Sicht auf einen Rechner und lehrt die die Verwendung der einfachen ungetypten Skriptsprache der Bash. Hier soll der Umgang mit einem Betriebssystem *vollständig* ohne den Gebrauch graphischer Hilfsmittel (wie graphischer

Dateinavigator, Desktop, Maus, etc.) eingeübt werden. Meiner Erfahrung nach ist die (anfänglich) ausschließliche Verwendung der „nackten" Shell als Schnittstelle zum Betriebssystem ein effektiver Einstieg in den Umgang mit einem Betriebssystem.

Kapitel 3 (Python-Programmierung) geht – ausgehend von der ungetypten Skriptsprache der Bash – über zu einer höheren und typisierten Programmiersprache. Mit dieser werden zunächst ähnliche Problemstellungen (Dateimanipulation, Stringmanipulation, Ein- und Ausgabe) angegangen. Es wäre durchaus auch denkbar gewesen, eine andere Skriptsprache, wie etwa PHP, Perl oder awk und sed zu verwenden. Verglichen mit diesen ist jedoch Python die „höchste" Programmiersprache, bietet die größte Auswahl an Programmierparadigmen und besitzt zudem eine besonders für Anfänger eingängige Syntax. Zudem bietet sie, was vielleicht für das didaktische Konzept diese Buches am wichtigsten ist, eine interaktive Shell-artige Umgebung, in der man direkt mit den erstellten Funktionen „spielen" kann.

Ich möchte ausdrücklich darauf hinweisen, dass dieses Buch weder gedacht ist als umfassende Bash-Einführung, noch als umfassende Python-Einführung. Sowohl Bash als auch Python sind nichts weiter als didaktische Werkzeuge, um den Leser die wichtigsten Konzepte der Informatik „erleben" zu lassen.

Einige der vorgestellten Programmiertechniken (insbesondere die Betonung der Listenkomprehensionen) haben eine bewusst gewählte Färbung des Funktionalen Programmierparadigmas. Meine Erfahrung zeigt, dass dem späteren Programmierstil von Informatik-Anfängern eine stärkere Betonung des Funktionalen Programmierparadigmas in der Anfangsausbildung gut tut. Zudem bietet die Lehre von funktionalen Programmierkonstrukten einen effektiven Zugang zu der Art von Abstraktionsvermögen, die sich Anfänger so früh wie möglich aneignen müssen. Informatikanfänger machen häufig den Fehler, algorithmische Probleme zu „kleinschrittig" und Spaghetti-Code-artig zu lösen.

An folgenden beiden Lösungen der Aufgabe, eine Funktion zu schreiben, die alle Quadratzahlen von 1 bis n als Liste zurückliefert, kann man gut sehen, was ich hiermit meine. Listing 1 gibt ein von mir häufig gesehenes Beispiel einer zwar korrekten, aber Spaghetti-Code-artig implementierten „Anfänger"lösung. Listing 2 zeigt eine besser verständliche (und daher auch professionellere, „informatischere") Lösung der Aufgabenstellung. Der Leser soll auf dieser Reise durch das „Informatik-Denken" auch lernen, wie man algorithmische Problemstellungen professionell und elegant lösen kann.

```
def quadListe1(n):
  ergebnisLst=[]
  i = 1
  while i<=n:
    quadrat = i*i
    i = i+1
    ergebnisLst.append(quadrat)
  return ergebnisLst
```

```
def quadListe2(n):
  return [i*i for i in range(1,n+1)]
```

Listing 1. „Anfänger"lösung   **Listing 2.** „Informatiker"lösung

Eine knapp 250-seitige Einführung in die Informatik, ausgelegt auf eine 4-6 SWS-Vorlesung, muss sich entscheiden, welche Teilgebiete der Informatik für die Einführung ausgewählt werden. Neben der Funktionsweise eines Betriebssystems und der Konzepte einer höheren Programmiersprache, die beide als Basis für alle weiteren Kapitel dienen, sind dies hier:

Kapitel 4 (Programmierung mit regulären Ausdrücken) Einführung in die Verwendung regulärer Ausdrücke. Auch hier gilt wieder, dass dies keinesfalls als umfassende Darstellung der Verwendung regulärer Ausdrücke zu verstehen ist, sondern vielmehr als Übung im Umgang mit für die Informatik typischen formalen Konstrukten. Zusätzlich stellt dies für den späteren Programmieralltag eine nützliche Übung dar.

Kapitel 5 (Datenbanken und Datenbankprogrammierung) Einführung in Konzepte der Datenpersistenz. Dies stellt eine notwendige Grundlage vieler typischer Anwendungen in der Informatik dar. Zu diesem Themengebiet zählen unter anderem Datenbanken, Datenbankmanagementsysteme, SQL und No-SQL-Datenbanken und -Datenbanksprachen.

Kapitel 6 (Internet und Internetprogrammierung) Einführung in die Funktionsweise des Internet und in die Internetprogrammierung. Hierzu zählen Socketprogrammierung, HTML-Syntax und HTML-Generierung Kommunikation mit und Funktionsweise eines Web-Servers und Entwurf einfacher interaktiver Web-Seiten.

Kapitel 7 (Nebenläufige und Parallele Programmierung) Einführung in die Programmierung nebenläufiger und paralleler Algorithmen. Dies ist ein anspruchsvolles Thema, das gerade aufgrund der Komplexität des Zusammenspiels und der Synchronisation nebenläufiger und paralleler Programmteile seinen Reiz hat. Zusätzlich erlangt die parallele Programmierung immer größere Relevanz in Zeiten der Mehrkern-Rechner des Cloud-Computing und der leistungsfähigen feingranular parallelisierbaren graphischen Prozessoren.

Die folgende Abbildung stellt die Abhängigkeiten zwischen den einzelnen Kapiteln dar:

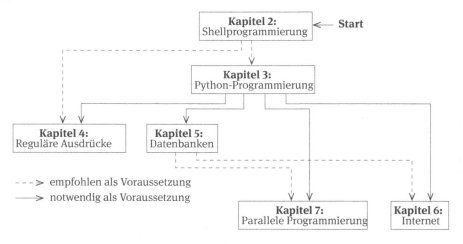

Vorschläge für eine auf diesem Buch basierenden Einführungsvorlesung:

2-SWS-Vorlesung: (a) Kapitel 2 → Kapitel 3 → Kapitel 6
(Die Basiskapitel und für die Studierenden interessante Internet-Inhalte)
(b) Kapitel 2 → Kapitel 3 → Kapitel 4
(Die Basiskapitel und eine zur theoretischen Informatik affinen Anwendung)
(c) Kapitel 2 → Kapitel 3 → Kapitel 5 (Die Basiskapitel und Datenbankgrundlagen)

4-SWS-Vorlesung: (a) Alle Kapitel – je nachdem wie flott präsentiert wird, kann der Stoff jedoch über Umfang einer 4-SWS-Vorlesung hinausgehen.
(b) Man kann durchaus eines der Kapitel 4, 5, 6 oder 7 einfach weglassen.

6-SWS-Vorlesung: Meiner Erfahrung nach ist der in diesem Buch vermittelte Stoff sehr gut geeignet für eine Vorlesung mit Umfang 6 SWS.

Wie oben schon erwähnt, kann ein 200-seitiges Einführungsbuch nicht alle Themengebiete der Informatik abdecken. Diese Einführung blendet insbesondere aus: alle technischeren Aspekte der Informatik (Implementierung von Betriebssystemen, Funktionsweise eines Rechners und Computernetzwerke), Boolesche Logik und die theoretischeren Aspekte der Informatik (Algorithmik, Logik, Komplexitätstheorie, usw.) sowie einige Aspekte der praktischen Informatik (UML, Objekt-orientierter Softwareentwurf, viele Aspekte des Software-Engineering, Vorgehensmodelle, Software-Qualitätssicherung, Projektmanagement, usw.).

Ich wünsche Ihnen allen so viel Spaß beim Lesen, Lernen oder Lehren wie ich beim Schreiben dieses Buchs hatte!

Tobias Häberlein   Blaustein im Mai 2011

Inhalt

Vorwort —— V

1   **Was ist Informatik? —— 1**

2   **Unix/Linux und Shell-Programmierung —— 8**
2.1   Grundlegendes —— 8
2.1.1   Wozu dient ein Betriebssystem? —— 8
2.1.2   Unix vs. Linux —— 10
2.1.3   Der Aufbau von Linux —— 10
2.1.4   Die Shell —— 11
2.1.5   Multitasking —— 12
2.1.6   Das Dateisystem von Unix —— 13
2.2   Erste wichtige Kommandos —— 14
2.2.1   Aufbau von Shell-Kommandos —— 15
2.2.2   Befehle für Verzeichnisse —— 16
2.2.3   Befehle für Dateien —— 17
2.2.4   Befehle für die Benutzerverwaltung —— 19
2.2.5   Befehle des Prozesssystems —— 20
2.2.6   Sonstige Befehle —— 21
2.3   Textdateien erstellen und editieren mit vi —— 22
2.4   Features der Shell —— 24
2.4.1   Eingabe —— 24
2.4.2   Wildcards —— 25
2.4.3   Umleitungen und Pipes —— 26
2.4.4   Shellvariablen —— 29
2.4.5   Ausblendung von Sonderbedeutungen —— 31
2.4.6   Verknüpfungen von Kommandos —— 32
2.5   Weitere Kommandos —— 34
2.5.1   Das find-Kommando —— 34
2.5.2   Das grep-Kommando —— 36
2.5.3   Der cut-Befehl —— 39
2.5.4   Das sort-Kommando —— 40
2.5.5   Die head- und tail-Kommandos —— 41
2.6   Shell-Programmierung —— 41
2.6.1   Dateneingabe —— 42
2.6.2   Kommandozeilenparameter —— 43
2.6.3   Bedingungen testen —— 44
2.6.4   Programmschleifen —— 47

3	**Python-Programmierung** —— **51**	
3.1	Arbeiten mit Python —— **52**	
3.1.1	Python 3 vs. Python 2 —— **52**	
3.1.2	Installation —— **53**	
3.1.3	Ein erstes Python-Programm —— **53**	
3.1.4	Die Python-Shell —— **54**	
3.1.5	Python Notebooks —— **54**	
3.2	Einfache Datentypen —— **56**	
3.2.1	Zahlen —— **56**	
3.2.2	Boolesche Werte —— **56**	
3.2.3	Strings —— **57**	
3.2.4	Variablen —— **57**	
3.2.5	Operatoren —— **58**	
3.3	Grundlegende Konzepte —— **60**	
3.3.1	Einrücktiefe —— **60**	
3.3.2	Kontrollfluss —— **61**	
3.3.3	Schleifenabbruch —— **65**	
3.3.4	Anweisungen vs. Ausdrücke —— **65**	
3.3.5	Funktionen —— **67**	
3.4	Zusammengesetzte Datentypen —— **70**	
3.4.1	Listen und Sequenzen —— **70**	
3.4.2	Allgemeine Sequenzoperationen —— **72**	
3.4.3	Wichtige Operationen auf Listen —— **74**	
3.4.4	Referenzen —— **76**	
3.4.5	Tupel —— **77**	
3.4.6	Dictionaries —— **77**	
3.4.7	Strings (Fortsetzung) —— **80**	
3.5	Funktionale Programmierung —— **83**	
3.5.1	Listenkomprehensionen —— **84**	
3.5.2	Die `map`-Funktion —— **89**	
3.5.3	Die `filter`-Funktion —— **91**	
3.5.4	Die `reduce`-Funktion —— **93**	
3.6	Dateien und Verzeichnisse —— **96**	
3.6.1	Datei-Objekte —— **97**	
3.6.2	Dateimanipulation mit Listenkomprehensionen —— **100**	
3.6.3	Verzeichnisse —— **103**	
3.7	Objektorientierte Programmierung —— **105**	
3.7.1	Definition und Verwendung einer Klasse —— **106**	
4	**Programmierung mit regulären Ausdrücken** —— **111**	
4.1	Verwendung Regulärer Ausdrücke in Python —— **111**	
4.1.1	Das Kommando *re.findall* —— **112**	

4.1.2   Das Kommando *re.sub* —— **113**
4.1.3   Das Kommando *re.search* —— **116**
4.2   Komponenten Regulärer Ausdrücke —— **117**
4.2.1   Einfache Konstrukte —— **118**
4.2.2   Rückwärtsreferenzen (Backreferences) —— **124**
4.2.3   Greedy vs. Non-Greedy —— **126**
4.2.4   Lookahead —— **127**
4.3   Reguläre Ausdrücke vs. Suchausdrücke mit
          Listenkomprehensionen —— **130**

5   **Datenbanken und Datenbankprogrammierung —— 135**
5.1   Wozu Datenbanken? —— **135**
5.1.1   Daten-Persistenz —— **135**
5.1.2   Dateisystem als Datenspeicher —— **135**
5.1.3   Anforderungen an Persistenzmechanismen —— **136**
5.2   Datenbankmanagementsysteme (DBMS) —— **137**
5.2.1   Transaktionskonzept —— **137**
5.2.2   Funktionsweise eines DBMS —— **138**
5.2.3   Einsatz von DBMS —— **139**
5.3   Relationale DBMS —— **139**
5.3.1   Tabellen, Schemata, Zeilen, Spalten —— **139**
5.3.2   Erstellen einer Tabelle in MySQL mit Python —— **140**
5.4   SQL-Abfragen —— **144**
5.4.1   Relationenalgebra —— **144**
5.4.2   Das SELECT-Kommando —— **145**
5.4.3   Zählen und Statistiken —— **148**
5.4.4   Joins: Verknüpfung von Tabellen —— **149**
5.5   Entwurf relationaler DBMS —— **150**
5.5.1   Entity-Relationship-Diagramme —— **150**
5.5.2   Umsetzung in ein relationales Modell —— **153**
5.5.3   Normalisierung —— **155**
5.6   Nicht-Relationale DBMS —— **158**
5.6.1   CouchDB: Datenverfügbarkeit vs. Datenkonsistenz —— **158**
5.6.2   Funktionsprinzipien —— **159**
5.6.3   JSON —— **162**
5.6.4   Erzeugen einer CouchDB-Datenbank mit Python —— **163**
5.6.5   Benutzerdefinierte Views mit MapReduce —— **165**

6   **Internet und Internetprogrammierung —— 170**
6.1   Einführung in die Funktionsweise des Internet —— **170**
6.1.1   Geschichtliches —— **170**
6.1.2   Netzwerk-Protokolle —— **171**

6.1.3   Das TCP/IP-Referenzmodell —— **171**
6.1.4   Internetworking —— **173**
6.1.5   Sockets —— **174**
6.1.6   Host, Server, Client —— **175**
6.2   Socketprogrammierung —— **176**
6.3   Dateitransfer mit FTP —— **179**
6.4   HTML und Datentransfer von URLs —— **181**
6.4.1   HTML —— **181**
6.4.2   Datentransfer von URLs —— **182**
6.5   Dynamische Web-Seiten —— **184**
6.5.1   `htmlgen`: Generierung von HTML-Code —— **184**
6.5.2   Ein einfacher Web-Server —— **186**
6.5.3   Ein erstes CGI-Skript —— **187**
6.5.4   Komplexere CGI-Skripte —— **188**

7   **Nebenläufige und Parallele Programmierung —— 191**
7.1   Grundlegendes —— **191**
7.1.1   Prozesse, Tasks und Threads —— **191**
7.1.2   Nebenläufigkeit vs. Parallelität —— **192**
7.1.3   Multithreading, Time-Sharing und Threadzustände —— **193**
7.1.4   Programmierung mit Threads vs. Multi-Core-Programmierung —— **194**
7.2   Parallele Rechnerarchitekturen —— **194**
7.2.1   NOWs —— **195**
7.2.2   SMPs und Mehrkern-Prozessoren —— **195**
7.2.3   GPUs —— **196**
7.2.4   Hardware-seitiges Multithreading —— **198**
7.3   Techniken Paralleler Programmierung —— **198**
7.3.1   Locks —— **198**
7.3.2   Message-Passing —— **199**
7.3.3   Bulk Synchronous Parallel Model (BSP) —— **199**
7.4   Multithread-Programmierung in Python —— **200**
7.4.1   Das `threading`-Modul —— **201**
7.4.2   Verwendung von Locks —— **202**
7.4.3   Das `queue`-Modul —— **205**
7.5   Multicore-Programmierung in Python —— **208**
7.5.1   Das `multiprocessing`-Modul —— **208**
7.5.2   Das `mpi4py`-Modul —— **211**

Literatur —— 219

Stichwortverzeichnis —— 220

1 Was ist Informatik?

Der Begriff „Informatik" wurde bereits Ende der 50er Jahre von dem deutschen Professor Dr. Karl Steinbuch geprägt. Den Begriff „Informatik" kann man sich entweder zusammengesetzt aus den Wörtern „Information" und „Automatik" denken – will man die Tatsache betonen, dass es in der Informatik um die automatische Verarbeitung von Informationen geht. Will man dagegen die Ähnlichkeit der Informatik und der Mathematik betonen, so kann man sich den Begriff „Informatik" zusammengesetzt aus den Wörtern „Information" und „Mathematik" denken.

Während man die Mathematik als eine Wissenschaft des „formal[1] Denkbaren" auffassen kann, beschäftigt sich die Informatik mit dem „formal Realisierbaren", also mit Berechnungen, die maschinell ausgeführt werden können. Ihre Fragestellungen, etwa zur Berechenbarkeit oder zur künstlichen Intelligenz, reichen bis in die Philosophie hinein. Kleines Beispiel: Ist die folgende Funktion (mit Hilfe einer automatischen Rechenmaschine, also einem Computer) berechenbar?

$$f(x) = \begin{cases} 1, & \text{falls } \pi\text{'s Nachkommadarstellung } \underbrace{7 \ldots \ldots 7}_{x-mal} \text{ enthält} \\ 0, & \text{andernfalls} \end{cases}$$

Aufgabe 1.1

Überlegen Sie sich, wie ein Computer-Programm – unabhängig von einer bestimmten Programmiersprache – aussehen könnte, das diese Funktion f versucht zu berechnen. Was spricht dagegen, die Funktion f als „berechenbar" zu bezeichnen?

Ausgewählte Pioniere der Informatik

Die folgende Liste der „Pioniere der Informatik" ist subjektiv und könnte, von einer anderen Person erstellt, anders aussehen. Diese Liste enthält wichtige Persönlichkeiten aus den Bereichen der Theoretischen (Gödel, Turing, Chomsky, Knuth, Cook) und Praktischen Informatik (Richie, Thompson, Torvalds, Stallman, Peyton-Jones).

Vieles von dem, was auf den folgenden Seiten beschrieben wird, ist für den Informatik-Anfänger nicht einfach zu verstehen, und es wird auch nicht erwartet, dass Sie alles Beschriebene im Detail genau verstehen – es ist eher dafür gedacht,

---

[1] „Formal" bedeutet hier, dass man es mit Konstrukten zu tun hat, deren Form gemäß eindeutigen Regeln klar festgelegt ist.

ihr Interesse für die Informatik und die theoretischen Grundlagen der Informatik zu wecken, und auch um Sie in die Lage zu versetzen, zumindest von den „großen" Problemen der Informatik „schon einmal gehört" zu haben.

Kurt Gödel
1906 – 1978

Gödel beschäftigte sich unter anderem mit maschinell (d. h. durch eine automatische Rechenmaschine wie ein Computer) ableitbaren Aussagen. Von ihm stammt der „Gödelsche Unvollständigkeitssatz". Mit ihm beweist Gödel, dass es sogar in dem einfachsten Teilbereich der Mathematik, der Zahlentheorie (also der Theorie ganzer Zahlen), wahre Aussagen geben muss, die man nicht automatisiert ableiten bzw. beweisen kann. Dies versetzte der Mathematik der damaligen Zeit, den 30er Jahren des 20. Jahrhunderts, einen herben Schlag. Bis dahin war man fest davon überzeugt, die Mathematik widerspruchsfrei *formalisieren* zu können, d. h. in eine Form zu bringen, die auch eine Maschine „verstehen" könnte und mit der eine Maschine so umgehen könnte, dass sie aus den formalisierten Grundvoraussetzungen (oft auch *Axiome* genannt) alle wahren Aussagen der Mathematik automatisch ableiten könnte.

Alan Turing
1912 – 1954

Der junge Turing interessierte sich für das sogenannte „Entscheidungsproblem" (auch im englischsprachigen Raum so genannt), eines der "Hilbertschen Probleme"[2]. Das Entscheidungsproblem lässt sich folgendermaßen formulieren: Gibt es, zumindest prinzipiell, eine mechanisch anwendbare Methode, die entscheiden kann, ob eine gegebene mathematische Behauptung beweisbar ist?

Um dieses Problem zu lösen, versuchte/hom Turing zunächst formal zu definieren, was unter einer „mechanisch anwendbaren Methode" zu verstehen sei. Er drückte seine Definition in Form einer theoretischen Maschine aus, die bestimmte, wohl definierte Operationen auf einem Streifen Papier durchführen konnte. Diese „Maschine", mit der Turing definierte, was unter „berechenbar" zu verstehen sei, nennt man die *Turingmaschine*. Mit Hilfe dieses formalen Konzeptes einer Rechenmaschine konnte Turing beweisen, dass das Entscheidungsproblem unlösbar ist.

---

2 Wichtige ungelöste mathematische Probleme, formuliert von dem deutschen Mathematiker David Hilbert, im Jahre 1900, einige davon wurden erst kürzlich gelöst, einige sind immer noch ungelöst.

Es stellte sich im Weiteren heraus, dass die Turingmaschine tatsächlich exakt die Fähigkeiten jedes Computers beschreibt: Eine Turingmaschine ist prinzipiell nicht mehr oder weniger leistungsfähig als jeder heutige Computer (ausgenommen: Quantencomputer). Mit Hilfe des einfachen mathematischen Modells der Turingmaschine lassen sich viele grundsätzliche Dinge über Berechenbarkeit zeigen.

Außerdem war Turing maßgeblich am Entschlüsseln geheimer Nachrichten der Nazis beteiligt.

Noam Chomsky
*1928

Noam Chomsky formalisiert die Darstellung und den Aufbau natürlicher Sprachen mit formalen „Grammatiken". Diese Grammatiken definierten rekursiv den Aufbau und das Verhältnis der einzelnen Sprachelemente zueinander. Er entwickelte die sog. *Chomsky-Hierarchie*, in der er Klassen von Sprachen nach ihrer Komplexität „sortierte": Typ-3-Sprachen sind die einfachsten; Typ-0-Sprachen die komplexesten. Um eine Typ-0-Sprache zu bauen bzw. zu erkennen, benötigt man den vollen Funktionsumfang einer Turing-Maschine. Um Typ-1-Sprachen zu erkennen genügen einfachere „Maschinen", usw.

Besonders im Compilerbau und in vielen Bereichen der Theoretischen Informatik sind Chomskys Arbeiten auch heute noch sehr wichtig.

Donald E. Knuth
*1938

Donald E. Knuth ist Autor der mehrbändigen Buchreihe „The Art of Computer Programming" und der Begründer der formalen Analyse und Laufzeitanalyse von Algorithmen. Er war der erste, der die Groß-Oh-Notation systematisch zur Beschreibung des Laufzeitverhaltens von Algorithmen verwendete. Unter anderem hat er den „Knuth-Morris-Pratt"-Algorithmus entwickelt, der im Vergleich zu älteren Ansätzen eine deutlich schnellere String-Matching[3]-Methode bereitstellte (d. h. eine Methode, um alle Vorkommen eines bestimmten Strings in einem Text zu suchen).

Außerdem hat Knuth das Textsatzsystem TEX entwickelt (mit dem auch dieses Buch geschrieben wurde) inklusive der zugehörigen Zeichendefinitionssprache Metafont.

---

3 Der Begriff „Matching" steht für „Abgleich" oder auch Paarung und ist ein in der Informatik bzw. Algorithmik häufig gebrauchter Begriff, der das Finden einer Übereinstimmung oder das Finden passender Paare oder ähnliches bezeichnet.

**Stephen A.
Cook
*1939**

Stephen A. Cook formulierte und erforschte das für die Theoretische Informatik grundlegende und bis heute ungelöste *P/NP*-Problem. Es gilt als eines der wichtigsten ungelösten Probleme der Mathematik und Informatik. In der Komplexitätstheorie, einem Teilgebiet der Theoretischen Informatik, geht es darum, „Probleme"[4] anhand des Zeitaufwands zu klassifizieren, der benötigt wird, um sie zu lösen. Die Anzahl der zur Lösung maximal benötigten Berechnungsschritte wird auch als *Zeitkomplexität* bezeichnet.

Die Komplexitätsklasse *P* bezeichnet die Menge von Problemen, deren Laufzeit auf einer Turingmaschine sich im Verhältnis zur Größe n der Eingabe durch ein Polynom n^k beschreiben lässt: Das Sortierproblem, beispielsweise, liegt in *P*, da man Algorithmen angeben kann, die eine Liste mit n Elementen (die Größe des Problems) in n^2 Schritten sortieren kann[5]. Die Probleme in *P* werden auch oft als die „praktisch lösbaren" Probleme bezeichnet. Die Komplexitätsklasse *NP* bezeichnet die Menge von Problemen, die sich mit einer nicht-deterministischen Turing-Maschine in n^k-Schritten lösen lassen. Anders ausgedrückt: In *NP* befinden sich diejenigen Probleme, bei denen man eine Lösung in polynomieller Zeit auf deren Richtigkeit überprüfen kann.

Das *P/NP*-Problem ist nun die Frage, ob die beiden Komplexitätsklassen identisch sind, d. h. ob es Probleme gibt, die sich in *NP* befinden, aber nicht in *P*. Man vermutet, dass $P \neq NP$ gilt.

**Denis Richie
1941 – 2011

Ken Thompson
*1943**

Denis Richie und Ken Thompson entwickelten um 1970 das Betriebssystem Unix. Ein Betriebssystem ist die Software eines Rechners, die direkt mit der Hardware kommuniziert. Unix verwendete zu dieser Zeit innovative Konzepte, wie ein hierarchisch organisiertes Dateisystem – strukturiert in Verzeichnissen, die selbst wiederum Verzeichnisse enthalten können – und die Verwendung des Dateisystems als Schnittstelle auf externe Geräte und Prozesse. So werden in Unix CD-Laufwerke, weitere Festplatten, USB-Sticks usw. als spezielle Dateien im Dateisystem abgebildet.

---

4 In der Theoretischen Informatik bezeichnet man als „Problem" oft eine bestimmte zu lösende Aufgabe, wie beispielsweise das Sortieren einer Liste oder das Suchen eines bestimmten Textfragments in einem Buch.

5 Es gibt schnellere Algorithmen, die dies in $n \cdot \log n$ Schritten schaffen – etwa Quicksort.

**Richard
Stallman
*1953**

Richard Stallman ist der Gründer der Bewegung für freie Software. Er startete 1983 das sogenannte GNU-Projekt. GNU ist eine rekursive[6] Abkürzung und steht für „GNU is not UNIX". Dem GNU-Projekt ist unter anderem zu verdanken, dass Linux heute so erfolgreich ist. Das GNU-Projekt initiierte außerdem die „freie Software"-Bewegung. Hintergrund des GNU-Projekts war, dass seit etwa Ende der 70er Jahr Softwarefirmen begannen, Software nicht mehr in Form von Quelltexten auszuliefern, sondern nur noch in Form eines rein maschinenlesbaren Formats, auch „Binärformat" genannt. Zudem wurde sie nur zusammen mit speziellen Lizenzen vertrieben, die dem Anwender verbaten, die Software zu verändern und weiterzuverteilen. Für Stallman war dieser Verlust der Kontrolle an der eingesetzten Software ein Verlust an Freiheit.

Als Reaktion schuf er eine eigene Lizenz, die sogenannte Copyleft-Lizenz[7] auch GPL (= GNU General Public Licence) genannt. GPL garantiert dem Nutzer weitgehende Rechte an der Software, und stellt gleichzeitig sicher, dass für alle Veränderungen, die an der Software vorgenommen werden, die gleiche Lizenz gilt.

Im Rahmen des GNU-Projektes schuf Stallman die erste Version des emacs-Editors (eines komplexen, programmierbaren Texteditors), des GNU-Debuggers gdb und des ersten freien, plattformübergreifenden C-Compilers[8], auch heute noch unter dem Programmnamen gcc bekannt.

---

6 Rekursiv bedeutet: definiert mit Hilfe von sich selbst
7 Gemeint als Gegenteil von „Copyright".
8 Ein Compiler, ein Übersetzer, ist ein Computerprogramm, das den Code einer höheren Programmiersprache in Maschinencode übersetzt.

**Tim
Berners-Lee
*1955**

Tim Berners-Lee, Erfinder der HTML (Hypertext Markup Language) und Vordenker des World-Wide-Web und des Semantic Web, arbeitet Ende der 80er Jahr am CERN[9]. Ein Teil der Laboratorien des CERN befinden sich auf französischem, ein anderer Teil auf schweizer Gebiet. In beiden herrschte eine unterschiedliche Netzwerkinfrastruktur. Berners-Lee schlug dem CERN ein Projekt vor, das auf dem Prinzip des Hypertexts[10] beruhte und Datenaustausch und -aktualisierung auf beiden Seiten erleichtern sollte.

Er verwirklichte dieses Projekt und baute sowohl den ersten Web-Server als auch den ersten Webbrowser.

Berners-Lees Vorstellung von der Zukunft des Web ist das „Semantische Web".

**Linus Torvalds
*1969**

Im Jahre 1991 entwickelte der finnische Informatik-Student Linus Torvalds eine einfache Terminalemulation, die er zum externen Zugriff auf einen größeren Unix-Rechner brauchte; er schrieb diese Emulation sehr hardwarenah und unabhängig von einem bestimmten Betriebssystem – er wollte die Möglichkeiten seines neu gekauften (und damals sehr teuren) Rechners mit 80386-Prozessor voll ausschöpfen. Als Grundlage dienten ihm das Minix-System und der `gcc` (der GNU-C-Compiler). Irgendwann, so Torvalds in seinem Buch „Just For Fun"[13], bemerkte er, dass er eigentlich ein einfaches Betriebssystem geschrieben hatte. Schließlich kündigte er im Usenet[11] in der Gruppe `comp.os.minix` mit dem inzwischen berühmt gewordenen Posting sein neues Betriebssystem an:

---

9 CERN ist eine Großforschungseinrichtung in der Nähe von Genf in der Schweiz. Das CERN betreibt physikalische Grundlagenforschung; bekannt ist es vor allem durch seinen Teilchenbeschleuniger.
10 Netzartige Darstellung von Text und Informationen.
11 Ein weltweites elektronisches Netzwerk, ebenso wie das WWW, das Diskussionsforen bereitstellt, an denen grundsätzlich jeder teilnehmen kann.

```
Hello everybody out there using minix - I'm doing a (free)
operating system (just a hobby, won't be big and professional
like gnu) for 386(486) AT clones. This has been brewing since
april, and is starting to get ready. I'd like any feedback
on things people like/dislike in minix, as my OS resembles
it somewhat (same physical layout of the file-system (due
to practical reasons) among other things). I've currently
ported bash(1.08) and gcc(1.40), and things seem to work.
This implies that I'll get something practical within a
few months, and I'd like to know what features most people
would want. Any suggestions are welcome, but I won't promise
I'll implement them :-) Linus (torvalds@kruuna.helsinki.fi)
PS. Yes - it's free of any minix code, and it has a
multi-threaded fs. It is NOT portable (uses 386 task
switching etc), and it probably never will support anything
other than AT-harddisks, as that's all I have :-(.
```

Aufgabe 1.2

Beantworten Sie durch eine kleine Internet-Recherche folgende Fragen:

(a) Gibt es heute noch das Minix-Betriebssystem?

(b) In welchen Punkten unterscheidet sich Minix von Linux/Unix und Windows?

Aufgabe 1.3

1992 kam es durch einen Usenet-Artikel Andrew S. Tanenbaums in der Newsgroup `comp.os.minix` mit Titel „Linux is obsolete" zu einer berühmten Debatte um die Struktur des Linux-Kernels, in dem der Informatikprofessor und Autor des Mikro-kernel-Systems `Minix` Tanenbaum eine Reihe von Kritikpunkten an dem damals jungen Linux-Projekt anbrachte.

Sie können diese Diskussion leicht finden (einfach „`Linux is Obsolete`" in eine Suchmaschine Ihrer Wahl eingeben). Lesen Sie die Diskussion und versuchen Sie sowohl Tanenbaums Kritikpunkte als auch Torvalds Gegendarstellungen (so gut wie möglich) zu verstehen.

2 Unix/Linux und Shell-Programmierung

Warum wählen wir Unix/Linux als Einführung im Umgang mit Computern? Es gibt mehrere Gründe:

- Unix ist ein sauberes und transparent entworfenes Betriebssystem und daher für didaktische Zwecke gut geeignet.
- Unix erlaubt es dem Benutzer, sehr direkt mit dem Betriebssystemkern, dem sogenannten *Kernel*, zu interagieren. Man kann so die Funktionsweise des Computers und des Betriebssystem „fühlen" und verstehen.

Für die Aneignung des Stoffes in diesem Kapitel genügt es *nicht*, sich einfach den Text durchzulesen. Um den Stoff tatsächlich anwenden zu können, ist es erforderlich, das Gelesene zu üben. Das ist vergleichbar mit dem Erlernen einer Fremdsprache, wo das bloße Lesen des Lehrbuchs ebenso nicht genügt, um die Sprache zu lernen. Viele Aspekte der Informatik haben einen ähnlichen Sprach-artigen Charakter und müssen durch Verwendung der Sprache geübt werden. Es wird empfohlen, alle Aufgaben aus diesem (und den nächsten) Kapitel *selbst* am Rechner durchzuspielen.

2.1 Grundlegendes

Noch bevor wir die ersten Unix-Kommandos kennen lernen, beschäftigen wir uns mit einigen grundlegenden Eigenschaften von Betriebssystemen im Allgemeinen und Eigenschaften des Unix/Linux-Betriebssytems im Speziellen.

2.1.1 Wozu dient ein Betriebssystem?

Um einen Computer nutzen zu können braucht man genau genommen nicht unbedingt ein Betriebssystem. Ohne Betriebssystem müsste aber ein Programmierer direkt mit der „nackten" Maschine kommunizieren und seine eigenen Anweisungen schreiben unter anderem für ...

- die Ansteuerung aller Datenträger, die verwendet werden; also auch der Festplatten, der CD- und DVD-Laufwerke, der USB-Laufwerke, usw. Dass solch eine Programmierung eines *Treibers*, wie man diese Ansteuerungssoftware auch oft nennt, nicht ganz einfach ist, kann man den Anfängen von Linux entnehmen: Anfangs programmierte Linus Torvalds nur einen einzigen Treiber für eine Festplatte,
- das Festlegen der Struktur der Dateien, der Struktur des Dateisystems und, falls es mehrere Nutzer geben kann, den Zugriffsregeln auf das Dateisystem,

– die Ansteuerung eines Bildschirms; man müsste Treibersoftware schreiben, die einzelne Pixel auf dem Bildschirm aufleuchten lassen kann und zwar so, dass ein für den Benutzer nützliches Bild entsteht.

Bis zum Jahre 1967 war genau dies notwendig. Für jeden erworbenen Rechner, der zum damaligen Zeitpunkt so teuer waren, dass er nur durch eine große Institution gekauft werden konnte, musste diese Institution genau diese Art von Steuersoftware selbst schreiben. 1967 führte IBM erstmals ein eigenes Betriebssystem ein, das OS/360, das modellübergreifend eingesetzt werden konnte. Übrigens war die Entwicklung von OS/360 so komplex und IBM auch unerfahren in Softwareprojekten dieser Größe, dass sich die Auslieferung um mehr als 2 Jahre verzögerte. Die Entwicklung soll 50 Millionen Dollar gekostet haben. Auf Codezeilen umgerechnet entspricht das 225 Dollar pro Zeile.

Aufgabe 2.1

OS/360 ist heute kostenlos im Internet verfügbar und kann mit Hilfe eines ebenfalls freien Emulators[a] sowohl auf Windows als auch auf Unix ausgeführt und getestet werden. Installieren Sie OS/360 auf Ihrem Rechner und spielen Sie etwas mit dem Betriebssystem.

---

a Ein Emulator bildet ein bestimmtes Hardware- oder Softwaresystem in bestimmten Aspekten nach.

Um nochmals zusammenzufassen: Ein Betriebssystem ist:
- die Steuerungssoftware eines Computers
- die Schnittstelle zwischen den Rechnerkomponenten und Rechnerhardware (BIOS, Festplatten, Bildschirm-Controller usw.) und den Anwendungen, die auf dem Rechner laufen
- die Software zur Verwaltung und Pflege des Betriebs- und Dateisystems
- die Software zur Ansteuerung der Peripheriegeräte – also Geräte, die sich außerhalb des Rechners befinden, wie Maus, Tastatur, Drucker, usw.

Es gibt gute Gründe, die dafür sprechen, dass „closed source"-Betriebssysteme[1] Nachteile gegenüber „open source"-Betriebssystemen haben. Neal Stephenson, ein bekannter Science-Fiction-Autor und Aktivist für freie Software, schrieb in einem seiner Aufsätze:

Es liegt in der Natur von Betriebssystemen, dass es keinen Sinn macht, dass sie von einer bestimmten Firma entwickelt werden, deren Eigentum sie dann sind. Es ist sowieso ein undankbarer Job. Applikationen schaffen Möglichkeiten für Millionen von leichtgläubigen Nutzern, wohin-

---

1 „closed source" ist zu verstehen als das Gegenteil von „open source".

gegen Betriebssysteme Tausenden von missmutigen Codern Beschränkungen auferlegen. Daher werden die Betriebssystemhersteller für immer auf der Hassliste aller stehen, die in der Hightech-Welt etwas zählen. Applikationen werden von Leuten benutzt, deren großes Problem es ist, alle ihre Funktionen zu begreifen, wohingegen auf Betriebssystemen Programmierer hacken, die von deren Beschränkungen genervt sind.[11]

2.1.2 Unix vs. Linux

Linux ist eigentlich kein Unix-Derivat, d. h. es wurde separat entwickelt; man bezeichnet jedoch Linux oft als ein „unixoides" System; es implementiert genau die für Unix typischen Betriebssystemfunktionalitäten. Da dieser Abschnitt sich nicht auf die Implementierung von Linux und Unix konzentriert, sondern fast ausschließlich auf deren Verwendung, ist es unerheblich, ob wir von Linux oder Unix sprechen; wir sprechen meistens von Unix, obwohl der Leser die meisten Konzepte vermutlich auf Linux ausprobieren wird. Aus Anwendersicht macht dies jedoch keinen Unterschied.

2.1.3 Der Aufbau von Linux

Unix ist ein *Multiuser*- und *Multitasking*-Betriebssystem, d. h. es können sowohl mehrere Benutzer (User) gleichzeitig an einem Rechner arbeiten, als auch mehrere Programme (Prozesse, Tasks) quasi gleichzeitig bearbeitet werden. Beide Eigenschaften stellen hohe Anforderungen an das Betriebssystem, denn Konflikte müssen verwaltet werden, die aus folgenden Situationen entstehen:
– gleichzeitiger Zugriff auf eine Datei
– gleichzeitiger Zugriff auf ein Gerät
– gleichzeitiger Zugriff auf den Arbeitsspeicher
– gleichzeitiger Zugriff auf die Rechenleistung des Prozessors

Das Kernstück von Linux, auch *Kernel* genannt, bildet eine „Trennschicht" zwischen der Hardware und einem Anwenderprogramm[2]. Diese Trennschicht sollte für das Anwenderprogramm undurchdringlich sein; benötigt ein Anwenderprogramm eine bestimmte Hardware, beispielsweise den Bildschirm, um Text auszugeben, dann sollte es nie direkt diese Hardware ansprechen, sondern nur den Kernel (über einen sogenannten Systemaufruf).

Der Kernel muss natürlich genau wissen, wie eine bestimmte Hardware angesprochen werden muss; dazu bedient er sich einer Treiberschnittstelle. Über diese Treiberschnittstelle kann er dann den eigentlichen speziellen Treiber für ein bestimmtes Gerät ansprechen. Abbildung 2.1 zeigt diesen Sachverhalt nochmals graphisch.

---

2 Ein Anwenderprogramm ist beispielsweise ein Browser, Texteditor, oder ein Mailclient.

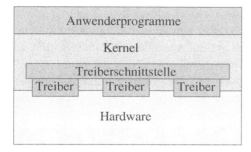

Abb. 2.1. Eine grobgranulare Veranschaulichung des Aufbaus von Unix

---

Aufgabe 2.2

Überlegen Sie sich, aus welchem praktischen Grund der Kernel eine sog. Treiberschnittstelle zur Verfügung stellt. Oder anders gefragt: Warum greift der Kernel nicht direkt auf den Treiber einer Hardware zu, sondern indirekt über die sog. Treiberschnittstelle?

2.1.4 Die Shell

Ein sehr spezielles Anwendungsprogramm ist die *Shell*. Die Bezeichnung „Shell", das englische Wort für „Schale", soll zum Ausdruck bringen, dass die Shell wie Schale das Betriebssystem umgibt. Sie erlaubt dem Benutzer durch Eingabe von Kommandos die direkte Kommunikation mit dem Betriebssystem. Die Unix-Shell entspricht dem CMD.EXE[3] in DOS, die meisten und unter Unix gängigen Shells sind aber in vielerlei Hinsicht mächtiger.

Unter Unix gibt es nicht nur *eine* Shell, wie unter DOS, sondern eine ganze Menge davon. Die historisch gesehen „erste", sehr einfach gestrickte Unix-Shell war die Bourne-Shell (aufrufbar durch sh), programmiert von Steven R. Bourne. Später gab es eine Reihe von Weiterentwicklungen, unter anderem die C-Shell (csh), die sich eng an der Programmiersprache C orientiert und die Korn-Shell. Die Free Software Foundation schließlich erweckte die alte Bourne-Shell wieder zum Leben und reicherte Sie mit den besten Features der C-Shell, der Korn-Shell und einiger anderer bis zu diesem Zeitpunkt entwickelter Shells an. Das Ergebnis nennt man – ein englisches Wortspiel – die „Bourne Again Shell", oder kurz: Bash.

Die Bash wird mit dem Redstone-Update ab August 2016 auch nativ, d.h. mit exakt den selben ausführbaren Dateien, unter Windows 10 laufen mit dem „Windows Sub-

---

3 Man kann diese unter „Programme → Zubehör → Eingabeaufforderung" starten.

system for Linux" (WSL). Alternativ kann man unter Windows auch Cygwin installieren, eine freie Software, die es erlaubt, auch unter Windows Unix/Linux-Programme laufen zu lassen. Dies wird durch die Bereitsstellung einer Kompatibilitätsschicht erreicht, die eine zu Unix/Linux kompatible Schnittstelle zur Verfügung stellt.

Wir empfehlen im Rahmen dieses Lehrbuchs ausschließlich mit der Bash zu arbeiten. Auch wenn sich heutzutage unter Unix mit Hilfe der modernen graphischen Benutzterschnittstellen wie Gnome oder KDE die allermeisten Aufgaben auch graphisch mit der Maus erledigen lassen, so bietet die Shell doch für fortgeschrittene Benutzer und für administrative Tätigkeiten noch immer die effizienteste Methode Aufgaben zu erledigen. Abbildung 2.2 zeigt ein Shell-Fenster.

Abb. 2.2. Bash mit Eingabeaufforderung

Für alle Unix-Kommandos, die in diesem Kapitel vorgestellt werden, wird die Verwendung der Bash vorausgesetzt. In dieser können alle Befehle auch interaktiv eingegeben und getestet werden.

2.1.5 Multitasking

Wenn ein Benutzer ein Programm startet, stellt der Kernel einen Speicherabschnitt zur Verfügung, in den das Programm geladen wird. Zusätzlich werden verschiedene Verwaltungsdaten zu diesem Programm intern in einer Tabelle gespeichert. Sobald das Programm läuft, spricht man nicht mehr von einem „Programm", sondern von einem „*Prozess*".

Zur Realisierung des Multitasking muss das Betriebssystem tricksen, denn muss auch auf Rechnern laufen, die nur einen einzigen Prozessor haben[4], der zu einem bestimmten Zeitpunkt also auch immer nur einen (Maschinen-)Befehl-Prozess abarbeiten kann. Um den Anschein einer parallelen Ausführung zu erwecken, teilt Unix die verfügbare Rechenzeit des Prozessors in kleine „Zeitscheiben" auf. Der sogenannte *Scheduler* teilt den einzelnen Prozessen dann bestimmte Zeitscheiben zu. Dieses Modell der Zeitscheiben-Zuteilung nennt man auch Multitasking. Unix verwendet das sogenannte *präemptive Multitasking*; der Unterschied zu anderen Multitasking-

---

[4] Die neueren Rechner, haben im Allgemeinen jedoch mehrere Prozessoren und könnten prinzipiell Aufgaben wirklich parallel auf mehreren Prozessoren gleichzeitig ausführen.

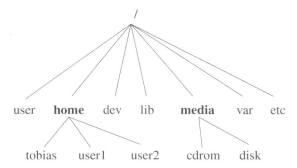

Abb. 2.3. Ausschnitt eines typischen Unix-Verzeichnisbaums.

Techniken ist, dass hier eine übergeordnete Instanz, nämlich der Scheduler, die Kontrolle über die Rechenzeit übernimmt.

2.1.6 Das Dateisystem von Unix

In Unix existiert ein einziger Verzeichnis„baum". Das Wort „Baum" stammt aus der Graphentheorie, und wird auch in anderen Teilgebieten der Informatik als Bezeichnung für sich verzweigende Strukturen benutzt. Bei einer graphischen Darstellung steht im Allgemeinen die „Wurzel" des Baumes oben. Im Gegensatz zu Unix existieren unter Windows im Allgemeinen mehrere Verzeichnisbäume: Für jedes physikalische Laufwerk wird unter Windows ein eigener Dateibaum anlegt. Abbildung 2.3 zeigt einen Dateibaum eines Unix-Systems, wie er typischerweise durch ein Ubuntu-System angelegt wird. Verzeichnisse können sowohl einfache Dateien also auch wiederum Unterverzeichnisse enthalten. Das „oberste" Verzeichnis wird unter Unix mit / – gesprochen: *root*[5] – bezeichnet. Abbildung 2.3 stellt graphisch dar, dass beispielsweise home ein Unterverzeichnis von / ist, und user1 ein Unterverzeichnis von home. Das Zeichen / wird auch gleichzeitig zum Trennen von Datei- und Verzeichnisnamen verwendet.

Bei Datei- und Verzeichnisnamen unterscheidet Unix Groß- und Kleinschreibung; README und Readme sind also unterschiedliche Namen.

Der Begriff „Datei" ist unter Unix weiter gefasst, als es Windows-Benutzer gewohnt sind. Unter Unix gibt es viele Dateiarten, von denen nur eine dem entspricht, was man gewöhnlich unter dem Begriff „Datei" versteht:
– normale Dateien – Kürzel –
– Verzeichnisse – Kürzel d

---

5 Der Begriff „root" wird oft auch synonym zu „Administrator" verwendet; der Grund ist, dass das „Home"-Verzeichnis des Administrators sich an der Wurzel des Verzeichnisbaumes befindet.

- symbolische Links – Kürzel l
- blockorientierte Geräte – Kürzel b
- zeichenorientierte Geräte – Kürzel cb
- Named Pipes – Kürzel pcb

Links verweisen nur auf eine Datei. Blockorientierte bzw. zeichenorientierte Geräte sind physikalische Medien, wie beispielsweise eine Festplatte oder eine parallele Schnittstelle. Jedes dieser Geräte ist über eine Datei in das Unix-System eingebunden. Gerätedateien befinden sich übrigens (meistens) im Verzeichnis /dev (= devices = Geräte). Mit *Pipes* können in Unix verschiedene Prozesse kommunizieren.

In Unix hat jede Datei einen Eigentümer sowie Benutzergruppen-Zugehörigkeiten. Eine Benutzergruppe könnte etwa „Student", „Mitarbeiter" oder „Professor" sein. Zusätzlich besitzt jede Datei eine Menge von Attributen, die bestimmen, wer die Datei wie benutzen darf: r steht für „readable", also lesbar; w steht für „writeable", also beschreibbar; x steht für „executeable", also ausführbar.

Mit dem Kommando

```
ls ⟨Datei1⟩ ⟨Datei2⟩ ...
```

kann man sich Informationen über eine bzw. mehrere Dateien aus dem aktuellen Arbeitsverzeichnis ausgeben lassen. Eine häufig gebrauchte Option ist -l, was eine Ausgabe von ausführlichen Informationen bewirkt. Führe ich beispielsweise das Kommando ls -l einfinf.tex in dem Verzeichnis auf meiner Festplatte aus, in dem ich an diesem Buch arbeite, so erhalte ich die folgende Ausgabe:

```
-rw-r-r- 1 tobias tobias 6717 2016-04-23 13:59 einfinf.tex
```

Diese Zeile beschreibt eine Datei, mit dem Namen einfinf.tex, die am 23. April 2016 um 13:59 Uhr zum letzten Mal verändert wurde. Sie ist 6717 Bytes groß, gehört dem User tobias und der Gruppe tobias. Die Zeichenkette -rw-r-r- hat die folgende Bedeutung:

Dateiart	Eigentümer	Gruppe	Rest
-	rw-	r-	r-
Normale Datei	Lese- u. Schreibrechte	Nur Leserechte	Nur Leserechte

2.2 Erste wichtige Kommandos

Dieser Abschnitt bietet einen ersten Überblick über die grundlegende Befehle zum Umgang mit Verzeichnissen, mit Dateien und zur Benutzer-Verwaltung.

2.2.1 Aufbau von Shell-Kommandos

Ein Kommando, das üblicherweise über die Shell eingegeben wird, hat in Unix die Form:

⟨*kommando*⟩ –⟨*option1*⟩ –⟨*option2*⟩ ... –⟨*longoption1*⟩ –⟨*longoption2*⟩ ... ⟨*file1*⟩ ⟨*file2*⟩ ...

Ein Kommando ist eine Folge von Zeichenketten, auch Strings genannt, die durch ein Leerzeichen oder einen Tabulator getrennt sind. Das erste Wort ist der Name des auszuführenden Kommandos. Die restlichen Wörter werden dem aufgerufenen Kommando als Argumente übergeben. Fehlt die Dateiliste, wird in der Regel die sogenannte *Standardeingabe* – normalerweise die Tastatur – als Eingabe verwendet.

In der Bash kann man zur Beschreibung von Dateinamen auch Wildcards verwenden. Wildcards sind Platzhalter für andere Zeichen. Häufig verwendet werden das Wildcard Stern (∗), das für eine beliebige Folge von Zeichen in einem Dateinamen steht, und das Wildcard Fragezeichen (?), das für genau ein beliebiges Zeichen in einem Dateinamen steht. DOS und Windows haben diese Methode zur Beschreibung von Dateinamen übernommen. Im Gegensatz zu DOS und Windows werden diese Wildcards jedoch nicht vom jeweiligen Programm, sondern von der Shell zu Dateinamen expandiert und erst nach dieser Expansion wird der eigentliche Befehl aufgerufen. Noch bevor ein Unix-Kommando in der Bash ausgeführt wird, ersetzt die Bash alle Wildcardzeichen der gesamten Kommandozeile durch die entsprechenden Dateinamen. Ein bestimmtes Unix-Kommando „sieht" also diese Wildcards nie, sondern erhält als Argumente immer die von der Bash erzeugten Dateilisten.

Ein wichtiges erstes Kommando, das Sie oft benutzen sollten, ist

`man` *kommandoname*

das das Benutzerhandbuch (engl: manual) eines bestimmten Befehls anzeigt. Wichtige Abschnitte des Benutzerhandbuchs sind:

Name: Name und Kurzbeschreibung; diese Kurzbeschreibung erhält man auch durch den Befehl `whatis`.

Synopsis: Schema der Argumente, Optionen und oder Parameter. Sind sie optional, werden sie in eckige Klammern eingeschlossen; drei Punkte geben mögliche Wiederholungen an.

Description: Hier wird die Funktionsweise des Befehls genau beschrieben.

Options: Beschreibung der einzelnen Optionen; in diesem Abschnitt werden Sie vermutlich oft herumstöbern.

Environment: Benutzte Umgebungsvariablen (siehe Abschnitt 2.4.4).

See also: Querverweise zu Benutzerhandbüchern anderer Befehle.

Mit `q` können Sie das Benutzerhandbuch wieder verlassen.

Aufgabe 2.3

Experimentieren sie mit dem `man`-Kommando. Geben Sie in einer Shell das Kommando

```
> man man
```

ein und „durchforsten" Sie dieses Benutzerhandbuch.

Aufgabe 2.4

Mit welchem Befehl können Sie sich ...

(a) die Dateien des aktuellen Verzeichnisses sortiert nach Ihrer Größe ausgeben lassen?
(b) die Dateien des aktuellen Verzeichnisses sortiert nach dem Datum der letzten Änderung ausgeben lassen?
(c) alle Dateien – auch die versteckten – des aktuellen Verzeichnisses ausgeben lassen?
(d) die ausführliche Liste aller – auch der versteckten – Dateien sortiert nach dem Datum der letzten Änderung ausgeben lassen?

Hinweis: Verwenden Sie den `man`-Befehl, um herauszufinden, welche Optionen Sie für die jeweiligen Aufgaben benötigen.

2.2.2 Befehle für Verzeichnisse

Die folgende Tabelle zeigt wichtige Befehle für den Umgang mit Verzeichnissen.

`cd` *⟨Verzeichnis⟩*	Wechselt ins angegebene Verzeichnis; es muss sich – wie übrigens bei allen Befehlen – immer ein Leerzeichen zwischen Befehlsname und Argument befinden.
`mkdir` *⟨Verzeichnis⟩*	Erstellt ein neues Verzeichnis.
`rmdir` *⟨Verzeichnis⟩*	Löscht ein leeres Verzeichnis.
`pwd`	(= print working directory) Gibt das aktuelle Arbeitsverzeichnis aus.
`ls` *⟨Verzeichnis⟩*	Zeigt an, welche Dateien sich im Verzeichnis befinden. Wird das Argument weggelassen so wird der Inhalt des aktuellen Arbeitsverzeichnisses ausgegeben. (Entspricht übrigens dem `dir`-Befehl von DOS).

`file` ⟨*Datei*⟩	Gibt an, welchen Typ die als Argument übergebene Datei hat. Hierbei wird nicht die Endung der Datei betrachtet, sondern `file` untersucht den Inhalt der Datei und sucht nach Anhaltspunkten.

Statt eines Verzeichnisses kann auch immer `..` oder `.` angegeben werden: Dabei steht `..` für das Verzeichnis über dem aktuellen Verzeichnis und `.` steht für das aktuelle Verzeichnis. Beispiele: `cd ..` wechselt ins darüberliegende Verzeichnis und der Befehl `cp ../main.c .` kopiert die Datei `main.c`, die sich im darüberliegenden Verzeichnis befindet, ins aktuelle Verzeichnis. Das Verzeichnis, in dem wir uns aktuell befinden, wird meist als das *Arbeitsverzeichnis* bezeichnet.

Aufgabe 2.5

Erstellen Sie unter Ihrem Home-Verzeichnis, also dem Verzeichnis

`/home/`⟨*IhrName*⟩

den in der folgenden Abbildung dargestellten Verzeichnisbaum.

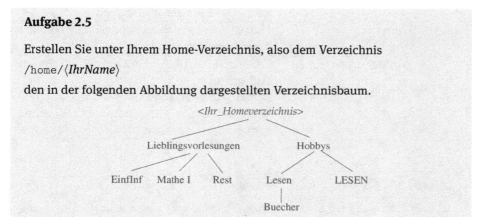

Aufgabe 2.6

Finden Sie auf Ihrem Unixsystem einige Gerätedateien; was liefert der Befehl `file` für ein Ergebnis, wenn Sie als Argument eine Gerätedatei übergeben?

2.2.3 Befehle für Dateien

Die folgende Tabelle zeigt die wichtigsten Befehle für den Umgang mit Dateien:

`cp`	⟨*Datei1*⟩ ⟨*Datei2*⟩ ... ⟨*Ziel*⟩	Kopiert die Datei(en) ins Ziel. Das Argument ⟨*Ziel*⟩ kann entweder eine Datei oder ein Verzeichnis sein. Werden dem Befehl mehrere (Quell-)Dateien übergeben, so *muss* das Ziel ein Verzeichnis sein.

`cp -r`	⟨*Datei1*⟩ ⟨*Datei2*⟩ ... ⟨*Ziel*⟩	Kopiert (rekursiv) ganze Verzeichnisbäume mit, d. h. die Inhalte aller Verzeichnisse des werden mitkopiert.
`cp -a`	⟨*Datei1*⟩ ⟨*Datei2*⟩ ... ⟨*Ziel*⟩	Kopiert (rekursiv) ganze Verzeichnisbäume und lässt zudem alle Attribute (wie Zeitstempel, Zugriffsrechte, ...) unverändert.
`mv`	⟨*Datei*⟩ ⟨*Ziel*⟩	(= move) Verschiebt die Datei nach ⟨*Ziel*⟩; dies kann sowohl ein Verzeichnis als auch ein Dateiname sein.
`rm`	⟨*Datei1*⟩ ⟨*Datei2*⟩ ...	(= remove) Löscht Dateien. Optionen: `-r` löscht Dateien und ganze Verzeichnisbäume; `-i` löscht Dateien nach Abfrage.
`touch`	⟨*Name*⟩	Erzeugt eine leere Datei mit dem als Argument übergebenen Namen.
`cat`	⟨*Datei1*⟩ ⟨*Datei2*⟩ ...	Gibt den Inhalt der als Parameter übergebenen Dateien aus.
`less`	⟨*Datei*⟩	Komfortableres Lesen einer Textdatei, falls diese größer als eine Bildschirmseite ist. Beenden des Lesens erfolgt mit `q`.

Aufgabe 2.7

(a) Erzeugen Sie in Ihrem Home-Verzeichnis ein leeres Verzeichnis `Vom` und ein leeres Verzeichnis `Nach`.

(b) Erzeugen Sie nun im Verzeichnis `Vom` zwei (leere) Dateien `bla` und `blubber`.

(c) Kopieren Sie nun – mit einem einzigen Befehl – die beiden Dateien ins Verzeichnis `Nach`.

(d) Kopieren Sie nun – mit einem einzigen Befehl – die beiden Dateien ins Verzeichnis `Nach`, so dass alle Attribute der beiden Dateien (also Datum der letzten Veränderung, Rechte, ...) erhalten bleiben.

Aufgabe 2.8

(a) Erstellen Sie mit einem beliebigen Texteditor eine Textdatei, die mindestens so groß ist, dass man deren Inhalt nicht auf einer einzelnen Bildschirmseite betrachten kann.

(b) Betrachten Sie nur die Textdatei mit dem `cat`-Kommando.

(c) Betrachten Sie nun die Textdatei mit dem `less`-Kommando.

(d) Betrachten Sie nun die Textdatei mit dem `more`-Kommando, das ähnlich arbeitet, wie das `less`-Kommando. Was ist der Unterschied zum Betrachten mit `less`?

2.2.4 Befehle für die Benutzerverwaltung

Die folgende Tabelle zeigt die wichtigsten Befehle für die Benutzerverwaltung:

`who`	Zeigt die Benutzernamen der im System eingeloggten Personen an.
`whoami`	Gibt aus, unter welchem Namen man gerade eingeloggt ist.
`passwd`	Programm zum Ändern des eigenen Passworts.
`chmod ⟨Datei⟩`	Kann die *mode bits* einer Datei, d. h. die Zugriffsrechte der Datei ändern.

Wie schon oben erwähnt besitzt jede Datei *mode bits*, die die Zugriffsrechte für diese Datei regeln. Es gibt zwei Methoden diese Bits zu setzen. Zum einen mittels der Optionen +x (Hinzufügen von Ausführungsrechten), +w (Hinzufügen von Schreibrechten) und +r (Hinzufügen von Leserechten). Stellt man diesen Optionen statt eines + ein – voran, so nimmt man die entsprechenden Rechte weg. Vor den Optionen kann noch einer oder mehrere der Buchstaben u für „user" (also der Eigentümer der Datei), g für „group" und/oder o für „others" stehen. Einige Beispiele:

`chmod +x`	Ausführungsrechte für alle hinzufügen.
`chmod +r`	Leserechte für alle hinzufügen.
`chmod o+w`	Schreibrechte für den „others" hinzufügen
`chmod ug-rw`	Schreib- und Leserechte dem „user" und der „group" wegnehmen.

Die andere Methode, die „mode bits" zu setzen, besteht darin, die Bits für user, group und others jeweils als Oktalzahl anzugeben. Hierbei wird für das Setzen des `r`-Bits eine 4, für das Setzen des `w`-Bits eine 2 und für das Setzen des `x`-Bits eine 1 addiert. Einige Beispiele:

`chmod 754 datei.txt`	Rechtebits: `rwx r-x r--`
`chmod 740 datei.txt`	Rechtebits: `rwx r-- ---`

Aufgabe 2.9

Sie wollen, dass user und group alle Rechte auf die Datei `bla` haben, others dagegen nur Ausführungsrechte.

(a) Geben Sie den entsprechenden chmod-Befehl an, der dies mittels Optionen bewerkstelligt.

(b) Geben Sie den entsprechenden chmod-Befehl an, der dies mittels Oktalzahlen bewerkstelligt.

Aufgabe 2.10

Geben Sie einen chmod-Befehl mit der jeweils anderen Methode an, der das gleiche macht wie ...

(a) ... `chmod 731 blubber.txt`

(b) ... `chmod +w bla.txt`

(c) ... `chmod 526 laber.txt`

2.2.5 Befehle des Prozesssystems

Mit den folgenden Befehlen können Sie sich laufende Prozesse auflisten lassen bzw. beenden:

ps	(=process status) Listet die Prozesse auf, die momentan laufen (ps kann dynamische Änderungen nicht darstellen). Parameter: -l: Langes Format; -u: User Format (d. h. mit User und Startzeit); a: Alle Prozesse (auch die anderer User); -x: Auch Daemon[6]-Prozesse; f: (= forest = Wald) Der ganze Prozessbaum wird dargestellt.
top	Statt einer Momentaufnahme, wie ps, liefert top eine sich ständig aktualisierende Liste der laufenden Prozesse. Leider werden aber nur so viele Prozesse aufgelistet, wie auf eine Bildschirmseite passen.
kill	Mit kill kann man Prozessen Signale schicken; es wird oft benutzt, um einen Prozess (evtl. „gewaltsam") zu beenden.
killall	Ähnlich wie das kill-Kommando, nur können mit1G killall die betreffenden Prozesse über deren Namen angesprochen werden.

---

6 Als Daemon-Prozesse bezeichnet man diejenigen Prozesse, die über keine „TTY-Leitung" verfügen, d. h., die nicht für eine Ausgabe auf dem Bildschirm vorgesehen sind.

Aufgabe 2.11

Ruft man den `top`-Befehl auf, so ist eingestellt, dass alle 5 Sekunden die ange-zeigten Prozesse aktualisiert werden. Finden Sie heraus, wie sie einen Aktuali-sierungszyklus von 1 Sekunde einstellen können.

Aufgabe 2.12

Starten Sie `firefox` und verwenden Sie danach den Befehl `kill`, um den soeben gestarteten `firefox`-Prozess „gewaltsam" zu beenden.

Aufgabe 2.13

Was bewirkt :
```
$ killall killall
```
Das $-Zeichen am Zeilenanfang soll das Prompt, also die Eingabeaufforderung der Bash, darstellen.

2.2.6 Sonstige Befehle

`echo` ⟨*string1*⟩ ⟨*string2*⟩ ...	Gibt die übergebenen Strings auf dem Bildschirm aus.
`wc` ⟨*datei1*⟩ ⟨*datei2*⟩ ...	(= word count) Gibt aus, wie viele Zeilen, Wörter und Zeichen jede der als Parameter übergebenen Dateien hat. Werden `wc` keine Argumente übergeben, so liest `wc` von der Tastatur.
`du`	(= disk usage) Gibt an, wie viel Platz auf dem Spei-chermedium verbraucht ist.
`tar`	(= tape archive) Archivierungsprogramm, mit dem Dateien zusammengepackt bzw. wieder extrahiert werden können. Die erste Option muss entweder x (Extract - auspa-cken), c (Create - Archiv erzeugen), r (Append - Da-tei ans Ende eines bestehenden Archivs anhängen), A (Catenate - Ein Tar-File an ein Anderes anhängen) oder t (List - Inhalt eines Archivs auflisten) sein.

> Folgende Optionen können sein: f (File - Verwende die folgende Datei als Archiv), z - (Zip - die eingepackten Dateien werden zusätzlich komprimiert), v - (Verbose - die Namen der eingepackten Dateien werden zusätzlich ausgegeben).

Beipielsweise bewirkt das Kommando

```
tar xvzf backup.tar Files/
```

dass das Verzeichnis Files/ komprimiert in das tar-Archiv backup.tar gepackt wird.

Aufgabe 2.14

Sie wollen wissen, wie viel Platz, gemessen in Gigabyte, ihr Homeverzeichnis in Anspruch nimmt. Verwenden Sie das Kommando du, um sich die entsprechende Zahl ausgeben zu lassen.
Vermutlich müssen Sie mit man etwas im Benutzerhandbuch blättern.

Aufgabe 2.15

Erstellen Sie eine kleine Textdatei test.txt.
(a) Verwenden Sie nun den wc-Befehl, um sich nur die Anzahl der Zeilen in test.txt ausgeben zu lassen.
(b) Verwenden Sie nun den wc-Befehl, um sich nur die Anzahl der Zeichen in test.txt ausgeben zu lassen.
Vermutlich müssen Sie auch hier im Benutzerhandbuch blättern.

Aufgabe 2.16

Der echo-Befehl platziert nach Ausgabe des letzten Strings immer einen Zeilenvorschub (newline). Mit welcher Option können Sie diese verhindern?
Vermutlich müssen Sie auch hier im Benutzerhandbuch blättern.

2.3 Textdateien erstellen und editieren mit vi

In Unix sind alle Konfigurationsdateien reine Textdateien. Das wichtigste Werkzeug der Systemverwaltung ist daher ein Texteditor. Unix bietet dazu verschiedene Editoren an. Ein beliebter Texteditor ist vi. Ein weiterer sehr mächtiger Editor ist der

Emacs (Escape Meta Alt Control Shift), dessen Bedienung über verschiedenste Tastenkombinationen läuft. Wir lernen hier den zwar anfangs gewöhnungsbedürftigen aber schnellen, mächtigen und praktischen vi kennen. Dieser hat zudem den Vorteil, dass er nicht an eine graphische Benutzeroberfläche gebunden ist, d. h. rein „konsolenorientiert" ausgeführt wird.

Der vi-Editor wird einfach durch

> vi ⟨*Datei1*⟩ ⟨*Datei2*⟩ ...

gestartet. Ganz nützlich ist die Option -p: mit dieser öffnet vi für jede angegebene Datei einen eigenen *Tabulator* – die graphische Metapher einer Registerkarte.

Der vi-Editor besitzt mehrere Modi: Die wichtigsten sind der Kommandomodus, in dem sich vi nach dem Starten befindet, und der eigentliche Eingabemodus. Im Kommandomodus werden eingegebene Zeichen als Befehle interpretiert; im Eingabemodus werden die eingegebenen Zeichen in die Textdatei geschrieben. Man kann vom Eingabe in den Kommandomodus wechseln, indem man die Esc-Taste drückt.

Der Umgang mit dem vi-Editor mag für den Neuling, der bisher nur mit graphischen Oberflächen gearbeitet hat, etwas gewöhnungsbedürftig sein; mit den unten aufgeführten, relativ wenigen wichtigsten Kommandos und wenigen Tagen Übung, werden Sie mit hoher Wahrscheinlichkeit produktiver sein als mit einem herkömmlichen GUI-basierten Editor.

Es folgen nun die (für den Anfang) wichtigsten vi-Kommandos (die natürlich nur im Kommandomodus funktionieren):

Wechsel in den Eingabemodus

i, I	Einfügen vor dem Cursor, am Anfang der Zeile;
a, A	Einfügen nach dem Cursor, am Ende der Zeile;
r, R	Ersetzen eines Zeichens, vieler Zeichen.

Löschen und Einfügen von Text

x,X	Löscht ein Zeichen rechts, links;
D	Löscht den Rest der Zeile;
dd	Löscht die ganze aktuelle Zeile;
dw	Löscht das nächste Wort;
yy	Speichert die aktuelle Zeile in die Zwischenablage;
p, P	Einfügen nach, Einfügen vor.

Bewegen des Cursors

w, W	Nächstes Wort, nächstes Leerzeichen-getrenntes Wort;

h, j, k, l	links, runter, hoch, rechts;
(,)	Satz zurück, nach vorne;
1G, G	Anfang, Ende der Datei;
nG	Zeile n;
H, M, L	Oben, mitte, unten der Bildschirmansicht.

Suchen und Ersetzen

/ ⟨*string*⟩	Sucht ⟨*string*⟩ nach vorne
? ⟨*string*⟩	Sucht ⟨*string*⟩ rückwärts
:s/⟨*pattern*⟩/⟨*string*⟩/⟨*flags*⟩	Ersetzt das ⟨*pattern*⟩ mit ⟨*string*⟩. ⟨*flag*⟩=g – alle Vorkommen jeder Zeile; ⟨*flag*⟩=c – Vor jeder Ersetzung fragen.

Das Argument ⟨*pattern*⟩ des :s-Befehls ist ein sogenannter „regulärer Ausdruck"; wie dieser aufgebaut ist, wird später genau erklärt. Inzwischen ist es vielleicht ganz nützlich zu wissen, dass ein einfacher String auch ein regulärer Ausdruck ist.

Dateien

:w ⟨*datei*⟩	Schreibt den editierten Text in ⟨*datei*⟩ bzw. in die aktuelle Datei, falls kein Argument angegeben.
:wq	Schreibt editierten Text in aktuelle Datei und verlässt vi.
:w >>⟨*datei*⟩	Hängt editierten Text ans Ende von ⟨*datei*⟩.
:r ⟨*datei*⟩	Setzt Inhalt von ⟨*datei*⟩ hinter die aktuelle Zeile.
:r !⟨*programm*⟩	Setzt die Ausgabe von ⟨*programm*⟩ hinter die aktuelle Zeile.

Sonstiges

J	Fügt die nächste Zeile an die aktuelle an.
.	Wiederholt das letzte (textverändernde) Kommando.
u, U	Macht die letzte Änderung rückgängig. Macht alle Änderungen an der aktuellen Zeile rückgängig.

2.4 Features der Shell

2.4.1 Eingabe

Jede Instanz der Shell hält sich einen Kommandozeilenspeicher und merkt sich so die letzten 500 Befehle (oder je nachdem was voreingestellt ist). Mit den Tasten ↑ (Pfeil nach oben) und ↓ (Pfeil nach unten) kann man in diesem Kommandozeilenspeicher blättern. Außerdem kann man mit Strg-R rückwärts im Kommandozeilenspeicher nach einem Befehl suchen. Jedes danach eingegebene Zeichen verursacht sofort einen Sprung auf die nächste passende Befehlszeile.

Außerdem bietet die Shell eine Kommandoerweiterung an, die es erlaubt, eine Befehlszeile sehr schnell und fehlerfrei einzugeben. Man muss Kommandos und Dateinamen nicht vollständig eintippen, sondern es genügt, den/die ersten Buchstaben einzugeben und danach die Tab-Taste zu drücken. Sollte es mehrere Alternativen geben, so gibt die Shell nach erneutem Drücken der Tab-Taste alle Möglichkeiten von Erweiterungen an.

2.4.2 Wildcards

Beginnen wir mit einem Beispiel und nehmen wir an, ein Buchdokument sei über mehrere Textdateien verteilt, sagen wir ch1.1, ch1.2, ..., ch1.8 und ch2.1, ch2.2, ..., ch2.8. Man könnte dann das ganze Dokument folgendermaßen ausgeben:

```
cat ch1.1 ch1.2 ch1.3 ... ch2.1 ch2.2 ... ch2.8
```

Es ginge aber leichter durch Eingabe des Kommandos `cat ch[12].*`. Der Stern `*` und die eckigen Klammern `[...]` sind Beispiele für Wildcards.

Fast alle Unix-Befehle können mehrere Dateien gleichzeitig verarbeiten und erwarten eine ganze Liste von Dateien als Parameter. Wird ein Wildcard statt einer Liste angegeben, so ersetzt die Shell, *bevor* der Befehl ausgeführt wird, das Wildcard mit der Liste der dazu passenden Dateinamen; diese Liste wird dann dem Programm zur Ausführung übergeben. Das Programm `cat` im Beispiel oben, bekommt also das Joker-Zeichen nie zu sehen, sondern nur die durch die Shell expandierte Liste der Dateinamen.

Die Bash kann folgende Wildcards verarbeiten:

`*`	Der Stern steht für jede beliebige, auch eine leere, Zeichenfolge. So steht der Stern alleine für alle Dateien im aktuellen Verzeichnis; ein Parameter `*.*` steht für jede Datei, die irgendwo einen Punkt im Namen hat.
`?`	Das Fragezeichen steht für genau ein beliebiges Zeichen.
`[...]`	Die eckigen Klammern stehen für genau eines der in die Klammern eingeschlossenen Zeichen. Möchte man beispielsweise alle Jpeg-Dateien ansprechen, egal ob die Endung groß oder klein geschrieben ist, könnte man das Muster `*.[Jj][Pp][Gg]` verwenden. In den eckigen Klammern sind auch Bereichsangaben möglich: Beispielsweise steht das Muster `[a-d]` für ein beliebiges Zeichen zwischen `a` und `d`, oder das Muster `[0-9]` steht für eine beliebige Ziffer.
`[!...]`	Steht direkt nach der öffnenden eckigen Klammer ein Ausrufezeichen, so steht dieses Muster für ein Zeichen, das *nicht* in der nachfolgenden Zeichenmenge vorkommt.

Wichtig zu erwähnen ist noch, dass diese Muster immer nur schon existierende Dateien im aktuellen Verzeichnis erkennen können. Es ist nicht möglich, mit Hilfe von Mustern neue Dateien zu erzeugen.

Aufgabe 2.17

(a) Wie können Sie sich alle Dateien in Ihrem Arbeitsverzeichnis anzeigen lassen, die mit einer Ziffer enden?

(b) Wie können Sie sich alle Dateien auf dem Bildschirm ausgeben lassen, die mindestens eine Ziffer enthalten und nicht mit einer Ziffer enden?

(c) Wie können Sie sich alle Dateien im Arbeitsverzeichnis anzeigen lassen, deren Namen aus genau drei Zeichen bestehen?

(d) Wie können Sie sich alle Dateien im Arbeitsverzeichnis anzeigen lassen, die mit einem kleinen Buchstaben anfangen, irgendwo einen Punkt enthalten und mit einem großen Buchstaben enden?

Aufgabe 2.18

Angenommen, ihr Arbeitsverzeichnis enthält Buchkapitel mit Namen `kap1.txt`, ..., `kap6.txt`. Sie wollen diese Dateien umbenennen in `Kapitel1.txt`, ..., `Kapitel6.txt`. Was ist falsch an dem Versuch dies folgendermaßen zu tun:

```
$ mv kap*.txt Kapitel*.txt
```

2.4.3 Umleitungen und Pipes

Umleitungen

Ein- und Ausgabedatenströme eines Programms können umgeleitet werden – die Ausgabe eines Kommandos kann so beispielsweise statt wie üblich auf den Bildschirm in eine Datei umgeleitet werden. Jedes Programm besitzt in Unix automatisch drei Kanäle: Die Standardeingabe (stdin), die Standardausgabe (stdout) und die Standardfehlerausgabe (stderr). Normalerweise ist stdin mit der Tastatur verbunden, stdout und stderr sind mit dem Bildschirm verbunden.

Ein erstes Beispiel: Der Befehl `ls -l >dateien.txt` würde die Liste der Dateien im Arbeitsverzeichnis nicht auf dem Bildschirm ausgeben, sondern in die Datei `dateien.txt` schreiben. Es folgt eine Liste der wichtigsten Umleitungsmöglicheiten.

⟨*programm*⟩ >⟨*datei*⟩	Die Standardausgabe von ⟨*programm*⟩ wird in die Datei ⟨*datei*⟩ umgelenkt; existiert ⟨*datei*⟩ schon, so wird sie einfach überschrieben und der bisherige Inhalt geht verloren.
⟨*programm*⟩ >>⟨*datei*⟩	Auch in diesem Fall wird die Standardausgabe von ⟨*programm*⟩ in ⟨*datei*⟩ umgeleitet; existiert ⟨*datei*⟩schon, so wird die Ausgabe ans Ende der Datei angehängt.
⟨*programm*⟩ 2>⟨*datei*⟩	Die Fehlerausgabe von ⟨*programm*⟩ wird in ⟨*datei*⟩ geschrieben.
⟨*programm*⟩ <⟨*datei*⟩	Die Standardeingabe von ⟨*programm*⟩ wird aus ⟨*datei*⟩ gelesen statt von der Tastatur.

Man kann auch die Ein- bzw. Ausgabe eines ganzen Code-Blocks umleiten. Dieser muss dann in geschweiften Klammern eingeschlossen sein. Man kann etwa durch folgendes Kommando zwei Textzeilen in die Datei `hallowelt.txt` schreiben:

```
\{
echo "hallo"
echo "Welt"
\} >hallowelt.txt
```

Falls man verhindern möchte, dass ein Kommando eine Ausgabe oder Fehlerausgabe erzeugt, so kann man dies einfach dadurch erreichen, dass man seine Ausgabe bzw. Fehlerausgabe nach `/dev/null` umleitet. Das logische „Gerät" `/dev/null` schluckt alle Eingaben und liefert nichts zurück; es kann als eine Art Mülleimer für unerwünschte oder uninteressante Ausgaben eines Befehls verwendet werden: Man kann beispielsweise folgendermaßen die Fehlerausgabe des `ls`-Kommandos unterdrücken und dadurch etwa verhindern, dass eine Fehlermeldung ausgegeben wird, wenn sich keine *.c-Dateien im aktuellen Verzeichnis befinden.

```
ls -l *.c 2>/dev/null
```

Aufgabe 2.19

(a) Erzeugen Sie mit einem Unixkommando eine Datei `test.txt`, die den Text `Ich heisse test` enthält.

(b) Angenommen, sie haben in ihrem aktuellen Arbeitsverzeichnis mehrere C-Dateien (mit Endung `.c`). Geben Sie ein Unix-Kommando an, das alle C-Dateien aneinanderhängt und in der Datei `alleC.c` speichert.

(c) Betrachten Sie die beiden Kommandos `wc -l test.txt` und `wc -l <test.txt`. Wie unterscheiden sich die Ausgaben? Erklären Sie die Unterschiede.

(d) Welches Ergebnis liefert der Befehl `wc -l test.txt >test.txt`?

Pipes

Wollen wir beispielsweise wissen, wie viele Dateien sich im aktuellen Verzeichnis befinden, so könnten wir die entsprechende Anzahl folgendermaßen erhalten:

```
$ ls -l >temp
$ wc -l <temp
43
```

Der Befehl `wc` erhält also das als Eingabe, was `ls -l` als Ausgabe erzeugt hat und bestimmt so die Anzahl der Zeilen, die das `ls`-Kommando als Ausgabe produziert hat. Solche Situationen, in denen man die Standardausgabe eines Befehls mit der Standardeingabe eines anderen Befehls verbinden will, gibt es häufig. Unix stellt hierfür eine elegantere und schnellere Lösung bereit als die Verwendung einer temporären Datei, nämlich die Verwendung sogenannter *Pipes*.

Mit Hilfe von Pipes ist es möglich, die Standardausgabe eines Programms direkt und ohne den Umweg über eine temporäre Datei mit der Standardeingabe eines anderen Programms zu verbinden; diese Verbindung wird mit dem Symbol „|" beschrieben. Um die Anzahl der Dateien im aktuellen Verzeichnis zu zählen, könnte man also genauso die folgende Konstruktion verwenden:

```
ls -l | wc -l
```

Das Ergebnis ist zwar dasselbe, die Betriebssystem-interne Ausführung unterscheidet sich jedoch in zwei entscheidenden Punkten: **1.** Statt einer auf der Festplatte befindlichen temporären Datei verwendet das Betriebssystem einen Speicher-internen Buffer[7]. Die Zugriffszeiten auf die Festplatte sind um mehr als den Faktor 100 größer als die Zugriffszeiten auf den Hauptspeicher. **2.** Das Betriebssystem kann die Ausführung der beiden Befehle `ls` und `wc` teilweise parallel ablaufen lassen, was sich in vielen Fällen auch positiv auf die Laufzeit auswirkt.

Übrigens hat die Pipe der Bash viel gemein mit der Funktionskomposition ∘ aus der Mathematik: Die Komposition der beiden Funktionen g und f – geschrieben $g \circ f$, gesprochen „g nach f" – angewandt auf ein Argument x wendet zunächst x auf g an und speist dann den Rückgabewert – also $g(x)$ – in die Funktion f ein. Ersetzen wir „Funktion" durch „Kommando" und „Rückgabewert" durch „Standardausgabe", so sieht man die Analogie zwischen $g \mid f$ und $f \circ g$. Abbildung 2.4 veranschaulicht diesen Zusammenhang graphisch.

Aufgabe 2.20

Was geben die folgenden Anweisungen aus?

(a) `who | wc -l`

---

7 Man bezeichnet häufig einen kleinen temporären Speicher als „Buffer".

(b) `ls -l | wc -l | wc -l`
(c) `ls -l | wc -l |` **cat**
(d) `ls -l | less`

Aufgabe 2.21

Verwenden Sie Pipes, um folgende Befehlssequenzen zu verkürzen (das Zeichen
$ ist Prompt einer Unix-Shell):

(a)
```
$ ls -la >temp
$ wc -l temp
```

(b)
```
$ ls -l >temp
$ grep hallo temp >temp2
$ wc -l temp2
```

(c)
```
$ grep hallo file1 >file2
$ grep welt file2
```

2.4.4 Shellvariablen

Shellvariablen, auch Umgebungsvariablen genannt, sind Platzhalter für eine bestimmte Zeichenkette. Im Gegensatz zu höheren Programmiersprachen, deren Variablen unterschiedliche Typen wie Integer, Boolean oder Float haben können, kennt
die Shell als Datentyp nur Strings, also Zeichenketten. Eine Shellvariable kann man
durch

> ⟨*variablenname*⟩=⟨*String*⟩

erzeugen. Man beachte, dass vor und nach dem =-Zeichen kein Leerzeichen stehen
darf.

Der Befehl

> `set`

zeigt alle mometan definierten Umgebungsvariablen an.

$$f \circ \boxed{g\,(x)} \;\hat{=}\; g \mid f$$

Abb. 2.4. Die Pipe der Bash entspricht der Funktionskomposition der Mathematik – bis auf die Tatsache, dass die Funktions-Argumente der Funktionskomposition ∘ in der umgekehrten Reihenfolge
angeben werden, als die der Pipe.

Um auf den Inhalt einer Variablen zugreifen zu können, muss dem Variablennamen ein das Zeichen „>" vorangestellt werden. Ein Beispiel (das Zeichen $ an jedem Zeilenanfang soll das Prompt[8] sein):

```
$ meinName=Tobias
$ meinAlter=44
$ echo $meinName ist $meinAlter Jahre alt
Tobias ist 44 Jahre alt
```

Übrigens wird ein großer Teil der „Umgebung" der Shell in Umgebungsvariablen gespeichert. Die Variable PS1 spezifiziert beispielsweise, wie der Prompt ausschauen soll und kann durch den Benutzer genau wie alle anderen Shellvariablen verändert werden. Das Kommando

```
> PS1="Guten Tag: "
```

verändert das Prompt entsprechend – probieren Sie es aus!

Die Shellvariable PATH enthält die Liste der Verzeichnisse, in welchen die Shell nach Kommandos sucht. Der Doppelpunkt „:" dient hier als Trenner zwischen den einzelnen Pfaden.

```
> echo $PATH
/usr/local/bin:/usr/bin:/bin
```

Möchte man die Shell beispielsweise zusätzlich im Verzeichnis /usr/sbin nach ausführbaren Dateien suchen lassen, so kann man einfach folgenden Befehl verwenden:

```
> PATH=$PATH:/usr/sbin
```

Bevor die Shell diese Zuweisung tatsächlich ausführt, ersetzt sie den Ausdruck $PATH durch den Inhalt der PATH-Variablen. Der neue Wert der PATH-Variablen ist also fortan der bisherige Wert der Pfad-Variablen, $PATH, an dessen Ende der String :/usr/sbin angehängt wird.

Aufgabe 2.22

Sie wollen, dass zusätzlich zu den in der PATH-Variablen angegebenen Pfaden immer auch im aktuellen Arbeitsverzeichnis nach ausführbaren Dateien gesucht wird. Geben Sie ein entsprechendes Unix-Kommando an, das dies ermöglicht.

---

8 Zu Deutsch: „Eingabeaufforderung".

2.4.5 Ausblendung von Sonderbedeutungen

Die Shell belegt eine Reihe von Zeichen mit einer bestimmten Bedeutung. Diese Zeichen werden auch *Metazeichen* oder Jokerzeichen genannt. Will man beispielsweise mit dem `echo`-Kommando einen Stern ausgeben, so kann man nicht einfach `echo *` schreiben, denn wir haben ja gelernt: Noch bevor ein Kommando ausgeführt wird, geht die Shell über die Befehlszeile und versucht Metazeichen, also insbesondere das Zeichen „*", zu interpretieren.

Aufgabe 2.23

Versuchen Sie folgende Fragen zu beantworten, zunächst ohne die jeweiligen Befehle in der Shell auszuführen. Was liefern die folgenden Kommandos als Ergebnis?

(a) `echo *`

(b) `echo ?`

(c) `echo /`

Man kann bestimmte Anführungszeichen dazu verwenden, Sonderbedeutungen auszuschalten. In diesem Zusammenhang werden die Anführungszeichen auch im Deutschen häufig mit dem englischen Begriff „Quotes" bezeichnet. Die Bash kennt folgende Arten von Quotes:

`"..."`	double quote	Abschalten von Dateinamenersetzungen; andere Ersetzungen, wie etwa die einer Variablen durch ihren Inhalt, nimmt die Bash jedoch vor.
`'...'`	tick mark	Abschalten aller Ersetzungen.
`\`	backslash	Ausschalten der Sonderbedeutung des folgenden Zeichens.
`` ``...`` ``	back tick	Das in den back ticks eingeschlossene Kommando wird durch seine Ausgabe ersetzt.

Üblicherweise verwendet man die doppelten Anführungszeichen um ein String-Argument anzugeben, das Leerzeichen enthält, wie in folgendem Beispiel:

```
> ls -l "datei mit leerzeichen.txt"
```

Ohne die doppelten Anführungszeichen würde das `ls`-Kommando das Leerzeichen als Stringtrenner interpretieren und versuchen, die Datei mit Namen `datei`, mit Namen `mit` und mit Namen `leerzeichen.txt` aufzulisten.

Aufgabe 2.24

(a) Geben Sie mit Hilfe des `echo`-Kommandos den Text `Hallo Welt` aus.

(b) Geben Sie mit Hilfe des `echo`-Kommandos den Text `"Hallo Welt"` aus.

(c) Geben Sie mit Hilfe des `echo`-Kommandos den Text `",Hallo Welt,"` aus.

(d) Geben Sie mit Hilfe des `echo`-Kommandos den Text `\\` aus.

Aufgabe 2.25

(a) Was ist der Wert der Variablen `a` nach Ausführung des Befehls
    `a='ls -l | wc -l'`?

(b) Was passiert, wenn Sie nach Ausführung des Befehls `a='ls -l | wc -l'`
    folgendes in die Kommandozeile eingeben und ausführen (das Zeichen > soll
    das Prompt sein):
    `> $a`

(c) Was ist der Wert der Variablen `a` nach Ausführung des Befehls
    `a=`ls -l | wc -l``?

2.4.6 Verknüpfungen von Kommandos

Durch Verknüpfung von Kommandos mit dem Strichpunkt ; werden diese hintereinander ausgeführt:

$\langle$*kommando1*$\rangle$; $\langle$*kommando2*$\rangle$; $\langle$*kommando3*$\rangle$ ...

Bevor wir zu den nächsten beiden Verknüpfungsarten kommen, muss man wissen,
dass *jedes* Kommando der Bash einen bestimmten *Exit*-Status zurückliefert. Hierbei
gilt:

Exit-Status = 0 heißt: Kommando erfolgreich beendet.

Exit-Status $\neq$ 0 heißt: Kommando nicht erfolgreich beendet.

Die Shellvariable `$?` enthält immer den Exit-Status des zuletzt ausgeführten Kommandos.

Aufgabe 2.26

Geben Sie ein Kommando in die Shell ein, dessen Ausführung Ihrer Einschätzung
nach nicht erfolgreich ist. Lassen Sie sich danach den Inhalt der Shellvariablen
`$?` ausgeben.

Aufgabe 2.27

In der Programmiersprache C ist es genau umgekehrt: Ein Wert von 0 entspricht immer dem Wahrheitswert „falsch", Werte $\neq$ 0 entsprechen dem Wahrheitswert „wahr". Was, denken Sie, ist der Grund, warum die Bash die Wahrheitswerte genau umgekehrt repräsentiert?

Die Shell kann nun den Exit-Status nutzen, um Programme ergebnisabhängig zu verbinden. Hierzu gibt es zwei Operatoren, das „sequentielle Und" und das „sequentielle XOR". Der sequentielle Und-Operator wird folgendermaßen verwendet:

⟨*programm1*⟩ && ⟨*programm2*⟩

Hierbei wird das zweite Kommando nur dann ausgeführt, wenn das erste erfolgreich war, d. h., wenn das erste einen Exit-Status von 0 zurückliefert.

Der sequentielle XOR wird folgendermaßen verwendet:

⟨*programm1*⟩ || ⟨*programm2*⟩

Hierbei wird das zweite Kommando nur ausgeführt, wenn das erste erfolglos war, d. h. wenn das erste einen Exit-Status ungleich 0 zurückliefert.

Aufgabe 2.28

Welche der drei zuvor vorgestellten Verknüpfungen entspricht am ehesten dem if-then-Befehl einer höheren Programmiersprache?

Aufgabe 2.29

Geben Sie eine Unix-Kommandozeile an, die ...

(a) die Namen aller C-Dateien (Endung: `.c`) im aktuellen Verzeichnis ausgibt, falls welche existieren.

(b) den String `Es gibt keine C-Dateien` ausgibt, falls keine C-Dateien im aktuellen Verzeichnis existieren.

Aufgabe 2.30

Geben Sie eine Unix-Kommandozeile an, die ...

(a) (nur) den Text `Es gibt keine C-Dateien` auf dem Bildschirm ausgibt, falls im aktuellen Verzeichnis keine C-Dateien (mit Endung `.c`) existieren.

(b) (nur) den Text `Es gibt C-Dateien` ausgibt, falls im aktuellen Verzeichnis sich mindestens eine C-Datei befindet.

2.5 Weitere Kommandos

2.5.1 Das find-Kommando

Das find-Kommando kann zur Suche von Dateien verwendet werden und ist sehr mächtig. Es findet Dateien nicht nur im aktuellen Verzeichnis, sondern in einem ganzen Verzeichnisbaum, d. h. es sucht systematisch in allen Unterverzeichnissen nach Dateien mit bestimmten Eigenschaften. Die Syntax lautet

> find ⟨*Pfadname(n)*⟩ ⟨*Bedingung(en)*⟩ ⟨*Aktion(en)*⟩

Hierbei werden alle angegebenen Pfade vollständig (also inklusive aller darunterliegenden Verzeichnisse) durchsucht.

Bedingungen

Das find-Kommando findet Dateien, die bestimmten Bedingungen genügen. Folgende Liste zeigt einen Auszug der möglichen Bedingungen, die das find-Kommando akzeptiert:

-name ⟨*datei*⟩	Sucht nach Dateien, deren Namen auf ein bestimmtes Muster passen. Die Verwendung von Metazeichen wie * und ? ist möglich, allerdings muss dann das Muster in tick marks ،...، eingeschlossen werden.
-iname ⟨*datei*⟩	Funktioniert ähnlich wie -name, nur dass der „Match" nicht zwischen Groß- und Kleinschreibung unterscheidet.
-type ⟨*T*⟩	Sucht nach einem Dateityp ⟨*T*⟩; das Argument ⟨*T*⟩ kann hierbei die folgenden Werte annehmen: f – normale Datei; d – directory; b – block device; c – character device.
-user ⟨*name*⟩	Sucht nach Dateien, die dem Benutzer ⟨*name*⟩ gehören.
-group ⟨*name*⟩	Sucht nach Dateien, deren Gruppenzugehörigkeit ⟨*name*⟩ ist.
-size ⟨*N*⟩	Sucht nach Dateien mit einer Größe von ⟨*N*⟩ Blöcken.
-newer ⟨*datei*⟩	Sucht nach Dateien, die jünger sind als ⟨*datei*⟩.
-mtime ⟨*N*⟩	Sucht nach Dateien, die vor ⟨*N*⟩ Tagen geändert wurden.
-mmin ⟨*N*⟩	Sucht nach Dateien, die vor ⟨*N*⟩ Minuten geändert wurden.

Bei Zahlenangaben ⟨*N*⟩ kann optional ein + oder - vorangestellt werden; hierbei bedeutet beispielsweise 5 „genau fünf", -2 „zwei oder weniger" und +3 „drei oder mehr".

Aufgabe 2.31

Warum muss man bei Verwendung von Metazeichen im Argument der Bedingung
-name dieses in tick marks einschließen? Was passiert, wenn man die tick marks
vergessen würde?

Aktionen

Für jede der gefundenen Dateien kann man nun bestimmte Aktionen spezifizieren.
Folgende Liste zeigt einen Auszug aller Aktionen, die find akzeptiert:

-print	Gibt die gefundenen Dateien über die Standardausgabe aus.
-exec ⟨*kommando*⟩	Führt auf jeder gefundenen Datei ⟨*kommando*⟩ aus. Mit der leeren geschweiften Klammer {} kann man die Stellen spezifizieren, an denen die gefundenen Dateien eingesetzt werden. Man muss ⟨*kommando*⟩ immer mit einem geschützten Strichpunkt (\; oder ˌ;ˌ) abschließen.
ok ⟨*kommando*⟩	Funktioniert genau wie -exec, jedoch wird ⟨*kommando*⟩ immer mit vorheriger Sicherheitsabfrage ausgeführt.

Beispielsweise versucht das folgende Kommando alle Dateien auf Ihrer Festplatte zu
löschen, die mit A anfangen und mit .txt enden:

```
find . -name 'A*.txt' -exec rm {} \;
```

Aufgabe 2.32

Warum muss man den Strichpunkt schützen, mit dem das der -exec-Aktion folgende Kommando abgeschlossen wird? Wovor muss er geschützt werden? Was
würde passieren, wenn man statt ˌ;ˌ einfach nur ; schreibt?

Aufgabe 2.33

(a) Mit der Aktion -printf hat man viele Möglichkeiten, die gefundenen Dateien nach individuellen Wünschen auszugeben. Informieren Sie sich über das
Benutzerhandbuch von find, was -printf für Argumente erwartet.

(b) Verwenden Sie nun Sie die Aktion `-printf`, um alle Dateien zu finden, die mit `.txt` enden, und sich deren Namen zusammen mit dem Änderungsdatum (in schön lesbarer Form) ausgeben zu lassen.

Aufgabe 2.34

Geben Sie ein Unix-Kommando an, ...

(a) mit dem Sie alle auf Ihrer Festplatte befindlichen Verzeichnisnamen ausgeben, die mit einem `A` beginnen.
(b) mit dem Sie alle auf Ihrer Festplatte befindlichen Dateien löschen, deren Namen mit `.docx` enden.
(c) mit dem Sie ausgeben können, wie viele Dateien unter Ihrem Homeverzeichnis sich in den letzten zwei Tagen geändert haben.
(d) das von allen C-Dateien in und unterhalb Ihres Homeverzeichnisses eine Backup Kopie erstellt (mit Endung `.bak`).
(e) das bestimmt, wie viele Verzeichnisnamen auf Ihrer Festplatte genau aus vier Buchstaben bestehen.

2.5.2 Das `grep`-Kommando

Mit `grep` (= global regular expression print) kann nach Textmustern gesucht werden. Die Sprache, in der diese Muster spezifiziert werden, nennt man Reguläre Ausdrücke (englisch: „regular expressions"). Die theoretischen Grundlagen für reguläre Ausdrücke stammen aus der Linguistik und wurden durch Noam Chomsky formalisiert. Die Anwendungsmöglichkeiten sind vielfältig, denn mit `grep` können nicht nur Dateien, sondern – falls keine Dateiargumente mit übergeben werden – auch die Standardeingabe durchsucht werden. Die Syntax lautet:

```
grep ⟨option(en)⟩ ⟨regExp⟩ ⟨datei(en)⟩
```

Um ein erstes einfaches Beispiel zu geben: `grep und test.txt` sucht in der Datei `test.txt` alle Zeilen, die das Muster `und` enthalten.

Folgende Liste zeigt die wichtigsten Optionen:

-q (quiet) Keine Ausgabe; nur der Return-Wert wird zurückgegeben.

-n Zeilennummern werden mit ausgegeben.

-c Es wird nur die Anzahl der Zeilen ausgegeben, für die der reguläre Ausdruck zutrifft.

-l Nur die Namen der Dateien werden ausgegeben, in denen der reguläre Ausdruck gefunden wurde.

-i Auf Groß- und Kleinschreibung wird nicht geachtet.

-v Alle Zeilen werden ausgegeben, in denen der reguläre Ausdruck *nicht* erfüllt ist.

Die folgende Liste zeigt beispielhaft wie reguläre Ausdrücke aufgebaut sind, die das egrep-Kommando verarbeiten kann. Der Name egrep ist ein Synonym für grep -e und erlaubt dem Benutzer die regulären Ausdrücke in einer etwas komfortableren Form anzugeben:

Suchmuster	Passt auf ...
Tiger	– den String Tiger.
^Tiger	– den String Tiger am Zeilenanfang.
Tiger$	– den String Tiger am Zeilenende.
^Tiger$	– eine Zeile, die nur den String Tiger enthält.
[tT]iger	– den String Tiger oder den String tiger.
T[aeiou]ger	– die Strings Tager, Teger, Tiger, Toger, Tuger.
[0-9]Tiger	– die Strings 0Tiger, 1Tiger, ..., 9Tiger.
T[^aeiou]ger	– das 1., 3., 4., 5. Zeichen wie angegeben; das 2. Zeichen kann jedes Zeichen, außer a, e, i, o, u sein.
.	– jedes beliebige Zeichen.
^...$	– jede Zeile, die genau drei Zeichen enthält.
^\.	– jede Zeile, die mit einem Punkt beginnt; der Backslash \ unterdrückt die Sonderbedeutung des Zeichens „.".
^[^.]	– jede Zeile, die nicht mit einem Punkt beginnt.
Tiger.*	– den String Tiger gefolgt von einer beliebig langen (auch leeren) Folge beliebiger Zeichen..
[A-Z][A-Z]*	– ein oder mehrere Großbuchstaben.
[A-Z]*	– eine beliebig lange (evtl. auch leere) Folge von Großbuchstaben.
(Tiger)*	– eine beliebig lange (auch leere) Folge des Strings Tiger.

Kapitel 4 liefert einen detaillierten Überblick über reguläre Ausdrücke.

Einige einfache Beispiele für die Verwendung von grep bzw. egrep zeigt die folgende Tabelle:

Beispiel	Funktionsweise
egrep ^Maier ⟨*datei*⟩	Liefert alle Zeilen aus ⟨*datei*⟩, die mit Maier beginnen.
egrep -c ^$ ⟨*datei*⟩	Liefert die Anzahl der Leerzeilen in ⟨*datei*⟩.
egrep [^0-9]$ ⟨*datei*⟩	Liefert alle Zeilen, die nicht mit einer Ziffer enden.
egrep ^a⟨*datei*⟩ | egrep b$	Liefert alle Zeilen, die mit a beginnen und mit b enden.

Das zweite `egrep` im letzten Beispiel bekommt keine Datei als Argument übergeben, d. h. es liest aus der Standardeingabe. In diesem Fall wird die Standardeingabe aber nicht von der Tastatur gelesen, sondern aus der Pipe, in die das erste `egrep`-Kommando seine Ergebnisse geschrieben hat.

Der Exit-Status des Kommandos `grep` bzw. `egrep` ist 0, falls in dem angegebenen Muster entsprechende Zeilen gefunden wurden und 1, falls es keine Treffer gab.

Aufgabe 2.35

Geben Sie ein Unix-Kommando an, das den String `Tobias ist da!` ausgibt, falls der Benutzer `tobias` am System angemeldet ist, und den String `Tobias ist nicht da.`, falls der Benutzer `tobias` nicht angemeldet ist. Achten Sie darauf, dass *ausschließlich* die angegebenen Strings ausgegeben werden, insbesondere keine Fehlermeldungen.

Aufgabe 2.36

Geben Sie einen regulären Ausdruck an, mit dessen Hilfe das `egrep`-Kommando alle Zeilen ausgibt, die ...

(a) die Zeichenkette `Hallo` enthalten.
(b) mit irgend einer Ziffer beginnen.

Aufgabe 2.37

Verwenden Sie das `egrep`-Kommando, um ...

(a) alle Dateien im aktuellen Verzeichnis aufzulisten, die keine Verzeichnisse sind.
(b) alle Dateien im aktuellen Verzeichnis aufzulisten, auf denen alle Gruppen Schreibrechte haben.
(c) alle angemeldeten Benutzer aufzulisten, deren Benutzername mit `a` endet.

Aufgabe 2.38

Geben Sie einen regulären Ausdruck an, mit dessen Hilfe das `egrep`-Kommando alle Zeilen ausgibt, die ...

(a) mit `a` oder mit `b` anfangen.
(b) nur Ziffern enthalten.
(c) genau zwei Worte enthalten.

Aufgabe 2.39

Geben Sie ein `egrep`-Kommando an, mit dem sie alle Zeilen finden, ...

(a) in denen irgendwo `blubber` vorkommt.

(b) die das Wort `blubber` enthalten.

(c) die mit einer Ziffer anfangen und mit einem Buchstaben aufhören.

(d) die genau zweimal den Buchstaben `a` enthalten.

(e) die genau zwei Ziffern enthalten *oder* genau einmal `a` enthalten.

Aufgabe 2.40

Verwenden Sie das `egrep`-Kommando, um ...

(a) alle Dateien im aktuellen Verzeichnis aufzulisten, die Verzeichnisse sind.

(b) alle Dateien im aktuellen Verzeichnis aufzulisten, auf denen Sie Schreibrechte und Leserechte haben.

(c) alle Dateien im aktuellen Verzeichnis aufzulisten, auf denen Sie entweder Schreibrechte oder Leserechte haben (aber nicht beides).

(d) alle Dateien im aktuellen Verzeichnis aufzulisten, auf denen ausschließlich Sie Schreib- und Leserechte haben.

(e) die Gesamtzahl aller Leerzeilen in allen C-Dateien (Endung `.c`) zurückzugeben, die sich im aktuellen Verzeichnis befinden.

Aufgabe 2.41

Geben Sie einen regulären Ausdruck an, mit dessen Hilfe das `egrep`-Kommando alle Zeilen ausgibt, die ...

(a) den Text `Hallo Welt` enthalten.

(b) mit dem Text `Hallo Welt` beginnen.

(c) nur den Text `Hallo Welt` enthalten.

(d) mit keiner Ziffer beginnen.

(e) genau eine Ziffer enthalten.

2.5.3 Der `cut`-Befehl

Das Kommando

> `cut ⟨option(en)⟩ ⟨datei(en)⟩`

gibt Spalten von Dateizeilen auf der Standardausgabe aus. Wichtige Optionen sind:

-f ⟨*felder*⟩   Gibt die angegebenen Felder aus.

-d ⟨*zeichen*⟩   Bestimmt das Trennzeichen zwischen den einzelnen Feldern. Default ist das Tabulator-Zeichen.

Beispiel

Die Datei /etc/passwd enthält Informationen über die Benutzer; pro Nutzer gibt es eine Zeile, die sieben Felder enthält, die mit : getrennt sind. Das Kommando

```
cut -d ':' -f1,6 /etc/passwd
```

druckt das erste und sechste Feld aus, in diesem Fall den Login-Namen und das HOME-Verzeichnis.

Aufgabe 2.42

Verwenden Sie das cut-Kommando, um sich für jede Datei des aktuellen Arbeitsverzeichnisses den Dateinamen und das Änderungsdatum ausgeben zu lassen.

Aufgabe 2.43

Geben Sie ein Unix-Kommando an, das Ihnen den dritten Pfad ausgibt, in dem nach ausführbaren Dateien gesucht wird.

2.5.4 Das sort-Kommando

Das Kommando

> sort ⟨*option(en)*⟩ ⟨*datei(en)*⟩

sortiert die Zeilen einer Datei nach bestimmten (Sortier-)Feldern und gibt das Ergebnis auf der Standardausgabe aus. Wichtige Optionen sind:

+ ⟨*pos1*⟩ [*pos2*]   Sortiert nach den Feldern ⟨*pos1*⟩ bis ausschließlich ⟨*pos2*⟩;

-b   ignoriert Leerzeichen am Anfang von Sortierfeldern;

-n   sortiert numerisch;

-o ⟨*datei*⟩   gibt das Ergebnis in ⟨*datei*⟩ aus;

-r   dreht die Sortierreihenfolge um;

-t ⟨*zeichen*⟩   gibt das Trennzeichen zwischen den Feldern an.

Beispielsweise gibt das Kommando

```
sort +2 -n -r -t ':' /etc/passwd
```

den Inhalt der Datei `/etc/passwd` aus, numerisch absteigend sortiert nach dem dritten Feld.

Aufgabe 2.44

Verwenden Sie das `ls`- und das `sort`-Kommando, um die Dateien des aktuellen Verzeichnisses nach dem Benutzernamen des Besitzers zu sortieren.

2.5.5 Die `head`- und `tail`-Kommandos

Das Kommando

> head −n ⟨*zahl*⟩ ⟨*datei(en)*⟩

gibt die ersten Zeilen der Eingabedateien aus. Dies findet häufig bei sehr großen Dateien Anwendung, wenn man weiß, dass die wichtigen Informationen am Dateianfang stehen.

Aufgabe 2.45

Verwenden Sie die Befehle `ls -l`, `sort` und `head` um sich die fünf größten Dateien im aktuellen Verzeichnis ausgeben zu lassen.

Das Kommando

> tail −n ⟨*zahl*⟩ ⟨*datei*⟩

gibt die letzten Zeilen von `datei` aus. Neben der Option `−n` wird auch die Option `−f` häufig genutzt. Wenn die Datei wächst oder sich verändert, wird die Ausgabe automatisch mit ergänzt. Beispielsweise zeigt

```
tail -f /var/log/messages
```

neue Systemmeldungen sofort an. Das `tail`-Kommando wartet hierbei einfach und gibt die Änderungen aus.

2.6 Shell-Programmierung

Bisher haben wir ausschließlich Unix-Kommandos interaktiv über die Tastatur eingegeben und von der Shell direkt auf der Kommandozeile ausführen lassen. Die Shell erlaubt aber auch die „stapelweise" Ausführung von in einer Textdatei befindlichen Befehlen. Es ist möglich, mehrere Befehlszeilen in eine Textdatei zu schreiben und diese durch die Bash nacheinander ausführen zu lassen. Der Effekt ist so, als ob die Befehle nacheinander eingegeben wurden.

Das folgende Beispiel zeigt, wie man ein in einer Datei befindliches Kommando ausführen kann; das Zeichen „$" am Zeilenanfang soll das Prompt der Bash darstellen:

```
$ echo 'who | wc -l' >nu
$ bash nu
5
```

Wir schreiben also den Befehl `echo` `'who | wc -l'` in die Datei `nu` (= number of users) und können diesen dann einfach mittels `bash nu` ausführen lassen. Wir können das Skript, also eine Textdatei, die Shell-Befehle enthält, in der Datei `nu` auch ausführbar machen und direkt aufrufen:

```
$ chmod +x nu
$ nu
5
```

Übrigens: Enthält ein Skript in der ersten Zeile die folgende Deklaration

#! ⟨*programm*⟩

dann startet jede Shell automatisch ⟨programm⟩ und übergibt diesem als Parameter den Namen des Skripts. Künftig schreiben wir also immer #!/bin/bash in die erste Zeile jedes Bash-Skripts.

Aufgabe 2.46

Erstellen Sie ein kleines Bash-Skript anzDat, das Ihnen die Anzahl der Einträge und die Anzahl der Verzeichnisse im aktuellen Arbeitsverzeichnis folgendermaßen ausgibt (hierbei soll das $-Zeichen am Anfang jeder Zeile die Eingabeaufforderung darstellen):

```
$ anzDat
Das aktuelle Verzeichnis enthält 26 Dateien, davon 12 Verzeichnisse
```

2.6.1 Dateneingabe

Das Kommando

```
read [-p ⟨prompt⟩] ⟨variable1⟩ ⟨variable2⟩ ...
```

liest Wörter von der Standardeingabe und speichert diese in Umgebungsvariablen. Mit der Option -p kann man zusätzlich eine Eingabeaufforderung ausgeben lassen.

Beispiel

Nach Eingabe des Kommandos

```
read -p "Bitte Ihren Vor- und Nachnamen eingeben:" VNAME NNAME
```

erscheint der nach -p kommende Text auf dem Bildschirm und read wartet auf Benutzereingabe; das erste eingegebene Wort wird der Variablen VNAME, das zweite der Variablen NNAME zugewiesen.

Das Kommand

```
read A <test.txt
```

liest die erste Zeile von test.txt in die Variable A.

2.6.2 Kommandozeilenparameter

Kommandozeilenparameter sind die Parameter, die ein Kommando über die Kommandozeile als String-Argumente übergeben bekommt. Angenommen wir schreiben ein Skript add, das zwei Zahlen addiert; wir werden also erwarten, dass der Benutzer beim Aufrufen dem Skript add zwei Parameter mit übergibt:

```
add 17 23
```

In diesem Fall wäre der erste Kommandozeilenparameter der String 17, der zweite Kommandozeilenparameter wäre String 23. Innerhalb des Skripts können diese beiden Parameter über die speziellen Variablen $1 und $2 angesprochen werden. Das Skript add könnte also folgendermaßen programmiert werden:

```
#!/bin/bash
ergebnis=$[$1+$2]
echo $1 plus $2 ist gleich $ergebnis
```

Mit Hilfe des Konstruktes $[...] kann die Bash einfache Rechnungen ausführen.

Die spezielle Shell-Variable $# steht für die Anzahl der übergebenen Kommandozeilenparameter.

> **Aufgabe 2.47**
>
> Finden Sie durch Ausprobieren heraus, welchen Wert die Shell-Variable $0 enthält.

Aufgabe 2.48

Schreiben Sie ein Bash-Skript, das den 10. Kommandozeilenparameter wieder ausgibt:

```
$ derZehnte A B C D E F G H I J K L
$ Der 10. Parameter war J
```

2.6.3 Bedingungen testen

Das `test`-Kommando

Der Befehl

> test ⟨ausdruck⟩

prüft eine Bedingung und liefert daraufhin einen entsprechenden Exit-Status. Mit dem Argument ⟨ausdruck⟩ lassen sich Dateien, Zeichenketten, ganze Zahlen und vieles mehr vergleichen. Als erstes Beispiel vorab betrachten wir die folgende Kommandozeile:

```
test -w /etc/passwd && echo "Du bist root"
```

Diese testet, ob die Datei `/etc/passwd` lesbar ist. Falls sie lesbar ist, d. h., falls der Exit-Status des `test`-Befehls gleich 0 ist, wird der Text `Du bist root` ausgegeben. Die Bezeichnung „root" bezieht sich ursprünglich auf die Wurzel des Unix-Verzeichnisbaums und damit wird auch gleichzeitig der Administrator bezeichnet, dem üblicherweise kein eigenes Home-Verzeichnis zugeordnet ist. Stattdessen ist er in der Wurzel des Verzeichnisbaums zuhause und hat entsprechend auch grundsätzlich alle Schreib- und Leserechte auf alle Objekte des gesamten Verzeichnisbaums. Obige Kommandozeile macht daher auch Sinn: Nur der Administrator hat Schreibrechte auf die Datei `/etc/passwd`.

Folgende Tabelle zeigt die wichtigsten Komponenten, aus denen sich der Parameter ⟨ausdruck⟩ des `test`-Befehls zusammensetzen kann.

Eigenschaften von Dateien

-e	Datei existiert;
-r	Datei existiert und User hat Leserecht;
-w	Datei existiert und User hat Schreibrecht;
-x	Datei existiert und User hat Ausführungsrecht;
-f	Datei existiert und ist „einfache" Datei;
-d	Datei existiert und ist Verzeichnis;
-s	Datei existiert und ist nicht leer;
-L	Datei existiert und ist symbolischer Link;

$\langle datei1 \rangle$ -nt $\langle datei2 \rangle$	wahr, wenn $\langle datei1 \rangle$ neuer als $\langle datei2 \rangle$;
$\langle datei1 \rangle$ -ot $\langle datei2 \rangle$	wahr, wenn $\langle datei1 \rangle$ älter als $\langle datei2 \rangle$;
$\langle datei1 \rangle$ -ef $\langle datei2 \rangle$	wahr, wenn $\langle datei1 \rangle$ und $\langle datei2 \rangle$ die gleiche Inode-Kennung besitzen; diese spezifiziert die Identität einer Datei unter Unix. Das Kürzel -ef steht hier für „equal file".

Vergleich von Zeichenketten

-n $\langle str \rangle$	Wahr, wenn der String $\langle str \rangle$ nicht leer;
-z $\langle str \rangle$	wahr, wenn der String $\langle str \rangle$ leer;
$\langle str1 \rangle$ = $\langle str2 \rangle$	wahr, wenn die beiden Strings gleich sind;
$\langle str1 \rangle$!= $\langle str2 \rangle$	wahr, wenn die beiden Strings verschieden sind.

Vergleich ganzer Zahlen

$\langle zahl1 \rangle$ -eq $\langle zahl2 \rangle$	Wahr, wenn $\langle zahl1 \rangle = \langle zahl2 \rangle$;
$\langle zahl1 \rangle$ -ne $\langle zahl2 \rangle$	wahr, wenn $\langle zahl1 \rangle \neq \langle zahl2 \rangle$;
$\langle zahl1 \rangle$ -ge $\langle zahl2 \rangle$	wahr, wenn $\langle zahl1 \rangle \geq \langle zahl2 \rangle$;
$\langle zahl1 \rangle$ -le $\langle zahl2 \rangle$	wahr, wenn $\langle zahl1 \rangle \leq \langle zahl2 \rangle$;
$\langle zahl1 \rangle$ -gt $\langle zahl2 \rangle$	wahr, wenn $\langle zahl1 \rangle > \langle zahl2 \rangle$;
$\langle zahl1 \rangle$ -lt $\langle zahl2 \rangle$	wahr, wenn $\langle zahl1 \rangle < \langle zahl2 \rangle$.

Logische Verknüpfungen

$\langle ausdr1 \rangle$ -a $\langle ausdr2 \rangle$	Wahr, wenn $\langle ausdr1 \rangle$ und $\langle ausdr2 \rangle$ gilt;
$\langle ausdr1 \rangle$ -o $\langle ausdr2 \rangle$	wahr, wenn $\langle ausdr1 \rangle$ oder $\langle ausdr2 \rangle$ gilt;
! $\langle ausdr \rangle$	wahr, wenn $\langle ausdr \rangle$ nicht gilt;
\($\langle ausdr \rangle$ \)	Gruppierung des Ausdrucks $\langle ausdr \rangle$.

Aufgabe 2.49

Schreiben Sie ein Kommando, das Ihnen den ersten in der PATH-Variablen enthaltenen Pfad ausgibt; aber nur dann, wenn die PATH-Variable auch tatsächlich definiert ist.

Aufgabe 2.50

Schreiben Sie ein Kommando, das die Inhalte der Dateien test1.txt und test2.txt aneinanderhängt und in der Datei test3.txt speichert; aber nur, wenn die Berechtigungen für diese Aktion entsprechend passen.

Aufgabe 2.51

Schreiben Sie – aus Ihrem jetzigen Kenntnisstand heraus, also ohne Verwendung von Schleifen – ein Shell-Skript, das genau drei Kommandozeilenparameter einliest (falls mehr oder weniger eingegeben wurde: Fehlermeldung ausgeben) und den größten dieser Kommandozeilenparameter zurückliefert. Falls die Kommandozeilenparameter keine Zahlen sind, soll eine passende Fehlermeldung ausgegeben werden.

Es gibt einen symbolischen Link auf das Kommando `test`, der einfach `[` heißt; Falls `test` aber mittels `[` aufgerufen wurde, wird verlangt, dass das Kommando mit `]` endet. Statt beispielsweise `test -r dat1.txt` könnte man also einfach

`[ -r dat1.txt ]`

schreiben.

Aufgabe 2.52

Wie könnte `test` programmiert sein, dass es zum einen weiß, ob es als „`test`" oder als „`[`" aufgerufen wurde und zum anderen sicherstellt, dass es – falls es mit `[` aufgerufen wurde – auch mit `]` endet?

Aufgabe 2.53

Falls `test` als „`[`" aufgerufen wurde, so ist es wichtig, dass nach „`[`" und vor „`]`" ein Leerzeichen steht. Erklären Sie warum das wichtig ist, und was passiert, falls sie diese Leerzeichen vergessen.

Das `if`-Kommando

Das `if`-Kommando kann mehrere Formen annehmen:

Einseitiges `if`	Zweiseitiges `if`

`if ⟨kommando⟩`
`then`
    `⟨kommandos⟩`
`fi`
	`if ⟨kommando⟩`
	`then`
	    `⟨kommandos⟩`
	`else`
	    `⟨kommandos⟩`
	`fi`

Nach dem Schlüsselwort `if` wird ein Argument ⟨*kommando*⟩ erwartet, ein Unix-Kommando bzw. eine Folge von Kommandos, die mit Kommandoverknüpfungen zusammengefügt wurden. Dieses wird ebenfalls ausgeführt. Ist der Exit-Status dieses Kommandos ...

- = 0, d. h. das Kommando schließt erfolgreich ab, so werden die Kommandos, die zwischen dem `then` und `fi`[9] stehen ausgeführt.
- ≠ 0, d. h. das Kommando schließt erfolglos bzw. mit Fehlern ab, so werden die Kommandos zwischen dem `else` und dem `fi`[10] ausgeführt.

Betrachten wir als einfaches Beispiel das folgende Bash-Skript. Es gibt eine Meldung aus, wenn mehr als fünf Benutzer eingeloggt sind:

```
if [ `who | wc -l` -gt 5 ]
then
    echo "Mehr als 5"
fi
```

Aufgabe 2.54

Erklären Sie die Funktionsweise des Skripts, und den Sinn der `if`-Abfrage.

```
if [ -r $1 -a -w $2 ]
then
    cat $1 >> $2
else
    "cannot append"
fi
```

Aufgabe 2.55

Schreiben Sie ein Shell-Skript, das den Text "`Bitte aufräumen`" auf dem Bildschirm ausgibt, wenn sich mehr als 50 Dateien im aktuellen Verzeichnis befinden.

2.6.4 Programmschleifen

Die `while`-Schleife

Schleifen nennt man diejenigen Konstrukte einer Programmiersprache, mit denen man eine Folge von Kommandos *wiederholt* ausführen kann, so lange, bis eine be-

---

9 Man spricht hier auch von dem `then`-Zweig.
10 Man spricht hier auch von dem `else`-Zweig.

stimmte Bedingung erfüllt ist. Diejenige Kommandofolge, die bei einer Schleife evtl. wiederholt ausgeführt wird, nennt man *Schleifenkörper*.

Die `while`-Schleife hat die folgende Struktur:

```
while ⟨kommando⟩
do
    ⟨kommandos⟩
done
```

Das `while`-Kommando prüft vor jedem Schleifendurchgang, ob ⟨*kommando*⟩ wahr ist, d. h. den Exit-Status 0 zurückliefert. Falls ja, dann wird die Schleife nochmals durchlaufen. Erst dann, wenn ⟨*kommando*⟩ falsch ist, wird die `while`-Schleife beendet und die Bash geht zur Ausführung des nächsten Kommandos über. Anders formuliert: Die Kommandofolge ⟨*kommandos*⟩ wird so lange wiederholt ausgeführt, bis ⟨*kommando*⟩ einen Exit-Status > 0 liefert.

Ein einfaches Beispiel: Das folgende Bash-Skript wartet solange, bis die Datei `foo` (möglicherweise von irgendeinem Hintergrundprozess) erzeugt ist:

```
while [ ! -f foo ]
  do
  sleep 10
done
```

(Das `sleep`-Kommando wartet 10 Sekunden).

Aufgabe 2.56

Wozu dient das `sleep`-Kommando im vorigen Beispiel; oder anders gefragt: Warum ist es ratsam, nach jeder Abfrage, ob `foo` existiert, eine gewisse Zeit zu warten?

Aufgabe 2.57

Verwenden Sie eine `while`-Schleife, um ein Bash-Skript zu schreiben, das ...

(a) alle Zahlen von 1 bis 100 auf dem Bildschirm ausgibt.
(b) alle ungeraden Zahlen von 1 bis 100 auf dem Bildschirm ausgibt.
(c) alle Primzahlen zwischen 1 und 100 auf dem Bildschirm ausgibt.

Die `for`-Schleife

Die `for`-Schleife hat die folgende Struktur:

```
for ⟨variable⟩ in ⟨liste⟩
do
    ⟨kommandos⟩
done
```

Die `for`-Schleife der Bash unterscheidet sich von der `for`-Schleife, wie sie etwa in C, C++ oder Java verwendet wird; dagegen ist die `for`-Schleife in Python ähnlich. Die `for`-Schleife der Bash ist eine Listenschleife, d. h. die Schleife wird so oft durchlaufen, wie sich Elemente in ⟨liste⟩ befinden. Das Argument ⟨liste⟩ ist hierbei eine mit Leerzeichen, Tabs oder Zeilentrenner getrennte Liste von Strings. Im i-ten Durchlauf der Schleifen nimmt dabei ⟨variable⟩ als Wert den i-ten String der Liste ⟨liste⟩ an.

Ein einfaches Beispiel: Die `for`-Schleife

```
for X in hans ben karl
do
  echo $X
done
```

führt das Kommando `echo` drei mal aus, denn die übergebene Liste besteht aus drei Strings. Im ersten Durchlauf hat X den Wert `hans`, im zweiten Durchlauf den Wert `ben` und im dritten den Wert `karl`. Das Skript gibt diese drei Strings einfach aus.

Betrachten wir ein weiteres Beispiel für die Verwendung einer `for`-Schleife:

```
for X in *.c
do
  cp $X ${X}.bak
done
```

Bevor die `for`-Schleife ausgeführt wird, wird das Namensmuster „`*.tex`" durch die Bash expandiert. Die `for`-Schleife bewirkt also, dass die Variable X die Namen aller `.c`-Dateien des aktuellen Verzeichnisses durchläuft. Für jede `.c`-Datei wird dann eine Sicherungskopie mit Endung `.bak` erstellt.

Es gibt noch eine wichtige Besonderheit: Es ist auch möglich, der `for`-Schleife keine Liste aus Strings mit zu übergeben. In diesem Fall ist die `for`-Schleife also folgendermaßen strukturiert:

```
for ⟨variable⟩
do
    ⟨kommandos⟩
done
```

Hierbei läuft die Schleife automatisch über die Kommandozeilenparameter $1, $2 usw. Es gibt dann also $# Schleifendurchläufe. Im i-ten Schleifendurchlauf nimmt hierbei ⟨variable⟩ den Wert $i an.

Aufgabe 2.58

Schreiben Sie ein Shell-Skript, das die Summe der Zeilenlängen aller Dateien im aktuellen Verzeichnis ausgibt.

Aufgabe 2.59

Schreiben Sie ein Shell-Skript, das alle C-Dateien (also Dateien mit Endung `.c`) in den darüberliegenden Ordner verschiebt.

Aufgabe 2.60

Schreiben Sie ein Shell-Skript, das die Anzahl der Dateien im aktuellen Verzeichnis zählt, die (für Sie) ausführbar sind. Das Shell-Skript soll am Ende (beispielsweise) ausgeben:

```
Im aktuellen Verzeichnis sind 6 Dateien ausführbar.
```

Aufgabe 2.61

Schreiben Sie ein Shell-Skript, das alle im aktuellen Verzeichnis befindlichen kurzen, weniger als 10 Zeilen langen, Textdateien (mit Endung `.txt`), für die Sie Leserechte haben, aneinanderhängt und in der Datei `alleKurzen.txt` speichert.

3 Python-Programmierung

Die Unix-Shellprogrammierung ist geeignet, um einfache Aufgaben rund um das Dateisystem, die Benutzerverwaltung und Systemadministration schnell umzusetzen. Shellprogrammierung ist weniger geeignet, wenn die Aufgabe, die Sie programmieren wollen, entweder relativ komplex ist oder viel Interaktion mit anderen Programmen erfordert. Hierfür ist die Verwendung einer höheren getypten Programmiersprache sinnvoll.

Höhere Programmiersprachen, die der Shell-Programmierung noch im weitesten Sinne ähneln und die für diese Aufgaben in Betracht kämen, wären Skriptsprachen[1] wie Perl, Tcl, Ruby oder Python.Insbesondere Python eignet sich hervorragend für Programmieranfänger: Die Syntax ist einfach und klar und Python vereint die Paradigmen der prozeduralen, der funktionalen und der objektorientierten Programmierung. Besonders für Programmieranfänger sehr vorteilhaft ist die interaktive Interpreterumgebung, die Python anbietet, die Python-Shell. Ähnlich wie wir im vorherigen Kapitel das Programmieren in der Bash erlebt haben, stellt sich auch der Umgang mit Pythonkommandos in der Python-Shell dar.

Man kann dieses Kapitel deshalb als Anknüpfung an das vorige Kapitel betrachten: Python kann als flexiblerer Ersatz für Shellskripte dienen. Für die im weiteren Verlauf des Buches behandelten Konzepte, die weit über die Benutzerinteraktion mit einem Betriebssystem hinausgehen, wird die Programmiersprache Python als Grundlage dienen, nämlich für:

1. die wichtigsten Programmierparadigmen: Prozedurale Programmierung, Funktionale Programmierung und Objektorientierte Programmierung
2. die Programmierung mit regulären Ausdrücken
3. die Datenpersistenz und Datenbanken
4. das Internet und Internetprogrammierung
5. die Parallele Programmierung

Die in diesem Kapitel dargestellte Python-Einführung bietet einen Überblick über eine Teilmenge aller Sprachkonstrukte, die Python anbietet. Diese Einführung hat weniger das Ziel eine vollständige Präsentation aller Möglichkeiten in Python zu bieten, sondern mehr, die wichtigsten Konstrukte einer höheren Programmiersprache kennen zu lernen und für die folgenden Kapitel gewappnet zu sein. Es gibt zahlreiche frei ver-

---

1 Skriptsprachen sind Programmiersprachen, die eigentlich für eher kleinere, überschaubare Aufgaben gedacht sind. Sie verzichten auf manche Sprachelemente, wie etwa die Deklaration von Variablennamen. Außerdem sind die meisten Skriptsprachen interpretiert, im Gegensatz zu C oder C++, die compiliert sind. Einige Skriptsprachen wie Python haben sich aber auch in großen Softwareprojekten bewährt.

fügbare Quellen im Internet, die komplettere Pythoneinführungen bieten [10, 12] und einen Überblick über die verfügbaren Module²[9].

3.1 Arbeiten mit Python

Python ist eine besonders für Programmieranfänger geeignete Programmiersprache. Im Gegensatz zur Bash-Programmiersprache werden in Python jedoch große Softwareprojekte erstellt, und viele Spezialisten im Umfeld Data Science, Forensics, Web-Development und Ingenieurwissenschaften schreiben komplexe Algorithmen mit Python. Entsprechend vielfältig sind auch die Entwicklungswerkzeuge und der ganze „Zoo" an Bibliotheken und Versionen drumherum, die für die Python-Programmierung zur Verfügung stehen. Dieser Abschnitt gibt einen Überblick über die Entwicklungsumgebungen und die Versionsvielfalt sowie Empfehlungen, wo Sie als Programmieranfänger starten sollten und wie sie Python verwenden sollten, um die in diesem Kapitel vorgestellten Konzepte auszuprobieren und die Übungsaufgaben zu lösen.

3.1.1 Python 3 vs. Python 2

Interessiert man sich dafür, Python zu installieren, so wird man mit der Frage konfrontiert, ob man Python 3.x oder Python 2.x installieren und verwenden möchte. Hierbei steht das „x" für die Subversionsnummer. Die Python-2.x-Versionen sind alle rückwärtskompatibel. Was heißt das genau? Betrachten wir dafür zwei Python-Interpreter, einen der Python 2.x unterstützt und einen der Python 2.y unterstützt; nehmen wir weiter an, dass $x < y$, d.h., dass Python 2.y eine neuere Pythonversion ist. Rückwärtskompatibilität bedeutet, dass der Python-2.y-Interpreter immer auch fehlerfrei Programme ausführen kann, die für einen Python-2.x-Interpreter geschrieben wurden. Andersherum gilt dies natürlicherweise nicht: Ein älterer Python-2.x-Interpreter kann nicht alle Programme „verstehen", die für einen neueren Python-Interpreter geschrieben wurden.

Im Jahr 2008 erschien eine neue Python-Version mit der Versionsnummer 3. Guido van Rossum, der Erfinder der Programmiersprache Python, entschied sich dafür Python grundlegender zu überarbeiten. Obwohl Python 3 sich aus Sicht des Programmieranfängers nur unwesentlich von Python 2 unterscheidet, waren die Änderungen dann doch so groß, dass eine Rückwärtskompatibiltät nicht mehr sichergestellt werden konnte. In der Folge entwickelten sich die beiden Versionsstränge Python 2.xx und Python 3.x parallel weiter, und noch bis heute sind nicht alle (aber fast alle)

---

2 Ein Pythonmodul ist ein Sammlung von Klassen-, Funktions- und Konstantendefinitionen, die durch ein Importieren des Moduls verwendet werden können.

Python-Bibliotheken auf die Python-3-Version übertragen. Die Python-2.*x*-Versionen werden allerdings nur noch wenige Jahre lang weiterentwickelt und gewartet, und so ist es durchaus sinnvoll, sich als Programmieranfänger die Python-3-Version zu besorgen. Dieses Buch verwendet ausschließlich Python 3.

3.1.2 Installation

Die einfachste Art, die Entwicklungsumgebung, die wir für das Erlernen von Python vorschlagen, zu installieren besteht darin, sich die Python-Distribution „Anaconda" zu installieren. Es handelt sich um eine frei verfügbare Sammlung von Packeten und die Notebook-Umgebung (siehe Abschnitt 3.1.5). Anaconda ist über

```
https://www.continuum.io/downloads
```

beziehbar. Für dieses Buch benötigen wir die Python 3.*x*-Installation (zu der Zeit, in der dieses Buch geschrieben wurde, war *x* = 5).

Die Installation dürfte einige Zeit in Anspruch nehmen. Nach der Installation von Anaconda stehen Ihnen alle Werkzeuge, die in diesem Buch verwendet werden, zur Verfügung.

3.1.3 Ein erstes Python-Programm

Wir schreiben nun unser erstes Python-Programm, öffnen hierzu die Bash und erzeugen eine Textdatei `HalloWelt.py`, die das Pythonkommando `print` enthält. Diese Datei führen wir anschließend aus. Das Zeichen $ soll hierbei das Prompt der Bash sein und andeuten, dass die folgenden Zeilen interaktiv der Bash übergeben werden sollen:

```
$ echo 'print("Hallo Welt")' >>HalloWelt.py
$ python HalloWelt.py
Hallo Welt
```

Um komplexere Python-Programme zu erstellen, ist es ratsam einen Texteditor zu verwenden, der Syntaxhervorhebungen unterstützt. Hier bieten sich etwa `vi` oder `emacs` an, oder eine sogenannte integrierte Entwicklungsumgebung (auch: IDE vom englischen Integrated Development Environment) wie Spyder oder PyCharm.

Wollen wir den String `'Hallo Welt'` in der interaktiven Python-Shell ausgeben, so verfahren wir wir folgt (hierbei soll > das Prompt der Bash und >>> das Prompt der Python-Shell sein).

```
$ python
>>> print("Hallo Welt")
Hallo Welt
```

3.1.4 Die Python-Shell

Ähnlich wie mit Shell-Befehlen unter Unix, kann man Python auch in einer interaktiven Umgebung verwenden, die zunächst einem Taschenrechner vergleichbar zu funktionieren scheint. Sie erwartet die Eingabe eines Ausdrucks, berechnet das Ergebnis dieses Ausdrucks und gibt die String-Repräsentation dieses Ausdrucks aus. Eine Umgebung, die eine solche Funktionsweise anbietet, nennt man auch REPL-Umgebung (von Read-Evaluate-Print-Loop). In die REPL-Umgebung gelangt man, indem man den Befehl python in der Kommandozeile einer Shell ausführen lässt, so wie in folgendem Beispiel:

```
$ python
>> print("Hallo")
Hallo
>> 2+5
7
```

Man kann auch ein Python-Programm in die interaktive Python-Shell laden und etwa eine in dem Skript definierte Funktion someFunction testen. Dies geschieht mittels der Option -i:

```
$ python -i test.py
>> someFunction
Hallo Welt
```

3.1.5 Python Notebooks

Die Python-Shell ist ein hervorragendes Werkzeug gerade für Programmieranfänger. Sie erlaubt es, Python-Programme direkt zu testen und mit den selbst geschriebenen Funktionen zu interagieren und zu experimentieren, Objekte auf ihre Eigenschaften hin zu untersuchen und ihre Dokumentation zu lesen und zu durchsuchen. Wenn man allerdings viele Zeilen Programmcode in der Shell schreibt und später einen Teil des Codes ändern möchte, so werden die Einschränkungen der Shell offensichtlich: Man muss mittels der ↑-Taste in der Kommandozeilen-Historie zurückblättern, und alle Programmzeilen bis auf die geänderte Programmzeile nochmals ausführen.

Schreibt man eine Skript-Datei, also eine Textdatei, die Python-Befehle enthält, hat man diesen Nachteil nicht und noch dazu den Vorteil, sich den Programmcode gemäß seiner Syntax farblich markiert anzeigen lassen zu können (Syntax-Highlighting), was die Lesbarkeit des Programm-Codes erleichtert. Syntax-Highlighting bieten alle gängigen integrierten Entwicklungsumgebungen ebenso wie die Editoren vi und emacs. Beim Arbeiten mit einer Skript-Datei verliert man jedoch auch die Möglichkeit der direkten Interaktion mit dem Programmcode, den die Python-Shell bietet.

Python Notebooks bringen die Vorteile beider Seiten zusammen: Notebooks bieten eine interaktive REPL-Umgebung, ermöglichen eine einfache Modifikation aller bisherigen Kommandos und erlauben darüberhinaus eine komfortable Möglichkeit der Dokumentation, die weit über die Möglichkeiten der üblichen Kommentar-Erstellung hinausgeht. Eine „Zelle" in einem Notebook enthält standardmäßig Python-Code, der in der üblichen REPL-Manier ausgewertet und ausgedruckt wird; man kann jede Zelle jedoch leicht in eine Kommentarzelle umwandeln, die die Eingabe von Markdown-Text und sogar LaTeX-Formeln erlaubt. Zudem können Notebooks gespeichert und entsprechend mit anderen geteilt werden. Diese Eigenschaften machen Notebooks zum idealen Werkzeug für Python-Anfänger und für die Präsentation von Programmierkonzepten. Wir empfehlen die Verwendung von Notebooks zum Experimentieren mit Python-Code und zum Lösen der in diesem Buch enthaltenen Aufgaben.

Wenn Sie Anaconda wie in Abschnitt 3.1.2 empfohlen installiert haben, dann können sie ein Notebook über die folgende Bash- oder Windows-Kommandozeile starten.

```
$ jupyter notebook
[NotebookApp] 0 active kernels
[NotebookApp] The Jupyter Notebook is running at:
              http://localhost:8888/
```

Es wird ein lokaler Webserver gestartet. Dieser kommuniziert die im Notebook eingegebenen Kommandos an einen Python-Kernel, einer Instanz des Python-Interpreters, und leitet die Ausgaben dieser Interpreter-Instanz wiederum an den Webserver zurück. Das `jupiter`-Kommando öffnet dann ein Browser-Fenster mit der Notebook-Oberfläche. Abbildung 3.1 zeigt ein Beispiel einer solchen Oberfläche nach Eingabe einiger Kommandos und einiger Markdown-Kommentare.

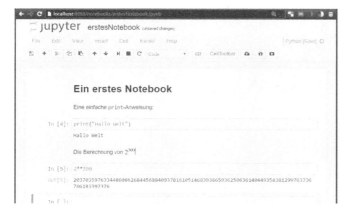

Abb. 3.1. Ein Python-Notebook im Fenster eines Web-Browsers mit einigen Kommando-Zellen und einigen Dokumentations-Zellen.

> **Aufgabe 3.1**
>
> Öffnen Sie ein Python-Notebook und machen Sie sich mit der Funktionsweise der Benutzeroberfläche vertraut, indem Sie unter dem Menüpunkt „Help" die „User Interface Tour" wählen und vollständig durchlaufen. Informieren Sie sich anschließend über die Formatierung der Markdown-Zellen. Informationen darüber finden Sie ebenfalls im Menüpunkt „Help".
>
> Geben Sie nun die Befehle und Markdown-Kommentare so ein, dass Ihr Notebook dem aus Abbildung 3.1 gleicht.

3.2 Einfache Datentypen

Die Bash kennt nur einen Datentyp, nämlich Strings. Python hingegen kennt eine ganze Reihe unterschiedlicher, teilweise auch aus einfacheren Datentypen zusammengesetzten Datentypen. In diesem Abschnitt wollen wir zunächst die einfachen Datentypen betrachten, die Python unterstützt, nämlich Zahlen, Boolesche Werte und Strings.

3.2.1 Zahlen

In Python gibt es vier Zahlen-Typen: Ganzzahlen (`int`), lange Ganzzahlen mit beliebig vielen Stellen (`long int`), Gleitpunktzahlen (`float`) und komplexe Zahlen (`complex`). Beispiele für Python-Zahlen: 12, 3.141, 4.23E-5 (Gleitpunkt-Darstellung), 0xFE (hexadezimale Darstellung), 3/4 (Bruchzahlen), 2**100, 1j+3 (komplexe Zahlen).

> **Aufgabe 3.2**
>
> Verwenden Sie ein Python-Notebook, um folgende Berechnungen durchzuführen:
> (a) 2^{20}
> (b) $(12 - 5i) \cdot (4 + 3i)$
> (c) $(2 + i)^{(2+i)}$

3.2.2 Boolesche Werte

Noch einfacher strukturiert sind Boolesche Werte vom Typ `bool`, nämlich `True` und `False`. Sie sind auch Ergebnis von Vergleichsoperationen, wie in folgendem Beispiel gezeigt.

```
>> type(True)
bool
>> 4 < 3
False
```

3.2.3 Strings

Strings sind Sequenzen einzelner Zeichen. Im Gegensatz zu Listen und Dictionaries (die wir später ausführlich behandeln) sind Strings *unveränderlich*, d. h. ist ein bestimmter String einmal definiert, so kann er nicht mehr verändert werden. Man hat die Wahl, Strings entweder in doppelte Anführungszeichen (also: "...") oder in einfache Anführungszeichen (also: '...') zu setzen. Die spezielle Bedeutung der Anführungszeichen kann, ganz ähnlich wie in der Bash, mit dem Backspace (also: \) entfernt werden. Syntaktisch korrekte Python-Strings wären demnach beispielsweise: `"Hallo"`,`'Hallo'`, `'"Hallo"'`, `'\'\''`, `"Python's"`, `'Hallo Welt'`, usw.

Verwendet man dreifache Anführungszeichen (also: `"""..."""` oder `'''...'''`), so kann man auch mehrzeilige Strings definieren.

Aufgabe 3.3

Geben Sie mit dem Python `print`-Kommando den folgenden Text aus:

```
Strings in Python koennen entweder mit "double ticks" oder
mit 'einfachen ticks' umschlossen werden.
```

3.2.4 Variablen

Variablen sind, genau wie in anderen Programmiersprachen auch, (veränderliche) Platzhalter für bestimmte Werte. Variablennamen müssen mit einem Buchstaben oder mit dem Zeichen „_" beginnen und dürfen keine Leerzeichen oder Sonderzeichen (außer eben dem Zeichen „_") enthalten. Korrekte Variablennamen sind beispielsweise i, `_i`, `Kaese`, `kaese`; die Zeichenketten `2dinge` oder `leer zeichen` wären beispielsweise keine korrekten Variablennamen.

Python ist, im Gegensatz zu vielen gängigen Programmiersprachen, nicht statisch getypt; d. h. der Typ einer Variablen muss nicht schon vor der Ausführung eines Programms festgelegt sein, sondern er wird dynamisch, also während der Programmausführung, bestimmt.

Das hat den Vorteil, dass Variablen nicht deklariert werden müssen. Variablendeklarationen in anderen Programmiersprachen dienen ja hauptsächlich dazu, den Typ einer Variablen vor Programmausführung festzulegen. In Python kann man Variablen einfach ohne vorige Deklaration einen Wert zuweisen, wie in folgendem Beispiel:

```
x = 2j +4
```

Der Python-Interpreter leitet den Typ der Variablen aus der ersten Zuweisung ab. Außerdem kann die Verwendung von Variablen grundsätzlich flexibler erfolgen als bei statisch getypten Programmiersprachen. Folgendes Beispiel zeigt, dass eine Variable sogar abhängig von einer Programm-abhängigen Bedingung einen Wert eines anderen Typs erhalten kann. Das Beispiel verwendet die if-Anweisung, die später in Abschnitt 3.3.2 eingeführt wird.

```
if gespraechig:
  x = "Guten Morgen"
else:
  x = 12**12
print(x)
```

3.2.5 Operatoren

Die folgende Tabelle zeigt eine Auswahl an Operatoren, die Python anbietet, um Ausdrücke zu verknüpfen. Einige Operatoren verlangen, dass Ihre Parameter einen bestimmten Typ haben, etwa einen Sequenztyp, d.h. eine Sammlung von Werten in einer bestimmten Reihenfolge (z.B. Listen), oder eine Kollektion von Werten, d.h. eine Sammlung von Werten, wobei die Werte nicht notwendigerweise eine bestimmte Reihenfolge haben müssen (z.B. Mengen). Einige der Operatoren sind polymorph, d. h. auf unterschiedliche Typen anwendbar. So kann beispielsweise der Operator + sowohl auf Strings, als auch auf Integer, als auch auf Komplexe Zahlen angewendet werden. Jeder dieser Anwendungsmöglichkeiten liegt jedoch ein anderer Algorithmus zugrunde.

X + Y, X - Y	Plus/Konkatenation, Minus		
Beispiele:	>>> 2+3 5	>>> '2'+'3' '23'	>>> [1,2,3]+[10] [1,2,3,10]
X * Y, X ** Y	Multiplikation / Vervielfachung, Potenzierung		
Beispiele:	>>> 2*6 12	>>> '2'*6 '222222'	>>> [0,1]*3 [0,1,0,1,0,1]
X / Y, X // Y X % Y	Division, restlose Division Rest (bei der Division)		

Beispiele:	`>>> 2.0/3` `>>> 2/3` `>>> 17%7` `0.66666666` `0` `3`
`X<Y, X <= Y` `X>Y, X >= Y`	Kleiner, kleinergleich (lexikografisch bei Sequenzen). Größer, größergleich (lexikografisch bei Sequenzen)./
Beispiele:	`>>> 4<2` `>>> 'big'<'small'` `>>> [1,100]<[2,1]˘` `False` `True` `True`

`X == Y, X != Y`
`X is Y, X is not Y`
`X & Y, X | Y, X ^ Y`
`~X`
`X << Y, X >> Y`
	Gleichheit, Ungleichheit (Werte)
	Objektgleichheit, Objektungleichheit
	bitweises „Und", bitweises „Oder", bitweises exkl. „Oder";
	bitweise Negation.
	Schiebe `X` nach links, rechts um `Y` Bits.

Beispiele:	`>>> 9 & 10` `>>> 10 | 6` `>>> 3 << 4` `8` `14` `48`

`X & Y`
 	
`X | Y`
 	
`X ^ Y`
	Bitweise Und-Verknüpfung: Die einzelnen Bits der Binärdarstellungen der Zahlen `X` und `Y` werden Und-verknüpft.
	Bitweise Oder-Verknüpfung: Die einzelnen Bits der Binärdarstellungen der Zahlen `X` und `Y` werden Oder-verknüpft.
	Bitweise Exklusiv-Oder-Verknüpfung: Die einzelnen Bits der Binärdarstellungen der Zahlen `X` und `Y` werden Exklusiv-Oder-verknüpft, d. h. es kommt eine `1` als Ergebnis, wenn genau eines der entsprechenden Bits aus `X` oder `Y` eine `1` enthält.

Beispiele	`12 ≙ 0b1100` `>>> 12 & 6` `>>> 12 | 6`
	`6 ≙ 0b110` `4` `14`
	
	`>>> 12 ^ 6`
	`10`

`X and Y`
`X or Y`
`not X`
`X in S`
 	
`X not in S`
	Wenn `X` falsch, dann `X`, andernfalls `Y`;
	wenn `X` falsch, dann `Y`, andernfalls `X`;
	wenn `X` falsch, dann `True`, andernfalls `False`;
	Test auf Enthaltensein eines Elements `X` in einer Sequenz oder Kollektion `S` von Werten;
	Test auf Nicht-Enthaltensein eines Elements `X` in einer Sequenz oder Kollektion `S` von Werten.

Beispiele:	``` >>> True and False False >>> 4 in [1,2] False ```	``` >>> 'he' in 'hei' True ```

Der Vergleich bei Sequenzen erfolgt *lexikografisch*, d.h. nach den selben Prinzipien, wie wir es gewohnt sind, Wörter in einem Wörterbuch zu ordnen: Zunächst wird nach dem ersten Buchstaben (bzw. dem ersten Element der Sequenz) sortiert; sind ersten Buchstaben zweier Wörter (bzw. die ersten beiden Elemente zweier Sequenzen) identisch, so erfolgt die Sortierung nach den zweiten Buchstaben (bzw. nach den zweiten Elementen der beiden Sequenzen), usw.

Aufgabe 3.4

(a) Was hat + für eine Bedeutung für Strings?
(b) Was hat * für eine Bedeutung für Strings?
(c) Was ist der Unterschied zwischen dem Ausdruck 4 & 5 und dem Ausdruck 4 and 5?
(d) Finden Sie einen Fall, bei dem der Vergleichsoperator == und der Operator is unterschiedliche Ergebnisse liefern.
(e) Geben Sie ein Beispiel an für die Verwendung des Operators in.

3.3 Grundlegende Konzepte

3.3.1 Einrücktiefe

Eine grundlegende und in vielen anderen Programmiersprachen nicht gängige Eigenschaft von Python ist die Bedeutung der *Einrücktiefe*, also der am Zeilenanfang befindlichen Leerzeichen. Diese Leerzeichen gehören zur Syntax, und der Python-Interpreter liefert eine Fehlermeldung, wenn diese nicht richtig gesetzt sind. Anweisungen, die zusammengehören, müssen die gleiche Einrücktiefe haben.

Der Anweisungsblock, der einer if-Anweisung, while-Anweisung oder for-Anweisung folgt, wird also nicht explizit eingeklammert, wie es in vielen anderen Programmiersprachen wie C, C++ oder Java üblich ist, sondern die Anweisungen werden durch den Python-Interpreter durch ihre Einrücktiefe als zum selben Anweisungsblock gehörig erkannt.

3.3.2 Kontrollfluss

Üblicherweise werden die Kommandos in einem Python-Skript einfach sequentiell, also nacheinander, beginnend von der ersten Programmzeile bis zur letzten, abgearbeitet. Es gibt jedoch einige Befehle, die diesen Kontrollfluss umleiten können, etwa wenn bestimmte Bedingungen erfüllt sind, oder während die Elemente einer Sequenz durchlaufen werden. Python bietet drei Kommandos zur Steuerung des Kontrollflusses an: die `if`-Anweisung, die `for`-Anweisung und die `while`-Anweisung. Diesen Anweisungen ist gemein, dass ihnen ein Anweisungsblock folgt; im Falle der `if`-Anweisung können es auch mehrere Anweisungsblöcke sein, falls der `else`-Zweig oder der `elif`-Zweig verwendet wird.

Betrachten wir nun die Syntax dieser Anweisungen:

Die `if`-Anweisung

```
if ⟨test⟩ :
    ⟨Anweisungsfolge⟩
[elif ⟨test⟩ :
    ⟨Anweisungsfolge⟩ ]*
[else :
    ⟨Anweisungsfolge⟩ ]
```

Die `if`-Anweisung wählt eine aus mehreren Anweisungsfolgen aus. Ausgewählt wird diejenige Anweisungsfolge, die zum ersten ⟨test⟩ mit wahrem Ergebnis gehört; die `else`-Klausel entspricht einem `elif` True.

Die `while`-Anweisung

```
while ⟨test⟩ :
    ⟨Anweisungsfolge⟩
[else :
    ⟨Anweisungsfolge⟩ ]
```

Die `while`-Anweisung stellt die allgemeinste Schleife dar. Die erste ⟨Anweisungsfolge⟩ wird solange ausgeführt, wie ⟨test⟩ wahr ergibt. Die zweite ⟨Anweisungsfolge⟩ wird ausgeführt, sobald die Schleife normal (d. h. ohne Verwendung der `break`-Anweisung) verlassen wird.

Die `for`-Anweisung

```
for ⟨variable⟩ in ⟨sequenz⟩ :
    ⟨Anweisungsfolge⟩
[else :
    ⟨Anweisungsfolge⟩ ]
```

Die `for`-Anweisung ist eine Schleife über Sequenzen, wie Listen, Tupel oder Strings. Pythons `for`-Anweisung funktioniert ähnlich der `for`-Anweisung der Bash: Die Anzahl der Durchläufe entspricht immer der Länge der Sequenz ⟨sequenz⟩, und in jedem Durchlauf nimmt die Variable ⟨variable⟩ den Wert eines Elements in der Sequenz an.

Ist ein Teil der Syntax in obigen Beschreibungen in eckigen Klammern eingeschlossen (also: [...]), so bedeutet dies, dass der entsprechende Teil optional ist. Ist der in eckigen Klammern eingeschlossene Teil von einem Stern gefolgt (also: [...]*), so bedeutet dies, dass der entsprechende Teil beliebig oft (auch 0-mal) wiederholt werden kann. Beispielsweise kann der `elif`-Teil der `if`-Anweisung beliebig oft (und eben auch 0-mal) hintereinander verwendet werden.

Beispiele

Das in Listing 3.22 gezeigte Programm verwendet die `while`-Schleife und ein `if`-Kommando, um ein einfaches Ratespiel zu implementieren. Abbildung 3.2 zeigt ein Ablaufdiagramm, das den Kontrollfluss des Skripts aus Listing 3.22 veranschaulicht.

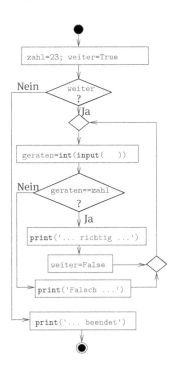

```
zahl = 23
weiter = True

while weiter:
    geraten = int(input('Zahl eingeben:'))
    if geraten == zahl:
        print('Super, richtig geraten')
        weiter = False
    else:
        print('Falsch geraten')
else:
    print('While-Schleife wurde beendet')
```

Listing 3.22. Implementierung eines einfachen Ratespiels als Beispiel für die Verwendung einer while-Schleife.

Abb. 3.2. Ablaufdiagramm, das den Kontrollfluss des Skripts aus Listing 3.22 veranschaulicht.

Die `while`-Schleife führt die Kommandos des folgenden Kommando-Blocks (die Kommandos bis einschließlich der drittletzten Zeile) solange aus, bis der Boolesche Ausdruck im Argument von `while` den Wert `False` annimmt. Das ist dann der Fall, wenn der erste Block des `if`-Kommandos ausgeführt wird, dessen letztes Kommando die Zuweisung des Booleschen Wertes `False` an die Variable `weiter` darstellt.

Beachten Sie in diesem Zusammenhang den Unterschied zwischen der Zuweisung „=" und dem Operator „==". Der Operator „==" ist Teil eines Booleschen Ausdrucks,

der für einen der Werte `True` oder `False` steht. Dagegen ist die Zuweisung „=" kein
Ausdruck (steht also auch nicht für einen bestimmten Wert), sondern ein Kommando,
dass einer Variablen einen Wert zuweist.

Folgende im Programmbeispiel verwendete Funktionen sind noch nicht bekannt:

- Die Python-Funktion `input`(⟨*string*⟩) liest einen String von der Tastatur ein (ganz
  ähnlich wie das `read`-Kommando der Bash) und verwendet ⟨*string*⟩ als Eingabeaufforderung.
- Die Python-Funktion `int`(⟨*ausdruck*⟩) konvertiert ⟨*ausdruck*⟩ in eine `int`-Zahl.

Aufgabe 3.5

(a) Tippen Sie das vorige Beispiel in die Zelle eines Python-Notebooks, und führen Sie die Zelle aus.

(b) Erweitern Sie das Programm so, dass statt der Ausgabe „`Die while-Schleife
wurde beendet`" eine Ausgabe erfolgt, die informiert, wie oft sie geraten ha-
ben (etwa „`Sie haben 6 Rate-Versuche gebraucht.`").

(c) Erweitern Sie das Programm so, dass das Ratespiel vier mal mit vier unterschiedlichen Zahlen abläuft; am Ende sollen Sie über den besten Rate-Lauf
und den schlechtesten Rate-Lauf informiert werden, etwa so:
`Ihr schlechtester Lauf: 8 Versuche; ihr bester Lauf: 3 Versuche.`

Listing 3.23 zeigt als weiteres Beispiel ein Programm, das die `for`-Schleife verwendet,
um die Zahlen von 1 bis 4 auszugeben:

```
for i in range(1,5):
    print(i)
else:
    print('Die for-Schleife ist zu Ende.')
```

Listing 3.23. Ein Beispiel für die Verwendung der for-Schleife: Ein Programm, das die Zahlen von 1
bis 4 ausgibt.

Im Programmbeispiel wird die Python-Funktion **range** verwendet. Diese erzeugt eine
Sequenz ganzer Zahlen im angegebenen Bereich. Eine Besonderheit in Python ist die
Tatsache, dass Bereichsangaben für ganzzahlige Intervalle immer *exklusive* der rechten Grenze zu interpretieren sind. So erzeugt der Aufruf von **range**(a, b) alle ganzen Zahlen zwischen *einschließlich a* und *ausschließlich b*. Zu beachten ist außerdem,
dass ein Aufruf von **range** die Sequenz nicht sofort erzeugt, sondern die Elemente nur
dann erzeugt werden, wenn sie wirklich gebraucht werden. Man nennt eine solche
Auswertungs-Strategie auch *lazy* oder nicht-strikt.

Wendet man die Funktion `list`( ) oder `tuple`( ) auf ein **range**-Objekt an,
so „zwingt" man Python, die spezifizierte Sequenz sofort in Form einer Liste zu erzeugen. Folgendes Beispiel zeigt dieses „Verhalten" eines **range**-Objekts:

```
>> range(1,5)
range(1, 5)
>> list(range(1,5))
[1, 2, 3, 4]
>> tuple(range(1,5))
(1, 2, 3, 4)
```

Was die Werte betrifft, die ein `range`-Objekt erzeugt, gilt also:

$$list(range(a,b)) == [a,a+1, \ldots, b-2, b-1]$$

Optional kann man der `range`-Funktion auch als drittes Argument eine Schrittweite übergeben. Beispielsweise erzeugt `range(1,9,2)` eine Sequenz, die die Werte 1, 3, 5 und 7 enthält. Es gilt also in diesem Fall

$$list(range(a,b,c)) == [a,a+c,a+2c, \ldots, b-2c, b-c]$$

Übergibt man `range` nur ein einziges Argument, so beginnt die Ergebnisliste bei 0. Es gilt also

$$list(range(a)) == [0,1, \ldots, a-2, a-1]$$

Aufgabe 3.6

Schreiben Sie ein Pythonskript, das die Quadrate aller durch 3 teilbarer Zahlen zwischen 1 und 999 ausgibt.

Aufgabe 3.7

(a) Schreiben Sie ein Pythonskript, das die Summe aller Quadratzahlen zwischen 1 und 100 ausgibt.
(b) Schreiben Sie ein Pythonskript, das eine Zahl n von der Tastatur einliest und den Wert $\sum_{i=0}^{n} i^3$ zurückliefert.
(c) Schreiben Sie ein Pythonskript, das zwei Zahlen n und m von der Tastatur einliest und den Wert $\sum_{i=n}^{m} i^3$ zurückliefert.

Aufgabe 3.8

Schreiben Sie ein Pythonskript, das alle Primzahlen zwischen 1 und 1000 auf dem Bildschirm ausgibt.

Aufgabe 3.9

Schreiben Sie ein Pythonskript, das Ihnen die vier kleinsten perfekten Zahlen ausgibt.

Eine natürliche Zahl heißt perfekt, wenn sie genauso groß ist, wie die Summe Ihrer positiven echten Teiler (d. h. Teiler außer sich selbst). Beispielsweise ist 6 eine perfekte Zahl, da sie Summe ihrer Teiler ist, also $6 = 1 + 2 + 3$.

3.3.3 Schleifenabbruch

Die beiden im Folgenden vorgestellten Kommandos, `break` und `continue` geben dem Programmierer mehr Flexibilität im Umgang mit Schleifen; man sollte diese aber möglichst sparsam verwenden, denn sie können Programme schwerer verständlich und damit auch schwerer wartbar[3] werden lassen.

Mit der `break`-Anweisung kann man vorzeitig aus einer Schleife aussteigen; auch ein vorhandener `else`-Zweig wird dann nicht mehr gegangen. Ein Beispiel:

```python
while True:
    i = int(input('Bitte eine Zahl eingeben: '))
    if i == 0: break
print('Fertig')
```

Aufgabe 3.10

Implementieren Sie das vorige Beispiel: wie verhält sich dieses Skript?

Mit der `continue`-Anweisung kann man die restlichen Anweisungen im aktuellen Schleifendurchlauf überspringen und sofort zum Schleifen„kopf" springen.

3.3.4 Anweisungen vs. Ausdrücke

Gerade für den Programmieranfänger ist es wichtig, sich des Unterschieds bewusst zu sein zwischen einer *Anweisung* und eines Ausdrucks. Eine Anweisung, tut etwas, wie etwa den Zustand des Programms bzw. Systems verändern: Dies geschieht etwa durch eine Variablenzuweisung, die Veränderung des Speicherinhalts oder die Ausführung

---

3 Spricht man in der Softwaretechnik von Wartbarkeit, so an meint man damit im Allgemeinen die Einfachheit ein Programm im nachhinein anzupassen oder zu erweitern. Je übersichtlicher und besser strukturiert ein Programm bzw. Softwaresystem ist, desto besser wartbar ist es.

einer Bildschirmausgabe. Ein Ausdruck dagegen repräsentiert einen bestimmten Wert durch dessen Berechnung der Zustand des Programms nicht verändert wird.

Einige Beispiele: Der Python-Code x=5+3 stellt eine Anweisung dar, nämlich die, der Variablen x einen Wert zuzuweisen. Die rechte Seite dieser Zuweisung, nämlich 5+3, ist dagegen ein Ausdruck, der für den Wert 8 steht. Man beachte in diesem Zusammenhang den Unterschied zwischen „=", das immer Teil einer Zuweisung (also: eines Kommandos) ist und „==", das einen Vergleich darstellt (also einen Wahrheitswert zurückliefert) und folglich immer Teil eines Ausdrucks ist: Der Python-Code 5==3 ist also ein Ausdruck, der für den Wert `False` steht.

Aufgabe 3.11

Viele Anweisungen enthalten Ausdrücke als Komponenten. Gibt es auch Ausdrücke, die Anweisungen als Komponenten enthalten?

In der interaktiven Python-Shell und in Python-Notebooks kann der Programmierer sowohl Anweisungen als auch Ausdrücke eingeben. Die Python-Shell geht aber jeweils unterschiedlich mit diesen um: Wird ein Kommando eingegeben, so führt die Python-Shell das Kommando aus. Wird dagegen ein Ausdruck eingegeben, so wird der Ausdruck zunächst ausgewertet und anschließend die String-Repräsentation des Ausdrucks ausgegeben.

Neben der in Abschnitt 3.3.2 vorgestellten `if`-Anweisung bietet Python auch die Möglichkeit, Ausdrücke mit `if` zu strukturieren.

$$\langle expr_1 \rangle \; \texttt{if} \; \langle condition \rangle \; \texttt{else} \; \langle expr_2 \rangle$$

Dieser Ausdruck steht für den Wert des Ausdrucks $\langle expr_1 \rangle$ falls der Ausdruck $\langle condition \rangle$ dem Wahrheitswert `True` entspricht, andernfalls steht dieser `if`-Ausdruck für den Wert des Ausdrucks $\langle expr_2 \rangle$. Betrachten wir dazu folgende Beispiele:

```
>>> x=3 ; y=4
>>> 'a' if x+1==y else 'b'
a
>>> 'Hallo Welt'[7 if x==y else 9]
e
```

Man sieht: Der `if`-Ausdruck ist ein vollwertiger Ausdruck, der an jeder beliebigen Stelle verwendet werden kann, an der Python einen Ausdruck erwartet.

Aufgabe 3.12

Welchen Wert haben die folgenden Python-Ausdrücke. Überlegen Sie erst und überprüfen sie dann mittels Eingabe der Ausdrücke in ein Python-Notebook.

(a) `'Hallo'[4 if (4 if 4==2 else 3)==3 else 5]`
(b) `'Hallo'+'welt' if str(2-1)==str(1)else 'Welt'`
(c) `('hallo'if len('bla')==3 else 'welt')[2 if len('b')==len('w')`
                                                `else 3]`

Was passiert, wenn man die Klammern um den ersten `if`-Audsdruck weglässt?

3.3.5 Funktionen

Schreiben Sie komplexere Skripte, so entspricht es einem guten Programmierstil, das Skript in kleinere einfachere Aufgabenstellungen aufzuteilen, und die einfacheren Teile dann so zusammenzusetzen, dass das gewünschte Ergebnis entsteht. Der Grund für diese Empfehlung ist, dass der Mensch kleine Aufgaben viel einfacher durchdenken, überblicken, entwerfen und programmieren kann. Die gängigste Möglichkeit, ein Programm in einfachere Teile aufzuteilen, sind Funktionen. Eine Funktion ist nichts anders als ein Block Python-Code, der durch Aufruf der Funktion ausgeführt wird. Dieser Code-Block hat im Allgemeinen einen Namen und erhält eine Liste von Parametern, denn viele Funktionen sind parametriert. Jede Funktion löst eine einfache Teilaufgabe und am Ende werden die Funktionen dann entsprechend kombiniert, meist durch Hintereinanderausführung.

Aufgabe 3.13

Ist eine Funktion eine Anweisung oder ein Ausdruck?

3.3.5.1 Definition mit dem Schlüsselwort `def`

Man kann Funktionen mit Hilfe des Schlüsselwortes `def` definieren. Viele Funktionen liefern nach Beendigung einen bestimmten Rückgabewert zurück. Diesen kann man mit dem Schlüsselwort `return` bestimmen. Nach Ausführung des `return`-Kommandos wird die Funktion verlassen.

Beispielsweise liefert die im folgenden Listing definierte Funktion `getMax(x,y)` die größere der beiden übergebenen Zahlen zurück:

```
def getMax(a,b):
  if a > b:
    return a
  else:
    return b
```

Der Aufruf `getMax(4,10)` würde also den Wert `10` zurückliefern.

Alle in einer Funktion verwendeten Variablen sind *lokal*, d. h. außerhalb der Funktion weder sichtbar noch verwendbar und nur innerhalb der Funktion gültig. Weist man einer bestimmten Variablen, die es im Hauptprogramm bzw. aufrufenden Programm schon gibt, einen Wert zu, so wird die Hauptprogramm-Variable dadurch weder gelöscht noch verändert. In der Funktion arbeitet man auf einer Kopie der Variablen, die von der Variablen des Hauptprogramms entkoppelt ist. Warum ist ein solches Verhalten sinnvoll? In der Informatik hat es sich bewährt, Funktionen inklusive ihrer Wirkungen und Informationen, die sie erzeugen, möglichst gut gegen andere Funktionen und gegen das Hauptprogramm „abzuschotten". Man bezeichnet dieses Prinzip auch als „Datenkapselung" oder „Information Hiding". Lässt man beispielsweise den Code auf der linken Seite durch Python ausführen, so ergibt sich die auf der rechten Seite gezeigte Ausgabe:

```
def func(x):
  print('x ist' +str(x))
  x=2
  print('Lokales x ist jetzt' +
str(x))

x=50
func(x)
print('x ist immer noch' +str(x))
```

$\overset{\text{erzeugt}}{\Longrightarrow}$

```
x ist 50
Lokales x ist jetzt 2
x ist immer noch 50
```

Solange x kein neuer Wert zugewiesen wurde, wird das x aus dem Hauptprogramm verwendet; erst nach der Zuweisung wird ein „neues" lokales x in der Funktion verwendet, die vom x des Hauptprogramms abgekoppelt ist. So wird sichergestellt, dass der Wert der Variablen x des Hauptprogramms nicht überschrieben wird und nach dem Funktionsaufruf wieder verfügbar ist.

Möchte man diesen Mechanismus umgehen und nicht auf einer lokalen Kopie arbeiten, so muss man in der Funktion die Variable x mit dem Schlüsselwort `global` deklarieren.

Eine Besonderheit von Python sind die sogenannten *DocStrings*: Die Zeile, die direkt auf die mit dem Schlüsselwort `def` eingeleitete erste Zeile der Funktionsdefinition folgt, kann einen ggf. mehrzeiligen String enthalten. Auf diesen String kann man über das Attribut `__doc__` direkt zugreifen oder mittels der `help`-Funktion. Beispiel:

```
>>> def getMax(a,b):
      """Liefert das Maximum zweier Zahlen"""
      # Body der Funktion
>>> help(getMax)
Help on function getMax in module __main__:
```

```
getMax(a, b)
    Liefert das Maximum zweier Zahlen,
    das mittels eines Vergleichs bestimmt wurde.
```

Aufgabe 3.14

Schreiben Sie ein Pythonskript, das Ihnen alle Zwillingsprimzahlen zwischen 1 und 1000 ausgibt. Verwenden Sie dazu eine (selbstgeschriebene) Funktion `isPrim(n)`, die `True` zurückliefert, wenn n eine Primzahl ist, und andernfalls `False` zurückliefert.

3.3.5.2 Definiton mit einem `lambda`-Ausdruck

Es gibt eine weitere Art, Funktionen zu definieren und zwar mit sogenannten `lambda`-Ausdrücken. Besonders dann, wenn man die Möglichkeiten der Funktionalen Programmierung in Python nutzt, weiß man die Definition einer Funktion durch einen `lambda`-Ausdruck zu schätzen. Das hängt damit zusammen, dass man häufig eine Funktion einmalig verwenden möchte, etwa als Übergabeparameter einer `map`, `filter` oder `reduce`-Funktion; siehe hierzu auch die Abschnitte 3.5.2, 3.5.3 und 3.5.4. Genau das ist mit einem `lambda`-Ausdruck mit der folgenden Syntax einfach möglich.

$$\texttt{lambda } \langle \mathit{parameter}_1 \rangle, \langle \mathit{parameter}_2 \rangle, \dots : \langle \mathit{ausdr} \rangle$$

Dem Schlüsselwort `lambda` folgt eine durch Kommata getrennte Liste von Parametern, die mit einem Doppelpunkte abgeschlossen ist. Der darauffolgende Ausdruck ist der Rückgabewert der Funktion. Der `lambda`-Ausdruck selbst ist lediglich ein Funktionsobjekt; um den Rückgabewert zu berechnen, muss die Funktion zunächst mit Parametern aufgerufen werden.

Betrachten wir nun im Folgenden einige Beispiele:

```
>>> f = lambda x,y: x+y
>>> f(2,3)
5
```

Die erste Zeile definiert f mittels eines `lambda`-Ausdrucks als Funktion, die zwei Parameter x und y erwartet und deren Summe zurückliefert. Diese Definition von f ist äquivalent zur folgenden Funktionsdefinition von f2 mittels des Schlüsselworts `def`:

```
>>> def f2(x,y): return x+y
>>> f2(2,3)
5
```

Ein mittels `lambda`-Ausdruck definiertes Funktionsobjekt kann auch ohne den Umweg einer Variablenzuweisung direkt als Funktion verwendet werden:

```
>>> (lambda x,y,z: x in z or y in z)('a','Hallo','Welt')
True
```

Funktionen können selbst wiederum Funktionen als Argument erwarten. Solche Funktionen nennt man auch *Funktionen höherer Ordnung*:

```
>>> (lambda x,y,z: x(y) +x(z))(lambda a: a+1, 10,11)
23
```

Durch die Erzeugung einer unbenannten Funktion mittels eines `lambda`-Ausdrucks ist es bequem möglich, einen Funktionsparameter für eine Funktion höherer Ordnung an Ort und Stelle zu erzeugen, ohne vorher mittels `def` eine Funktion zu definieren.

3.4 Zusammengesetzte Datentypen

Python besitzt mehrere zusammengesetzte Datentypen, darunter Strings (`str`), Listen (`list`), Tupel (`tuple`), Mengen (`set`) und sog. *Dictionaries* (`dict`), das sind Mengen von Schlüssel-Wert-Paaren, die einen schnellen Zugriff auf die Werte über die entsprechenden Schlüssel erlauben. Strings, Listen und Tupel sind sog. *Sequenzen* (auch Folgen oder Arrays genannt). Sequenzen sind iterierbar, d. h. man kann sie beispielsweise mittels einer `for`-Schleife durchlaufen.

3.4.1 Listen und Sequenzen

Python-Listen sind Sequenzen von durch Kommata getrennten Werten, eingeschlossen in eckigen Klammern. Listen können beliebig geschachtelt werden, d. h. die Elemente einer Liste können wiederum Listen sein, deren Elemente wiederum Listen sein könnten, usw. Folgende Python-Werte sind beispielsweise Listen:

> `[]` (eine leere Liste),   `[5,3,10,23]`,   `['spam', [1,2,3], 3.14]`

Indizierung

Sei `S` eine Variable, die ein Objekt enthält, das einen Sequenz-Typ besitzt – also beispielsweise einen String, eine Liste oder ein Tupel, dann sind die folgenden Indizierungs-Operationen auf `S` anwendbar:

`S[i]`	Selektiert Einträge an einer bestimmten Position. Negative Indizes zählen dabei vom Ende her.
Beispiele:	
`S[0]`	Liefert das erste Element der Sequenz `S`;
`S[-2]`	liefert das zweitletzte Element der Sequenz `S`;
`['ab','xy'][-1][0]`	liefert `'x'` zurück.

Slicing (Teilbereichsbildung)

Über Slicing kann man sich eine Teilsequenz erzeugen:

`S[i:j]`	Selektiert einen zusammenhängenden Bereich einer Sequenz. Die Selektion erfolgt von einschließlich Index `i` bis ausschließlich Index `j`.
`S[:j]`	Die Selektion erfolgt vom ersten Element der Sequenz bis ausschließlich Index `j`.
`S[i:]`	Die Selektion erfolgt vom einschließlich Index `i` bis zum letzten Element der Sequenz.
Beispiele:	
`S[1:5]`	Selektiert den zusammenhängenden Bereich aller Elemente ab einschließlich Index 1 bis ausschließlich Index 5;
`S[3:]`	selektiert alle Elemente von `S` ab Index 3
`S[:-1]`	selektiert alle Elemente von `S`, bis auf das letzte
`S[:]`	selektiert alles, vom ersten bis zum letzten Element.

Extended Slicing

Über einen zusätzlichen Parameter kann man sich die Schrittweite einstellen, mit der Elemente aus der Sequenz gezogen werden.

`S[i:j:k]`	Durch `k` kann eine Schrittweite vorgegeben werden.
Beispiele:	
`S[::2]`	Selektiert jedes zweite Element;
`S[::-1]`	selektiert alle Elemente von `S` in umgekehrter Reihenfolge;
`S[4:1:-1]`	selektiert die Elemente von rechts nach links ab Position 4 bis ausschließlich 1;
`'Welt'[::-1]`	ergibt `'tleW'`;
`'hallo welt'[-2::-2]`	ergibt `'lwolh'`;
`list(range(51)[::-10])`	ergibt `[50, 40, 30, 20, 10, 0]`;

Zuweisungen und Indizierung

Handelt es sich bei der Sequenz um eine Liste, so kann – da Listen ja veränderliche Objekte sind – auch eine Zuweisung über Slicing erfolgen. Es folgen zwei Beispiele, wie Teile von Listen mittels Zuweisungen verändert werden können.

```
>>> l = list(range(6))
>>> l[2:5] = ['x']*3
>>> l
[0,1,'x','x','x',5]
```

```
>>> l = ['x']*6
>>> l[::2]=[0]*3
>>> l
[0,'x',0,'x',0,'x']
```

```
>>> l = list(range(7))
>>> l[-3::-1]=range(5)
>>> l
[4, 3, 2, 1, 0, 5, 6]
```

3.4.2 Allgemeine Sequenzoperationen

Folgende Funktionen sind auf alle Sequenzen anwendbar. Die meisten der hier aufgeführten Funktionen liefern Rückgabewerte zurück.

`len(S)`	Liefert die Länge der Sequenz S zurück.

Beispiele:

`len('hallo')`	Liefert die Länge des String zurück, nämlich 5.
`len([1,[2,3]])`	Liefert die Länge der Liste zurück, nämlich 2.

`min(S)`	Liefert das minimale Element der Sequenz S zurück.
`max(S)`	Liefert das maximale Element der Sequenz S zurück.

Beispiele:

`max('hallo')`	Liefert die maximale Element des Strings, nämlich `'o'` zurück.
`max([101,123,99])`	Liefert die Zahl 123 zurück.

`sum(S)`	Liefert die Summe der Elemente der Sequenz S zurück.

Beispiele:

`sum(range((100))`	Berechnet $\sum_{i=0}^{99}$ und liefert entsprechend 4950 zurück.

`del(S[i])`	Löscht einen Eintrag einer Sequenz.

| `del(S[i:j:k])` | `del` kann auch mit Slicing und Extended Slicing verwendet werden. |
| | `del` kann man nur auf veränderliche Sequenzen anwenden. |

Beispiele:

| `1 = list(range(10))`
`del(1[::2])` | Löscht jedes zweite Element der Liste; `1` hat also nach Ausführung der beiden Kommandos den Wert `[1, 3, 5, 7, 9]`. |

Aufgabe 3.15

Bestimmen Sie den Wert der folgenden Ausdrücke:

(a) `[range(1,100)[1],range(1,100)[2]]`

(b) `[range(1,10), range(10,20)][1][2]`

(c) `['Hello',2,'World'][0][2]+['Hello',2,'World'][0]`

(d) `len(range(1,100))`

(e) `len(range(100,200)[0:50:2])`

Hinweis: Versuchen Sie es zunächst ohne die Hilfe von Python und überprüfen danach erst Ihre Überlegungen mit Hilfe des Python-Interpreters.

Aufgabe 3.16

Wie können Sie in folgendem Python-Ausdruck

`[[x],[[[y]]]]`

auf den Wert von `y` zugreifen?

Aufgabe 3.17

Lösen sie die folgenden Aufgaben durch einen Python-Einzeiler:

(a) Erzeugen Sie die Liste aller geraden Zahlen zwischen 1 und 20.

(b) Erzeugen Sie die Liste aller durch 5 teilbaren Zahlen zwischen 0 und 100.

(c) Erzeugen Sie die Liste aller durch 7 teilbaren Zahlen zwischen 0 und 100; die Liste soll dabei umgekehrt sortiert sein, d. h. die größten Elemente sollen am Listenanfang und die kleinsten Elemente am Listenende stehen.

3.4.3 Wichtige Operationen auf Listen

Folgende Liste zeigt eine Auswahl der wichtigsten Listenoperationen angewendet auf einer Liste `L`:

`L.append(x)`	Die `append`-Operation liefert keinen Wert zurück, sondern verändert die Liste `l` und fügt `x` am Ende von `L` ein.
Beispiel:	
`l = list(range(5))` `l.append('y')`	In diesem Fall wird der String `'y'` hinten an die Liste `l` angefügt. Danach hat `l` den Wert `[0,1,2,3,4,'y']`.

`L.sort()`	Auch `sort` liefert keinen Wert zurück, sondern verändert die Liste `L`. Nach Ausführung des Kommandos ist die Liste `L` aufsteigend sortiert.
Beispiel:	
`l = [5,2,9,1]` `l.sort()`	Danach hat `l` den Wert `[1,2,5,9]`.

`L.reverse()`	Dreht die Reihenfolge der Listenelemente um (und verändert so `L`). Liefert keinen Wert zurück, sondern verändert `L`.
Beispiel:	
`l = list(range(5))` `l.reverse()`	Danach hat `l` den Wert `[4,3,2,1,0]`.

`L.insert(i,x)`	Fügt `x` zwischen Indexposition `i` und Indexposition `i+1` in die Liste `L` ein. `L[i:i] = [x]` hätte übrigens den gleichen Effekt.
Beispiel:	
`l = list(range(5))` `l.insert(3,"drei")`	Danach hat `l` den Wert `[0,1,2,"drei",3,4]`.

`L.count(x)`	Liefert die Anzahl der Vorkommen von `x` in `L` zurück.
Beispiel:	
`[1,2,3,1].count(1)`	Liefert die Zahl `2` zurück.

`L.remove(x)`	Liefert keinen Wert zurück, sondern verändert `L`. In diesem Fall wird das erste Auftreten von `x` in `L` gelöscht.

Beispiel:

`l = [1,2,3,1]` `l.remove(1)}`	Löscht das erste Vorkommen von `1` in der Liste.

Diese Aufzählung der Operationen auf Listen ist nicht vollständig. Man kann sich alle vorhandenen Operationen eines Datentyps mit Hilfe der Python-Funktion `dir` ausgeben lassen. Der Aufruf

```
>>> dir(list)
... 'title', 'translate', 'upper', 'zfill']
```

liefert eine sortierte Stringliste aller Operations-Namen zurück, die für den Datentyp `list` definiert sind. Detailliertere Informationen liefert die Python-Funktion `help`, die vergleichbar mit dem man-Kommando der Bash ist. Wünscht man detaillierte Informationen zur Syntax einer Operation so kann man das Kommando `help` verwenden. Mit einem Aufruf von `help(list.append)` erhält man etwa die Hilfeinformation für die Operation append.

Aufgabe 3.18

Geben Sie in ein Python-Notebook das Kommando

`[1,2,3].remove(1)`

ein. Was liefert das Kommando zurück? Wie erklären Sie sich das Ergebnis?

Aufgabe 3.19

Geben Sie ein möglichst kurzes Pythonkommando / Pythonskript an, das ...

(a) ...die Anzahl der für den Datentyp `dict` definierten Operationen ausgibt.

(b) ...die Anzahl der für den Datentyp `list` definierten Operationen ausgibt, die mit `'c'` beginnen.

(c) ...die Länge des längsten Operationsnamens der auf dem Datentyp `list` definierten Operationen ausgibt.

3.4.4 Referenzen

Eine Zuweisung wie etwa

```
x = y
```

bewirkt im Allgemeinen nicht, dass eine neue Kopie eines Objektes y angelegt wird, sondern nur, dass x auf den Teil des Hauptspeichers zeigt, an dem sich y befindet. Man sagt auch, dass x und y Referenzen sind, die auf das selbe Objekt verweisen. Dies gilt immer für Werte zusammengesetzter Datentypen wie beispielsweise Listen, nicht jedoch für einfache Datentypen wie Zahlen oder Boolesche Werte. Normalerweise braucht sich der Programmierer darüber keine Gedanken zu machen. Es gibt jedoch immer wieder knifflige Situationen, in denen es von Vorteil ist, sich dieser Tatsache bewusst zu sein. Ein einfaches Beispiel:

```
>>> a = [1,2,3]
>>> b = a
>>> a.append(5)
>>> print(b)
[1,2,3,5]
```

Will man, dass b auf eine Kopie der Liste a verweist und b nicht nur, wie oben, ein neuer Zeiger auf die gleiche Liste darstellt, dann kann man dies folgendermaßen bewerkstelligen:

```
>>> b = a[:]
```

Dabei ist in obigem Fall a[:] dasselbe wie a[0:2] (siehe Seite 70 zur Erklärung der Indizierungsoperatoren) und bewirkt, dass auf der rechen Seite der Zuweisung eine Kopie der Liste erzeugt wird.

Aufgabe 3.20

Was ist der Wert der Variablen a, b und c nach der Eingabe der folgenden Kommandos in den Python-Interpreter:

```
>>> a = ['a','ab','abc']
>>> b = a
>>> b.append('abcd')
>>> c = b[:]
>>> c[0] = '0'
```

3.4.5 Tupel

Tupel sind Listen sehr ähnlich, mit dem Unterschied, dass sie unveränderlich sind, genauso wie auch Strings. Man kann Tupel also immer dann verwenden, wenn man sicher davon ausgehen kann, dass eine bestimmte Sammlung von Werten sich nicht verändern wird. Tupel werden in normalen runden Klammern notiert. Tupel können genauso wie andere Sequenzen auch indiziert werden. Beispiele:

```
>>> x = ('Das', 'ist', 'ein', 'Tupel')
>>> x[1]
'ist'
>>> x[2][0]
'e'
```

Versucht man einen Teil des Tupels zu verändern, so wird eine Fehlermeldung ausgegeben:

```
>>> x[0] = 'Hier'
Traceback (most recent call last):
  File "<stdin>", line 1, in <module>
  TypeError: ‚tuple‘ object does not support item assignment
```

Tupel können zusammen mit Strings verwendet werden, um Objekte formatiert in Strings einzufügen, wie in folgendem Beispiel gezeigt:

```
>>> alter = 50
>>> name = 'Tobias'
>>> print('%s ist noch keine %d Jahre alt.' % (name,alter))
Tobias ist noch keine 50 Jahre alt.
```

Python wandelt hier jeden Teil des nach dem %-Zeichen übergebenen Tupels in einen gemäß den Formatangaben entsprechenden String um, und setzt diesen dann anstelle der Formatangaben ein.

3.4.6 Dictionaries

Ein Dictionary-Objekt stellt eine Repräsentation einer Zuordnung von Schlüsseln auf Werte dar. Diese Datenstruktur ermöglichst einen sehr schnellen Zugriff auf Werte, die über einen Schlüssel gesucht werden; der Zugriff ist auch dann noch schnell, wenn die Datenstruktur viele Millionen Einträge enthält. Ein intuitives Anwendungsbeispiel ist ein Adressbuch, das bestimmte Namen – in diesem Falle die Schlüssel – auf Adressen – in diesem Falle die Werte – abbildet. Ein Dictionary-Objekt sollte die folgenden drei Operationen effizient unterstützen: **1.** Das Einfügen eines neuen Wertes w mit dem Schlüssel s. **2.** Das Finden eines bestimmten Wertes w anhand seines Schlüssels s. **3.** Das Löschen eines Schlüssels s zusammen mit dem zugehörigen Wert w.

Aufgrund der Tatsache, dass der Informatiker eine effiziente Unterstützung der Dictionary-Operationen häufig benötigt, bietet Python hierfür einen eigenen internen Typ `dict` an. Während Listen in eckigen Klammern und Tupel in runden Klammern notiert werden, werden Dictionary-Objekte in geschweiften Klammern geschrieben:

$$\{ \langle schlüssel1 \rangle : \langle wert1 \rangle, \langle schlüssel2 \rangle : \langle wert2 \rangle, \ldots \}$$

Ein einfaches Dictionary-Objekt, das eine Zuordnung von Namen auf Emailadressen realisiert, könnte folgendermaßen definiert werden:

```
>>> ab = { 'Carlo' :'carlo@web.de',
           'Hannes' :'hannes.pichelshuber@gmail.de',
           'Madita' :'madita.lindgren@gmx.de' }
```

In diesem Fall sind die Strings `'Carlo'`, `'Hannes'` und `'Madita'` die Schlüssel und die Strings, die die Emailadressen enthalten, sind die Werte.

Die Operationen „Einfügen" und „Suchen" werden über den Indizierungsoperator `[...]` angesprochen, so dass sich die Verwendung eines Dictionary-Objektes teilweise anfühlt wie die Verwendung eines Listen- oder Tupelobjekts. In folgendem Beispiel wird der dem Schlüssel `'Hannes'` zugeordnete Wert gesucht:

```
>>> ab['Hannes']
'hannes.pichelshuber@gmail.de'
```

Ein neuer Eintrag kann einfach mittels einer Zuweisung erzeugt werden. Der neue Schlüssel wird mittels Indizierungsoperator angegeben.

```
>>> ab['Matilda']='matilda@gmx.de'
>>> ab['Matilda']
'matilda@gmx.de'
```

Auch das Überschreiben eines bestehenden Eintrags ist in dieser Weise möglich:

```
>>> ab['Hannes']='hannes@gmx.de'
>>> ab['Hannes']
'hannes@gmx.de'
```

Die Funktion `del` implementiert die Löschfunktion. So kann man Einträge mit einem bestimmten Schlüsselwert aus dem Dictionary löschen.

```
>>> del(ab['Madita'])
>>> print('Es gibt %d Eintraege im Objekt ab' % len(ab))
'Es gibt 2 Eintraege im Objekt ab'
```

Man sieht in vorigem Beispiel, dass man viele für Sequenzen definierte Funktionen anwenden kann.

Die Typen von Schlüsseln und Werten können beliebig gewählt werden und sich auch innerhalb eines Dictionary-Objekts unterscheiden. So könnte man beispielsweise folgende Einträge dem Objekt `ab` hinzufügen:

```
>>> ab[1] = 2
>>> ab[(1,2)] = [1,2]
>>> ab[1]
2
```

Wichtig zu wissen ist, dass man nur unveränderliche Werte als Schlüssel verwenden kann, also insbesondere *keine* Listen:

```
>>> ab[[1,2]] = 0
TypeError: unhashable type: 'list'
```

Intern ist die Dictionary-Struktur als Hashtabelle organisiert, und nur Python-Objekte, die „hashable" sind, eignen sich für Schlüssel eines Dictionary-Objekts.

Aufgabe 3.21

Erklären Sie, was das Problem wäre, wenn man auch veränderliche Werte (wie beispielsweise Listen) als Schlüssel in einem Dictionary-Objekt zulassen würde.

Die Reihenfolge, in der Elemente in einem Dictionary-Objekt angeordnet sind, ist nicht spezifiziert. Dennoch sind Dictionary-Objekte iterierbar:

```
>>> for x in ab:
        print(x)
Carlo
1
(1, 2)
Matilda
Hannes
```

Im Folgenden geben wir noch einige häufig verwendete Operationen über Dictionary-Objekte an. Die Variable D bezeichnet im Folgenden immer ein Dictionary-Objekt.

D.keys()	Die keys-Operation liefert alle im Dictionary-Objekt D enthaltenen Schlüssel als eine Art Menge zurück. Diese Menge vom Typ dict_keys ist iterierbar, und einige Sequenz-Funktionen, wie beispielsweise **len**, können darauf angewendet werden.
Beispiel:	
ab.keys()	Liefert folgendes dict_keys-Objekt zurück: dict_keys(['Carlo', 1, (1,2), 'Matilda', 'Hannes']).

D.values()	Die values-Operation liefert alle in D enthaltenen Werte in einem Objekt vom Typ dict_values zurück.

Beispiel:

`ab.values()`	Liefert folgendes `dict_values`-Objekt zurück: `dict_values(['carlo@web.de', 2, [1, 2], ...])`

`D.items()`	Die `items`-Operation liefert alle Schlüssel-Wert-Paare in Form jeweils eines Tupels zurück. Diese Tupel werden in einem Mengenartigen Objekt vom Typ `dict_items` zusammengefasst zurückgeliefert.

Beispiel:

`ab.items()`	Liefert folgendes `dict_items`-Objekt zurück: `dict_items([('Carlo', 'carlo@web.de'), (1, 2), ...])`

Aufgabe 3.22

Gegeben sei ein Dictionary-Objekt `d`. Schreiben Sie eine Python-Funktion `flip_dict`, die ein neues Dictionary-Objekt zurückliefert, bei dem die Werte aus `d` den entsprechenden Schlüsseln aus `d` zugeordnet sind. Beispiel:

```
>>> flip_dict({1:"eins", 2:"zwei"})
{"eins":1, "zwei":2}
```

3.4.7 Strings (Fortsetzung)

Häufig gebraucht, sowohl für große Programmierprojekte als auch für viele kleine nützliche Skripts, sind Funktionen, die Strings verändern, erzeugen oder durchsuchen. Häufig sind diese auch im Zusammenhang mit Dateimanipulation relevant (siehe Abschnitt 3.6).

Wie schon in Abschnitt 3.2.3 erwähnt, sind Strings, genau wie Listen und Tupel, Sequenzen. Man kann daher auch alle Sequenzoperationen, wie Indizierung, Slicing usw. (siehe Abschnitt 3.4.1) auf sie anwenden. Im Gegensatz zu Listen sind Strings aber unveränderlich, d. h. ein einmal definierter String kann nicht verändert werden. Man kann also weder einzelne Zeichen aus ihm herauslöschen (wie dies etwa die Listenfunktion `del` macht), noch kann man an einen bestehenden String Zeichen anfügen (wie dies die Listenmethode `append` macht).

Im folgenden stellen wir die wichtigsten String-Kommandos vor, gruppiert in die Abschnitte „Durchsuchen", „Aufteilen, Zusammenfügen" und „Formatieren". Die Variable `S` steht in den Beispielen stets für ein String-Objekt.

Suchen

`S.find(S2)`	Liefert den Offset des ersten Vorkommens von `S2` in `S` zurück.
Beispiel:	

`>>> s = "Wanna Banana"` `>>> s.find("an")`	Liefert den Index 1 zurück, denn ab Indexposition 1 beginnt der Teilstring `'an'`.

`s.replace(S1,S2)`	Liefert einen String zurück, in dem alle Vorkommen von `S1` durch `S2` ersetzt sind.
Beispiel:	

`>>> s = "Wanna Banana"` `>>> s.replace("an","bn")`	Jedes Vorkommen von `'an'` wird durch `'bn'` ersetzt. Das `replace`-Kommano liefert in diesem Fall also den String `'Wbnna Bbnbna'` zurück.

`S.startswith(S1)`	Liefert `True` zurück, falls `S` mit `S1` beginnt. Andernfalls wird `False` zurückgeliefert.
Beispiel:	

`>>> "Hallo".startswith("Ha")`	Dieser Ausdruck liefert den Wahrheitswert `True` zurück.

`S.endswith(S1)`	Liefert `True` zurück, falls der String `S` mit `S1` endet; andernfalls wird der Wahrheitswert `False` zurückgeliefert.
Beispiel:	

`>>> "Hallo".endswith("loo")`	Dieser Ausdruck liefert den Wahrheitswert `False` zurück.

Aufteilen und Zusammenfügen

`S.split(S1)`	Gibt eine Liste von Wörtern von `S` zurück, mit `S1` als Trenner. Wird kein Trenner angegeben, so wird automatisch das Leerzeichen `' '` als Trenner verwendet.
Beispiel:	

`>>> s = "1.;2.;3."` `>>> s.split(";")`	Liefert die Stringliste `['1.', '2.', '3.']` zurück.

S.partition(sep)	Sucht nach dem Trenner sep in S und liefert ein 3-Tupel (head,sep,tail) zurück, wobei head der Teil vor sep, und tail der Teil nach sep ist.

Beispiel:

```>>> s = "1.;2.;3." >>> s.partition(";")```	Liefert das Tupel ('1.', ';', '2.;3.') zurück.

S.join(strs)	Verkettet die Strings in der Liste strs zu einem einzigen String mit S als Trenner.

Beispiel:

```>>> strs = ["Hi","out","there"] >>> "! ".join(strs)```	Liefert den String 'Hi! out! there' zurück.

Formatieren

S.capitalize()	Macht das erste Zeichen von S zu einem Groß-buchstaben.
S.upper()	Wandelt alle Buchstaben in Großbuchstaben um.
S.lower()	Wandelt alle Buchstaben in Kleinbuchstaben um.

Aufgabe 3.23

Schreiben Sie eine Python-Funktion zipString, die zwei Strings als Argumente übergeben bekommt und einen String zurückliefert, der eine „verschränkte" Kombination der beiden übergebenen Strings ist. Beispielanwendungen der Funktion:

```
>>> zipString('Hello','World')
'HWeolrllod'
>>> zipString('Bla','123')
'B1l2a3'
```

Aufgabe 3.24

Schreiben Sie eine Python-Funktion wordsLower, die einen String übergeben bekommt und einen String zurückliefert, in dem alle Wörter kleingeschrieben sind. Beispielanwendung der Funktion:

```
>>> wordsLower("Hallo Welt, ich heisse Tobias")
"hallo welt, ich heisse tobias"
```

3.5 Funktionale Programmierung

Viele der gängigen Programmiersprachen, wie C, C++, Java, C#, sind *Imperative Programmiersprachen*. Das Paradigma der *Funktionalen Programmierung* unterscheidet sich vom für die meisten Programmierer gewohnten Paradigma der Imperativen Programmierung. In der Imperativen Programmierung verwendet man überwiegend *Anweisungen*[4], die etwas „tun", d. h. den Zustand des Programms bzw. des Speichers bzw. den Zustand von Peripheriegeräten (wie etwa des Bildschirms) verändern – etwa indem sie etwas auf dem Bildschirm ausgeben, den Wert einer Variablen verändern oder einen Teil des Hauptspeichers oder eine Datei manipulieren. Auch `for`- oder `while`-Schleifen sind typische Anweisungen: In jedem Schleifendurchlauf verändert sich der Zustand der Schleifenvariablen.

In der funktionalen Programmierung verwendet man überwiegend *Ausdrücke*, die strenggenommen nichts „tun", sondern lediglich für einen bestimmten Wert stehen, etwa einen Integerwert, einen String oder eine Liste. Im Gegensatz zu Anweisungen verändern Ausdrücke den Zustand von Objekten, des Speichers oder der Peripheriegeräte nicht. Viele Programmierfehler entstehen dadurch, dass der Programmierer den Überblick über die durch das Programm erzeugten Zustände verloren hat. Programmiert man dagegen hauptsächlich mit Ausdrücken, so schließt man diese Fehlerquelle aus. Entsprechend lohnt es sich immer in Erwägung zu ziehen, eine imperative Schleife durch eine Listenkomprehension, eine `map`-Anweisung oder eine `filter`-Anweisung zu ersetzen.

Python ist keine rein funktionale Sprache, und ein Pythonprogrammierer wird immer auch Anweisungen verwenden müssen. In diesem Abschnitt stellen wir mit den Listenkomprehensionen und den Funktionen `map`, `filter`, `reduce` und `enumerate` die wichtigsten Werkzeuge vor, um mit weniger Anweisungen und weniger Zustandsveränderungen auszukommen.

---

4 Siehe Abschnitt 3.3.4 für die Unterscheidung zwischen Anweisungen und Ausdrücken; um diesen Abschnitt zu verstehen ist es notwendig, zu verstehen, was der Unterschied zwischen einem Ausdruck und einer Anweisung ist.

3.5.1 Listenkomprehensionen

Listenkomprehensionen sind Ausdrücke, keine Kommandos, und stehen also für einen bestimmten Wert. Man kann Listenkomprehensionen als das funktionale Pendant zur imperativen Schleife betrachten. Sie sind insbesondere für Mathematiker leicht verständlich, denn sie besitzen eine mit der Mengennotation, den „set comprehensions" der Mathematik, vergleichbare Notation. Die Menge

$$\{ 2 \cdot x \mid x \in \{1, \dots 20\}, \ x \text{ durch } 3 \text{ teilbar} \}$$

entspricht[5] hierbei der Python-Listenkomprehension

```
[ 2*x for x in range(1,21) if x%3==0 ]
```

Jede Listenkomprehension besteht mindestens aus einem in eckigen Klammern `[ ... ]` eingeschlossenen Ausdruck, gefolgt von einer oder mehreren sogenannten `for`-Klauseln. Jede `for`-Klausel kann optional durch eine `if`-Klausel eingeschränkt werden.

> [⟨*ausdr*⟩ `for` ⟨*variable1*⟩ `in` ⟨*sequenz1*⟩ [`if` ⟨*bedingung1*⟩]
>   `for` ⟨*variable2*⟩ `in` ⟨*sequenz2*⟩ [`if` ⟨*bedingung2*⟩] ...]

Der Bedingungsausdruck einer `if`-Klausel hängt im Allgemeinen ab von einer (oder mehreren) durch vorangegangene `for`-Klauseln gebundenen Variablen. Dieser Bedingungsausdruck filtert all diejenigen Variablen der jeweiligen Sequenz aus, für die er den Wahrheitswert `False` liefert, oder anders ausgedrückt: Die jeweilige Variable nimmt nur diejenigen Werte der jeweiligen Sequenz an, für die der Bedingungsausdruck den Wahrheitswert `True` ergibt.

Der Wert der Listenkomprehension ist die Liste aller Werte des Ausdrucks ⟨*ausdr*⟩ für alle Kombinationen von Werten von ⟨*variable1*⟩, ⟨*variable2*⟩, usw.

Abbildung 3.3 veranschaulicht, wie sich die Werte einer Listenkomprehension mit einer `for`-Klausel und einer `if`-Klausel zusammensetzen.

---

5 Man sollte sich jedoch bewusst sein, dass mathematische Mengen und Python-Listen sich in folgenden beiden Punkten unterscheiden: **1.** In Mengen spielt die Reihenfolge, in der die Elemente der Menge notiert werden, keine Rolle. **2.** Ein bestimmtes Element kann höchstens einmal in der Menge auftauchen. Bei Python-Listen dagegen spielt die Reihenfolge in der die Elemente in der Liste auftauchen sehr wohl eine Rolle – es gilt beispielsweise `[1,2]!=[2,1]`; außerdem können Elemente mehrmals in einer Python-Liste auftauchen. Insofern entsprechen Python-Listen genau genommen eher der mathematischen Tupel-Notation.

$$\langle sequenz1\rangle: \quad [\; x_0\;, \qquad\qquad x_1\;, \qquad \ldots, \qquad\qquad x_n\;]$$

$$\begin{array}{ccc} \Big\downarrow \begin{matrix}\langle ausdr\rangle\ falls\\ \langle Bedingung1\rangle(x_0)?\end{matrix} & \Big\downarrow \begin{matrix}\langle ausdr\rangle\ falls\\ \langle Bedingung1\rangle(x_1)?\end{matrix} & \Big\downarrow \begin{matrix}\langle ausdr\rangle\ falls\\ \langle Bedingung1\rangle(x_n)?\end{matrix}\end{array}$$

$$\begin{matrix}\text{Wert der Listen-}\\\text{komprehension}\end{matrix}: \quad [\;\langle ausdr\rangle(x_0),\quad \langle ausdr\rangle(x_1),\quad \ldots,\qquad \langle ausdr\rangle(x_n)\;]$$

Abb. 3.3. Darstellung, wie sich die Werte einer Listenkomprehension mit einer `for`-Klausel und einer `if`-Klausel zusammensetzen. Die Ausdrücke ⟨*sequenz1*⟩, ⟨*bedingung1*⟩ und ⟨*ausdr*⟩ beziehen sich hier auf die entsprechenden Platzhalter, die in obiger Syntaxbeschreibung verwendet wurden. Wie man sieht, ist der Wert der Listenkomprehension *immer* eine Liste, deren Elemente durch Auswertung von ⟨*ausdr*⟩ in Abhängigkeit der einzelnen Elemente der Liste ⟨*sequenz1*⟩ entstehen.

Beispiele

Um mit Listenkomprehensionen vertrauter zu werden, präsentieren wir im folgenden einige Beispiele. Diese zeigen jeweils eine Listenkomprehension, die mit Python ausgewertet wird.

Wir gehen in vielen der präsentierten Beispiele darauf ein, welchen Wert die einzelnen Platzhalter der obigen Syntaxbeschreibung haben, d. h. wir geben häufig der Klarheit halber an, was der jeweilige Wert der Platzhalter ⟨*ausdr*⟩, ⟨*ausdr1*⟩, ⟨*sequenz1*⟩, ⟨*bedingung1*⟩, usw. ist.

i) Erzeugung einer Liste aller Quadratzahlen von 1^2 bis 5^2:

```
>>> [x*x for x in range(1,6) ]
[1, 4, 9, 16, 25]
```

Der Wert des Platzhalters ⟨*ausdr*⟩ in obiger Syntaxbeschreibung entspricht hier dem Ausdruck `x*x`. Die Sequenz ⟨*sequenz1*⟩ entspricht `range(1,6)`. Für jeden Wert in `range(1,6)`, also für jeden Wert in `[1,2,3,4,5]`, wird ein Listeneintrag der Ergebnisliste durch Auswertung des Ausdrucks `x*x` erzeugt. Ergebnis ist also `[1*1, 2*2, ]`. Die folgende Abbildung veranschaulicht dies nochmals:

$$\langle sequenz1\rangle: [\; 1\;, \quad 2\;, \quad 3\;, \quad 4\;, \quad 5\;]$$
$$\langle ausdr\rangle: \Big\downarrow 1{*}1 \quad \Big\downarrow 2{*}2 \quad \Big\downarrow 3{*}3 \quad \Big\downarrow 4{*}4 \quad \Big\downarrow 5{*}5$$
$$\begin{matrix}\text{Wert der Listen-}\\\text{komprehension}\end{matrix}:[\; 1\;, \quad 4\;, \quad 9\;, \quad 16\;, \quad 25\;]$$

ii) Erzeugung einer Liste aller durch 3 oder durch 7 teilbaren Zahlen zwischen 1 und 20:

```
>>> [x for x in range(1,20)
        if x%3==0 or x%7==0 ]
[3, 6, 7, 9, 12, 14, 15, 18]
```

Der Wert des Platzhalters ⟨*ausdr*⟩ entspricht hier dem nur aus einer Variablen bestehenden Ausdruck `x`. Die Sequenz ⟨*sequenz1*⟩ entspricht `range(1,20)`. Der Bedingungsausdruck ⟨*bedingung1*⟩ entspricht `x%3==0 or x%7==0`. Hier wird also eine Liste erzeugt, die aus Einträgen `x` in der Sequenz `range(1,20)` besteht, für die der Ausdruck `x%3==0 or x%7==0` den Wert `True` ergibt.

Aufgabe 3.25

(a) Schreiben Sie eine Python-Funktion `teiler(n)`, die die Liste aller Teiler einer als Parameter übergebenen Zahl `n` zurückliefert. Verwenden Sie zur Erzeugung der Liste der Teiler eine Listenkomprehension. Beispielanwendung:

```
>>> teiler(45)
>>> [1, 3, 5, 9, 15]
```

(b) Geben Sie unter Verwendung der Funktion `teiler` einen Python-Ausdruck an, der eine Liste aller Zahlen zwischen 1 und 1000 ermittelt, die genau 5 Teiler besitzen.

(c) Geben Sie unter Verwendung der Funktion `teiler` einen Python-Ausdruck an, der diejenige Zahl zwischen 1 und 1000 ermittelt, die die meisten Teiler besitzt.

iii) Erzeugung einer Liste aller möglichen Tupel von Zahlen aus 1 bis 10.

```
>>> [(x,y) for x in range(1,10)
             for y in range(1,10)]
[(1, 1), (1, 2),    ,(1,9), (2,1), (2,2),    (9, 9)]
```

Der Platzhalter ⟨*ausdr*⟩ entspricht in diesem Fall dem Tupel (x,y), der Platzhalter ⟨*sequenz1*⟩ entspricht `range(1,10)` und der Platzhalter ⟨*sequenz2*⟩ entspricht `range(1,10)`. Man sieht: Es können beliebig viele `for`-Klauseln hintereinander stehen, was einer Schachtelung von `for`-Schleifen entspricht. Im ersten Durchlauf hat x den Wert 1 und y durchläuft für diesen einen festen Wert von x die Zahlen von 1 bis (ausschließlich) 10. Im zweiten Durchlauf hat x den Wert 2 und y durchläuft wiederum die Zahlen von 1 bis ausschließlich 10, usw. Jede dieser beiden `for`-Klauseln könnte (auch wenn dies in obigem Beispiel nicht der Fall ist) ein `if`-Statement verwenden, das die Werte für x bzw. y einschränkt.

iv) Erzeugung der jeweils ersten Zeichen von in einer Liste befindlichen Strings:

```
>>> [x[0] for x in ['alt','begin','char','do']]
['a','b','c','d']
```

Der Platzhalter ⟨*ausdr*⟩ entspricht hier dem Ausdruck `x[0]`, und der Platzhalter ⟨*sequenz1*⟩ entspricht der Stringliste `['alt','begin',   ]`. Die Schleifenvariable x durchläuft nacheinander die Strings `'alt'`, `'begin'`, usw. In jedem Durchlauf wird das erste Zeichen des jeweiligen Strings in die Ergebnisliste eingefügt. Die folgende Abbildung veranschaulicht dies nochmals:

⟨*sequenz1*⟩: ['alt' ,   'begin' , 'char' ,   'do']

⟨*ausdr*⟩:   ↓'alt'[0]   ↓'begin'[0] ↓'char'[0] ↓'do'[0]

Wert der Listen-
komprehension : ['a',   'b',   'c',   'd'   ]

Aufgabe 3.26

Verwenden Sie eine Listenkomprehension, um eine Liste zu erzeugen, die alle Methoden- und Attributnamen der Klasse `str` enthält, die ...

(a) mit `'a'` beginnen.

(b) mit `'er'` enden.

(c) mehr als 10 Zeichen enthalten.

(d) den String `'cod'` als Teilstring enthalten.

Tipp: Mit `dir(str)` erhalten Sie die Liste aller Methoden- und Attributnamen der Klasse `str`. Für obige Aufgaben benötigen Sie evtl. die String-Methoden `startswith`, `endswith`, die Funktion `len`, und die Operation `in`.

Aufgabe 3.27

Verwenden Sie eine Listenkomprehension, die ...

(a) eine Liste der Längen aller Methoden- und Attributnamen der Klasse `str` erzeugt.

(b) die Länge des längsten Methoden- oder Attributnamens der Klasse `str` berechnet.

(c) den Namen des längsten Methoden- oder Attributnamens der Klasse `str` zurückliefert.

v) Erzeugung der Liste aller Wörter aus einer Liste von Strings, die weniger als 3 Zeichen enthalten:

```
>>> strlst = ['Ich bin klein', 'und so fein', 'ja das ist eben so']
>>> [w for s in strlst for w in s.split() if len(w)<3]
['so', 'ja', 'so']
```

Diese Listenkomprehension besteht aus zwei geschachtelten `for`-Schleifen. Die äußere `for`-Schleife läuft über die in `strlst` enthaltenen Strings; `s` hat also im ersten Durchlauf den Wert `'Ich bin klein'`, im zweiten Durchlauf den Wert `'und so fein'` und im dritten Durchlauf den Wert `'ja das ist eben so'`. Schauen wir uns den ersten Durchlauf der äußeren Schleife näher an: In diesem ersten Durchlauf hat `s` den Wert `'Ich bin klein'` und `w` läuft über die Liste

```
'Ich bin klein'.split()
```

Die Funktion `split` teilt einen String nach einem bestimmten Vorkommen eines Zeichens auf, in diesem Fall standardmäßig nach Leerzeichen; der Ausdruck hat also den Wert `['Ich','bin','klein']` und die innere Schleife läuft über die drei Strings `'Ich'`, `'bin'` und `'klein'`. Von diesen Wörtern `w` werden nur diejenigen „durchgelassen", die die Bedingung `len(w)<3` erfüllen. Im ersten Durchlauf der äußeren Schleife sind das gar keine, im zweiten Durchlauf ist das das Wort `'so'` und im letzten Durchlauf sind es die Wörter `'ja'` und `'so'`.

Aufgabe 3.28

Gegeben Sei ein langer String, der `'\n'`-Zeichen (also Newline-Zeichen, oder Zeilentrenner-Zeichen) enthält. Geben Sie – evtl. unter Verwendung einer Listenkomprehension – einen Ausdruck an, der ...

(a) die Anzahl der Zeilen zurückliefert, die dieser String enthält.
(b) alle Zeilen zurückliefert, die weniger als 5 Zeichen enthalten.
(c) alle Zeilen zurückliefert, die das Wort `'Gruffelo'` enthalten.

Aufgabe 3.29

Programmieren Sie mit Hilfe einer Listenkomprehension eine Funktion `prims(n)`, die die Liste aller Primzahlen bis `n` zurückliefert.

Anmerkung: Häufig sehe ich, dass Programmieranfänger die Ergebnisse mit der `print`-Funktion „zurückgeben". Eine Funktion, die Ergebnisse auf dem Bildschirm ausgibt, ist jedoch im Allgemeinen als Teil eines größeren Prorgammes wenig nützlich. Eine Funktion, die Ergebnisse mit Hilfe von `return` zurückliefert, kann dagegen ihre Ergebnisse an andere Funktionen weitergeben.

Aufgabe 3.30

Geben Sie eine Listenkomprehension an, mit der Sie die Liste aller Quersummen der Zahlen von 1 bis 1000 ausgeben können.

Aufgabe 3.31

Erzeugen Sie eine Liste aller Perfekten Zahlen zwischen 1 und 10000 mit Hilfe einer Python-Listenkomprehension.

Ein Zahl heißt perfekt, wenn Sie gleich der Summe ihrer positiven echten (d. h.

die Zahl selbst gehört nicht dazu) Teiler ist. Beispielsweise ist 6 eine Perfekte Zahl, denn $6 = 1 + 2 + 3$.

Aufgabe 3.32

Wir wollen Zufallsexperimente mit einem 6-seitigen Würfel durchführen. Sie können hierzu die Funktion `randint` aus der Bibliothek `random` verwenden und diese folgendermaßen in ein Python-Notebook oder ein Python-Skript einbinden:

```
>>> from random import randint
```

(a) Erzeugen Sie mittels einer Listenkomprehension eine Liste mit 10 zufälligen Werten zwischen 1 und 6 – um einen 10-maligen Wurf mit einem 6-seitigen Würfel zu simulieren.

(b) Berechnen Sie eine Schätzung der Wahrscheinlichkeit, dass bei einem 10-maligen Wurf keine 1 fällt.

Zählen Sie zur Beantwortung dieser Frage die 10er-Würfe von (sagen wir) 100000 10er-Würfen, die keine 1 enthalten. Realisieren Sie dies durch eine Listenkomprehension.

(c) Berechnen Sie eine Schätzung der Wahrscheinlichkeit, dass bei einem 10-maligen Wurf genau drei mal eine 1 fällt.

3.5.2 Die `map`-Funktion

Die `map`-Funktion verknüpft mehrere Listen elementweise mit einer als Parameter übergebenen Funktion:

$$\text{map}\left(\langle \mathit{fkt} \rangle, \langle \mathit{sequenz}_1 \rangle, \langle \mathit{sequenz}_2 \rangle, \dots \right)$$

Die `map`-Funktion ist eine sog. *Funktion höherer Ordnung* (engl.: *higher-order function*); das ist eine Funktion, die als Parameter eine Funktion erwartet oder eine Funktion als Ergebnis liefert.

Funktionsweise: Die `map`-Funktion ruft die Funktion $\langle \mathit{fkt} \rangle$ für alle ersten Elemente der Listen $\langle \mathit{sequenz}_1 \rangle$, $\langle \mathit{sequenz}_2 \rangle$, ... auf, anschließend für alle zweiten Elemente, usw. Die jeweils erhaltenen Werte werden als spezielle Sequenz vom Typ `map` zurückgeliefert. Diese Sequenz wird nicht sofort ausgewertet, sondern erst dann, wenn die Elemente explizit angefordert werden, etwa durch eine `for`-Schleife, oder wenn man Python durch die Funktion `list( )` zwingt, das Ergebnis in eine Liste zu überführen. Dieses Verhalten ist besonders dann sinnvoll, wenn es sich um sehr lange Sequenzen handelt, die bei einer sofortigen Auswertung viel Speicherplatz benötigen würden.

Folgendes Beispiel veranschaulicht die Funktionsweise der `map`-Funktion, die mit einer zweistelligen Funktion f zwei Listen $[x_0, x_1, \ldots]$ und $[y_0, y_1, \ldots]$ elementweise verknüpft und daraus eine neue Sequenz $e_0, e_1, \ldots$ erzeugt:

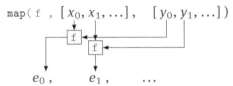

```
>>> m = map(lambda x,y: x+y, [1,3,5], [10,100,1000])
>>> m
<map at 0xde31f5dba8>
>>> list(m)
[11, 103, 1005]
>>> list(m)
[]
```

Der Aufruf von `map` in der ersten Zeile erzeugt ein Sequenz-Objekt, das die Ergebnisse zunächst aber noch nicht auswertet und dessen String-Repräsentation lediglich die Information enthält, dass sich das Objekt an Stelle `0xde31f5dba8` befindet. Erst nachdem wir das Objekt durch den Aufruf `list(m)` dazu „zwingen", berechnet es seine Ergebnisse und liefert diese in einer Liste zurück. Etwas eigenartig mag das Verhalten des letzten Aufrufs erscheinen: Hat das `map`-Objekt einmal seine Inhalte ausgewertet, ist es „erschöpft" und kann keine Werte mehr produzieren.

Die `map`-Funktion kann natürlich auch mit einer Liste und einer einstelligen Funktion verwendet werden, wie in folgendem Beispiel gezeigt:

```
>>> list(map(lambda x: x[:2],
        ['piraten', 'raten', 'teils', 'zu', 'schlimmen', 'taten']))
['pi','ra','te','zu','sc','ta']
```

Der an die `map`-Funktion übergebene `lambda`-Ausdruck ist einstellig, d. h. er erwartet genau einen Parameter, der eine (indizierbare) Sequenz sein muss, und liefert die ersten beiden Elemente davon zurück.

Berechnungen, die eine `map`-Funktion verwenden, die mit einer einstelligen Funktion und einer einzigen Liste arbeiten, können auch mittels einer Listenkomprehensionen ausgedrückt werden. Obiges Beispiel, unter Verwendung von Listenkomprehensionen, hat die folgende Form:

```
>>> [x[:2] for x in ['piraten', 'raten', 'teils', 'zu',
            'schlimmen', 'taten']]
```

```
['pi','ra','te','zu','sc','ta']
```

Ein Unterschied ist, dass man bei Verwendung von `map` die Kontrolle hat, wann die erzeugte Sequenz ausgewertet wird; eine Listenkomprehension berechnet immer sofort die gesamte Liste.

Aufgabe 3.33

Verwenden Sie die `map`-Funktion, um einer (String-)Liste von Zeilen Zeilennummern hinzuzufügen. Der Ausdruck

```
['Erste Zeile', 'Zweite Zeile', 'Und die dritte Zeile']
```

sollte also eine Sequenz erzeugen, die die folgenden Einträge hat:

```
'1. Erste Zeile', '2. Zweite Zeile', '3. Und die dritte Zeile'
```

3.5.3 Die `filter`-Funktion

Mit Hilfe der `filter`-Funktion können bestimmte Elemente einer Liste oder Sequenz ausgefiltert werden, wenn sie eine bestimmte Eigenschaft nicht erfüllen.

> `filter` (⟨*function*⟩, ⟨*sequenz*⟩)

Die `filter`-Funktion liefert nur diejenigen Elemente von ⟨*sequenz*⟩ als Liste zurück, für die das Funktionsargument ⟨*function*⟩, angewandt auf das jeweilige Sequenzelement, den Wert `True` zurückliefert. Die übergebene Funktion muss einstellig sein und als Rückgabewert einen Booleschen Wert erzeugen. Ein Aufruf von `filter` liefert ein Objekt vom Typ `filter` zurück, das eine Sequenz darstellt, die ihren eigentlichen Inhalt erst dann auswertet, wenn es der Programmierer explizit verlangt. Das `filter`-Objekt hat – abgesehen vom eigentlichen Namen des Typs – die gleichen Eigenschaften, wie das im vorherigen Abschnitt besprochene `map`-Objekt.

Beispielsweise kann man folgendermaßen alle Zahlen zwischen 2 und 25 erhalten, die weder durch 2 noch durch 3 teilbar sind:

```
>>> f = filter(lambda x: x%2 != 0 and x%3 != 0, range(2,25))
>>> f
<filter at 0x68773b7748>
>>> list(f)
[5, 7, 11, 13, 17, 19, 23]
```

Berechnungen, die eine `filter`-Funktion verwenden, können immer auch mit einer Listenkomprehension ausgedrückt werden, mit dem Unterschied jedoch, dass Listenkomprehensionen eine fertig ausgewertete Liste produzieren. Obiges Beispiel unter Verwendung einer Listenkomprehension hat die folgende Form:

```
>>> [x for x in range(2,25) if x%2 !=0 and x%3 != 0]
[5, 7, 11, 13, 17, 19, 23]
```

Aufgabe 3.34

Verwenden Sie `filter` und/oder `map`, um ...

- (a) sich alle Methodennamen des Typs `string` ausgeben zu lassen, die kürzer als 6 Zeichen sind.
- (b) sich die Länge des längsten Methodennamens des Typs `string` ausgeben zu lassen.
- (c) zu zählen, wie viele Methodennamen des Typs `list` mit `'a'` beginnen.
- (d) zu zählen, wie viele Methodennamen des Typs `string` ein `'a'` enthalten und mehr als 5 Zeichen lang sind.
- (e) sich die Länge des längsten Methodennamens des Typs `string` ausgeben zu lassen, der ein `'a'` enthält.

Hinweis: Die Liste aller Methodennamen von beispielsweise `string` erhält man mit dem Pythonkommando `dir(string)`.

Aufgabe 3.35

Wir wollen alle möglichen Wörter mit bestimmten Eigenschaften erzeugen. Gegeben seien die folgenden Definitionen:

```
C = 'abcdefghijklmnopqrstuvwxyz'
D = map(str, range(0,10)) ; A = C+D
```

- (a) Schreiben Sie eine Pythonfunktion `woerter(n)`, die *alle* Wörter der Länge n mit Buchstaben aus `A` erzeugt.
  Tipp: Zur Lösung kommt man elegant rekursiv, indem man überlegt, was welchen Wert `woerter(0)` und `woerter(1)` haben muss und anschließend überlegt, wie man `woerter(n)` aus `woerter(n-1)` berechnen kann.
- (b) Schreiben Sie eine Pythonfunktion `w1d(n)`, die *alle* Wörter der Länge n mit Buchstaben aus `A` erzeugt, die *mindestens* eine Ziffer enthalten.
- (c) Schreiben Sie eine Pythonfunktion `wdE(n)`, die *alle* Wörter der Länge n mit Buchstaben aus `A` erzeugt, die mit einer Ziffer enden.

Tipp: `c.isdigit()` testet, ob das Zeichen `c` eine Ziffer ist.

3.5.4 Die `reduce`-Funktion

Neben der `map`- und der `filter`-Funktion, ist die `reduce`-Funktion eine weitere im Rahmen der Funktionalen Programmierung häufig verwendete Funktion höherer Ordnung. Während in der Python 2.*x*-Version die `reduce`-Funktion noch initial verfügbar war, befindet sich diese in den Python 3.*x*-Versionen in dem Modul `functools` und muss mittels

```
from functools import reduce
```

in den Namensraum geladen werden.

Die `reduce`-Funktion verknüpft die Elemente einer Liste bzw. einer Sequenz nacheinander mit einer zwei-stelligen Funktion.

$$\boxed{\text{reduce}(\langle \textit{function} \rangle, \langle \textit{sequenz} \rangle)}$$

Die Verknüpfung erfolgt von links nach rechts. Um die Funktionsweise von `reduce` zu veranschaulichen gehen wir von folgender Definition einer zweistelligen Funktion aus – das Symbol $\oplus$ ist hierbei Platzhalter für eine beliebige Verknüpfung der beiden Parameter x und y:

```
>>> f = lambda x,y: x ⊕ y
```

Dann wertet sich der folgende Ausdruck

```
>>> reduce( f, [x₀, x₁, x₂, ..., xₙ] )
```
aus zu: $(\cdots(((x_0 \oplus x_1) \oplus x_2) \oplus \ldots) \oplus x_n)$

Beispiele

Wir geben im Folgenden einige Beispiele für die Verwendung der `reduce`-Funktion:

i) Aufsummieren aller ungeraden Zahlen von 1 bis 1000

```
>>> reduce(lambda x,y: x+y, range(1,1000,2))
250000
```

Berechnet die Summe $(\cdots((1+3)+5)+\ldots+999)$. Die gleiche Berechnung kann man auch mit `sum(range(1,1000,2))` durchführen.

ii) Verknüpfen einer Menge von Strings zu einem String der aus einer Menge von Zeilen besteht

```
>>> f = lambda x,y: x+'\n'+y
>>> reduce(f,['Erste Zeile', 'Zweite Zeile', 'Dritte Zeile'])
>>> 'Erste Zeile\nZweite Zeile\nDritte Zeile'
>>> print(reduce(f,['Erste Zeile','Zweite Zeile','Dritte Zeile']))
Erste Zeile
Zweite Zeile
Dritte Zeile
```

Wie schon in Abschnitt 3.2.5 angedeutet, ist der +-Operator überladen, d.h. seine Funktionsweise ist abhängig vom Typ der Operanden. Sind die Operanden Zahlen, so entspricht der +-Operator einer Addition; sind die Operanden dagegen Sequenzen, dann entspricht der +-Operator einer Konkatenation, d.h. einem Zusammenketten von Sequenzen. Die Funktion f ist so definiert, dass sie zwei Strings mit dem Newline-Zeichen `'\n'` als Trenner zusammenkettet. Die reduce-Funktion verkettet entsprechend alle Strings in der Liste und fügt ein `'\n'`-Zeichen zwischen jeweils zwei Strings ein.

iii) Umwandeln einer als String repräsentierten Hexadezimal-Zahl in einen Python Integerwert.

```
>>> hexNum = '12fb3a' ; l = len(hexNum)
>>> def f(x,y): return x+y
>>> reduce(f,[ c2h(hexNum[i])*16**(l-i) for i in range(l)])
1243962
```

Wir gehen davon aus, dass die in der folgenden Aufgabe durch den Leser zu definierenden Funktion c2h eine als Zeichen repräsentierte hexadezimale Ziffer in den entsprechenden int-Wert umwandelt. Die Listenkomprehension innerhalb der reduce-Funktion erzeugt die Liste

$$[1 * 16^5, 2 * 16^4, 15 * 16^3, 11 * 16^2, 3 * 16^1, 10 * 16^0]$$

Diese Werte müssen nur noch aufsummiert werden – dies erledigt die reduce-Funktion – und man erhält den Wert

$$\sum_{i=0}^{5} \text{hexNum}_i \cdot 16^{(5-i)}$$
$$= 1 * 16^5 + 2 * 16^4 + 15 * 16^3 + 11 * 16^2 + 3 * 16^1 + 10 * 16^0$$

und dies entspricht genau der Dezimalrepräsentation der als String repräsentierten hexadezimalen Zahl `'12fb3a'`.

Aufgabe 3.36

Schreiben Sie eine Funktion c2h(c), die das Zeichen c in einen int-Wert umwandelt, falls c in `'0123456789abcdefABCDEF'`, d.h., falls c eine hexadezimale Ziffer repräsentiert. Es soll beispielsweise gelten:

```
>>> c2h('5')
5
>>> c2h('e')
14
```

iv) Umwandeln einer als String repräsentierten Hexadezimal-Zahl in einen Integerwert unter Verwendung des *Horner-Schemas*:

Nehmen wir an es sei eine hexadezimale Zahl $h_0 h_1 h_2 h_3 h_4$ gegeben. Will man daraus die entsprechende Dezimalzahl über

$$h_0 * 16^4 + h_1 * 16^3 + h_2 * 16^2 + h_3 * 16^1 + h_4 * 16^0$$

berechnen, so ist dies wenig effizient. Der Grund dafür ist, dass zur Berechnung der Potenzen sehr viele (nämlich 4+3+2) Multiplikationen durchgeführt werden müssen, und Multiplikationen sind recht rechenintensiv. Die gleiche Berechnung kann folgendermaßen mit nur vier Multiplikationen durchgeführt werden:

$$(((h_0 * 16 + h_1) * 16 + h_2) * 16 + h_3) * 16 + h4$$

Dieses Berechnungs-Schema ist das sog. *Horner-Schema*. Eine Implementierung kann elegant mit Hilfe der `reduce`-Funktion folgendermaßen erfolgen:

```
>>> hexNum = '12fb3a' ; l = len(hexNum)
>>> def f(x,y): return 16*x +y
>>> reduce(f, [c2h(h) for h in hexNum])
1243962
```

Die Listenkomprehension `[c2h(h) for h in hexNum]` erzeugt zunächst eine Liste der Integerwerte, die den einzelnen Ziffern in `hexNum` entsprechen – hier wäre das die Liste `[1,2,15,11,3,10]`. Die `reduce`-Funktion verknüpft dann die Elemente der Liste mit der Funktion `f` und verwendet so das Horner-Schema, um die Dezimalrepräsentation der Hexadezimalzahl `'12fb3a'` zu berechnen.

Aufgaben

Aufgabe 3.37

Verwenden Sie das mittels `reduce`-Funktion implementierte Horner-Schema, um eine als String repräsentierte Binärzahl in die entsprechende Dezimalzahl umzuwandeln.

Aufgabe 3.38

Verwenden Sie die `reduce`-Funktion, um eine Funktion `prod(lst)` zu definieren, die alle in `lst` befindlichen Zahlen aufmultipliziert.

Aufgabe 3.39

Verwenden Sie die `reduce`-Funktion, um eine Funktion `max(lst)` zu definieren, die das maximale in `lst` befindliche Element zurückliefert.

Aufgabe 3.40

Verwenden Sie die `reduce`-Funktion, um eine Liste von Tupeln „flachzuklopfen" und in eine einfache Liste umzuwandeln. Beispiel: Die Liste

```
[(1,10), ('a','b'), ([1], [2])]
```

sollte dadurch beispielsweise in die Liste

```
[1,10,'a','b',[1],[2]]
```

umgewandelt werden.

3.6 Dateien und Verzeichnisse

Python wird mit einer großen Zahl von *Standard-Bibliotheken* geliefert. Das sind vorprogrammierte Codeteile, die wichtige, häufig benötigte Funktionen bereitstellen. Einige wichtige Bibliotheken, die wir in diesem Abschnitt kennenlernen werden, sind

`sys`	Bietet Zugriff auf Umgebungsvariablen, Standardströme (stdin, stdout, stderr), die Kommandozeile
`os`	Ist die plattformunabhängige[6] Schnittstelle zum Betriebssystem.
`os.path`	Ist ein „Untermodul" von *os* und bietet Möglichkeiten zur Bearbeitung von Pfaden.

Ein Modul kann mit

```
import ⟨modulname⟩
```

geladen werden. Man kann sich alle in einem Modul definierten Funktionsnamen als Stringliste ausgeben lassen mit dem Kommando

---

6 Mit „plattformunabhängig" ist gemeint: unabhängig vom konkreten Betriebssystem; das bedeutet hier, dass die entsprechenden Kommandos immer das gleiche Ergebnis liefern, egal unter welchem Betriebssystem sie ausgeführt werden.

$$\boxed{\texttt{dir}(\langle \mathit{modulname} \rangle)}$$

Will man etwa auf Parameter zugreifen, die über die Kommandozeile übergeben wurden, die sogenannten *Kommandozeilenparameter*, so kann man die von Modul `sys` bereitgestellte Variable `argv` verwenden. Die Variable `argv` enthält eine Liste von Strings. Der *i*-te Eintrag entspricht dem *i*-ten über die Kommandozeile übergebenen Parameter. Im 0-ten Eintrag, also im String `sys.argv[0]`, ist immer der Name des ausführenden Kommandos gespeichert. Ein Beispiel (das $-Zeichen stellt das Prompt der Unix-Shell Bash dar):

```
$ ( echo 'import sys' ; echo 'print(sys.argv)' ) >komm.py
$ python komm.py erstesArg zweitesArg
$ ['komm.py', 'erstesArg', 'zweitesArg']
```

3.6.1 Datei-Objekte

Die eingebaute Funktion `open`

$$\boxed{\texttt{open}(\langle \mathit{string} \rangle, \langle \mathit{modus} \rangle)}$$

erzeugt ein Dateiobjekt, über das man lesend und/oder schreibend auf Dateien zugreifen kann; diese erwartet zwei String-Argumente: einen Dateinamen und einen Modus (`'w'` für schreibenden Zugriff, `'r'` für lesenden Zugriff).

Schreiben in Dateien

Ein Dateiobjekt besitzt die Methode

$$\boxed{\langle \mathit{dateiobj} \rangle \texttt{.write}(\langle \mathit{string} \rangle)}$$

die $\langle \mathit{string} \rangle$ in $\langle \mathit{dateiobj} \rangle$ schreibt. Beispielsweise erzeugen die folgenden Pythonkommandos eine neue Datei `datei.txt`, die die beiden mit der `write`-Methode übergebenen Strings enthält:

```
>>> datei = open('datei.txt', 'w')
>>> datei.write('Hallo Welt\n')
>>> datei.write('Hier eine 2. Zeile.\n')
>>> datei.close()
```

Die `close`-Methode schließt ein Dateiobjekt. Normalerweise ist es jedoch nicht notwendig eine Datei explizit zu schließen, sondern der Python-Interpreter entscheidet im Allgemeinen selbst darüber, wann ein „guter" Zeitpunkt dafür ist, ein Dateiobjekt aus dem Speicher zu entfernen.

Aufgabe 3.41

Schreiben Sie ein kleines Unix-Shellskript, das genau dasselbe Ergebnis liefert, wie das obige Python-Skript.

Aufgabe 3.42

Schreiben Sie eine Python-Funktion `writeLinesToFile`, die zwei Argumente übergeben bekommen soll: Einen Dateinamen und eine Liste von Strings; sie soll eine Datei mit dem übergebenen Namen erzeugen und jeden String der Liste in eine extra Zeile dieser Datei schreiben. So soll der Aufruf

```
writeLinesToFile ('datei.txt',['Hallo Welt', 'Hier eine 2. Zeile'])
```

die gleiche Wirkung haben wie das Skript in vorigem Beispiel.

Die Methode

> $\langle dateiobj \rangle$.`writelines`($\langle liste \rangle$)

kann übrigens eine Stringliste in eine Datei schreiben. Beispielsweise kann man mit folgendem Kommando

```
>>> open('test.txt','w').writelines(['Hallo\n','Welt\n'])
```

zwei Zeilen in die Datei `test.txt` schreiben.

Lesen von Dateien

Die Methode

> $\langle dateiobj \rangle$.`read`()

gibt den kompletten Inhalt einer Datei in einem Python-String zurück. Folgendes Kommando gibt beispielsweise die ersten 11 Zeichen der Datei `text.txt` zurück:

```
>>> open('test.txt').read()[:10]
'Hallo Welt\n'
```

Aufgabe 3.43

Geben Sie ein Pythonkommando an, mit dem der Inhalt der Datei `test.txt` ...

(a) rückwärts ausgegeben wird.
(b) zur Hälfte ausgegeben wird.
(c) komplett bis auf das letzte und das vorletzte Zeichen ausgegeben wird.

Die Methode

$\boxed{\langle\textit{dateiobj}\rangle\texttt{.readlines()}}$

gibt eine Liste von Strings zurück; jeder Eintrag in dieser Liste entspricht einer Zeile von ⟨*dateiobj*⟩. Folgendes Kommando liest beispielsweise die Zeilen der Datei `test.txt` aus:

```
>>> open('test.txt').readlines()
['Hallo Welt\n', 'Hier eine 2. Zeile\n']
```

Aufgabe 3.44

Was bewirkt das Kommando `open('datei.txt').readlines()[:-2]`

Aufgabe 3.45

Schreiben Sie eine Python-Funktion `myHead`, die einen Dateinamen und eine Zahl *n* als Argument erhält und die ersten *n* Zeilen der Datei auf dem Bildschirm ausgibt. Der Aufruf `myHead('test.txt',4)` sollte beispielsweise die ersten 4 Zeilen der Datei `test.txt` auf dem Bildschirm ausgeben.

Aufgabe 3.46

Programmieren Sie das Shell-Kommando `head` in Python nach und nennen Sie Ihr eigenes Kommando `myhead`. Das selbst geschriebene `myhead` soll zwei Optionen kennen:
- `-c [-]`*N*: Die ersten *N* Bytes jeder Datei werden ausgegeben. Falls ein „-" vorgestellt ist, dann sollen alle Bytes außer den *N* letzten ausgegeben werden.
- `-n [-]`*N*: Die ersten *N* Zeilen jeder Datei werden ausgegeben. Falls ein „-" vorgestellt ist, dann sollten alle Zeilen außer den *N* letzten ausgegeben werden.

Die Verwendung von `readlines` hat allerdings insbesondere bei großen Dateien einen Nachteil: es liest den *gesamten* Inhalt einer Datei sofort aus, und dadurch wird viel Speicherplatz verbraucht. Will man das vermeiden, dann kann man den *Iterator* verwenden, der in jedem Datei-Objekt vorhanden ist. Einen Iterator enthalten auch Listen, Strings, Tupel, Dictionaries usw.; mit ihm kann man nach und nach die Einträge eines Sequenz-Objekts durchlaufen. Der Datei-Iterator liest immer so viele Zeilen aus der Datei aus, wie auch tatsächlich gebraucht werden. Man kann etwa eine `for`-Schleife verwenden und damit die Zeilen einer Datei einzeln auslesen:

```
>>> datei = open('datei.txt','r')
```

```
>>> for zeile in datei
        print zeile,
Hallo Welt
Hier eine 2. Zeile
```

Würde man sich etwa nur für die ersten 1000 Zeilen einer sehr langen Datei interessieren – das ist häufig bei Log-Dateien der Fall – täte man gut daran, die Datei nicht mittels `open( ).readlines()` zu öffnen, sondern mittels `for` die ersten 1000 Zeilen auszulesen.

> **Aufgabe 3.47**
>
> Verwenden Sie die `map`-Funktion, um genau dasselbe wie mit der gerade eben vorgestellten Listenkomprehension zu implementieren, nämlich die Ausgabe der Liste der großgeschriebenen Zeilen der Datei `datei.txt`.

> **Aufgabe 3.48**
>
> Geben Sie ein Python-Kommando an, das die Liste der Länge aller Zeilen der Datei `test.txt` ausgibt.

> **Aufgabe 3.49**
>
> (a) Schreiben Sie eine Python-Funktion, die in der Datei `test.txt` alle Vorkommen des Wortes `eines` in das Wort `keines` umwandelt und dies in die (neu anzulegende) Datei `test.txt.2` speichert.
>
> (b) Wir verallgemeinern die Lösung zu Teilaufgabe (a): Schreiben Sie eine Python-Funktion `dateiRepl`, die drei Argumente übergeben bekommt: einen Dateinamen und zwei Strings. Es sollen dann alle Vorkommen des einen Strings durch den anderen String ersetzt werden, und das Ergebnis in einer neuen Datei mit Endung `.2` gespeichert werden. Der Aufruf `dateiRepl('test.txt','eines','keines')` soll also genau den Effekt haben, der in der vorigen Teilaufgabe verlangt wurde.

3.6.2 Dateimanipulation mit Listenkomprehensionen

Den Datei-Iterator kann man auch in Listenkomprehensionen verwenden, wie etwa in folgendem Beispiel; hier sollen alle Klein- in Großbuchstaben umwandelt und als Zeilenliste zurückliefert werden.

```
>>> [line.upper() for line in open('datei.txt')]
['HALLO WELT', 'HIER EINE 2. ZEILE']
```

Mit Listenkomprehensionen und entsprechenden String- und Sequenzfunktionen lassen sich elegant einfach Dateimanipulationen oder Suchoperationen in Dateien ausdrücken. Wir geben im Folgenden einige Beispiele hierfür an.

i) Gib alle Zeilen aus `test.txt` aus, die weniger als 5 Zeichen enthalten.

```
[zeile for zeile in open('test.txt') if len(zeile)<5]
```

Die Schleifenvariable `zeile` durchläuft nacheinander alle Zeilen der Datei `test.txt`. Aufgrund der `if`-Klausel besteht die resultierende Liste aber nur aus den Zeilen, für die `len(zeile)<5` gilt.

Aufgabe 3.50

Verwenden Sie eine Listenkomprehension, um alle Zeilen der Datei `test.txt` auszugeben, die ...

(a) ... mit der Zeichenkette `'Py'` beginnen.

(b) ... die die Zeichenkette `'Python'` enthalten.

(c) ... deren letztes Zeichen ein Kleinbuchstabe ist.

---

ii) Was ist die Länge der längsten Zeile der Datei `test.txt`?

```
max([len(zeile) for zeile in open('text.txt')])
```

Die Listenkomprehension erzeugt eine Liste aller Zeilenlängen der Datei `test.txt`, d. h. eine Integerliste. Die Listenfunktion `max` liefert den größten Integerwert, also die Länge der längsten Zeile, zurück.

Aufgabe 3.51

Berechnen Sie unter Verwendung einer Listenkomprehension ...

(a) die Summe aller Längen von Zeilen, die mit `'a'` beginnen.

(b) die Länge der kürzesten Zeile, die keine Leerzeichen enthält.

---

iii) Welches ist die längste Zeile der Datei `test.txt`?

```
max([(len(zeile),zeile) for zeile in open('test.txt')])[1]
```

Diese Fragestellung ist der vorigen sehr ähnlich, nur wollen wir hier nicht die Länge, sondern die Zeile selbst zurückgeliefert haben, d. h. wir müssen in der Listenkomprehension beide Informationen strukturiert, etwa in einem Tupel, mitführen: sowohl die Längen der Zeilen (die für die Maximumsbildung benötigt werden) als auch die Zeilen selbst. Dass die Zeilenlänge die erste Komponente der Tupel bildet, die durch die Listenkomprehension erzeugt wird, ist kein Zufall: Sortierungen, Minimums- und Maximumsbildung erfolgen *lexikografisch*. Ausschlaggebend für diese Sortierungen ist zunächst die erste Komponente einer Struktur. Sollten die ersten Komponenten zweier Objekte identisch sein, so ist die zweite Komponente für deren Sortierung ausschlaggebend, usw. Die „alphabetische" Sortierung beispielsweise in einem Telefonbuch stellt ein Beispiel einer lexikografischen Sortierung dar: Zuerst wird nach dem ersten Buchstaben gruppiert, dann, sollte der erste Buchstabe zweier Wörter identisch sein, wird nach dem zweiten Buchstaben gruppiert, usw.

Die Anwendung der `max`-Funktion auf obige Listenkomprehension liefert also dasjenige Tupel aus Zeile und zugehöriger Zeilenlänge zurück, das die maximale Länge hat. Um die Zeile selbst zu erhalten, müssen wir mittels des Indexoperators ⟨*seq*⟩[1] nur noch die zweite Komponente dieses Tupels extrahieren.

Wir haben gerade eben ein häufig verwendetes Muster kennengelernt, das in der Literatur auch als „Decor-Undecor-Idiom" bezeichnet wird: Listenwerte werden mit Informationen angereichert, d. h. „dekoriert", um sie nach bestimmten Kriterien zu sortieren. Anschließend wird diese Dekoration wieder entfernt („undecor"), was in obigem Beispiel mittels des Indexoperators ⟨*seq*⟩[1] erfolgt.

Aufgabe 3.52

Verwenden Sie eine Listenkomprehension, um diejenige Zeile der Datei `'test.txt'` auszugeben, die ...

(a) ... am häufigsten das Zeichen `'a'` enthält.
(b) ... die meisten Wörter enthält.
(c) ... das längste Wort enthält.

iv) Wie viele Leerzeilen enthält die Datei `test.txt`?

```
len([lz for lz in open('test.txt') if len(lz)==1])
```

Die erzeugte Liste enthält nur diejenigen Zeilen aus der Datei `test.txt`, die genau ein Zeichen enthalten, d. h. für die `len(zeile)==1` gilt. Dies sind genau die Leerzeilen, denn diese bestehen lediglich aus dem Newline-Zeichen `'\n'`. Um zu wissen, wie viele Leerzeilen gefunden wurden, müssen die Einträge in der Listenkomprehension gezählt werden. Dies erledigt die Anwendung der `len`-Funktion.

v) Welche in der Datei `test.txt` enthaltenen Wörter beginnen mit `'a'`.

```
[w for zeile in open('test.txt')
    for w in zeile.split() if w.startswith('a')]
```

Dies lässt sich am besten über eine Listenkomprehension lösen, die zwei geschachtelte Schleifen verwendet. Die äußere Schleife durchläuft die Zeilen der Datei `test.txt`. Für jede einzelne Zeile durchläuft die Variable `w` der inneren Schleife die Liste der Wörter dieser Zeile, erzeugt durch den Ausdruck `zeile.split()`. Durch die `if`-Anweisung werden nur diejenigen Wörter „durchgelassen", die mit `'a'` beginnen.

Aufgabe 3.53

Was ist der „Sinn" des folgenden Statements?

```
[x[:-1] for x in open('test.txt')]
```

3.6.3 Verzeichnisse

Eine häufige Aufgabe besteht darin, eine bestimmte Operation auf eine große Menge von Dateien in einem bestimmten Verzeichnis oder in einem ganzen Verzeichnisbaum anzuwenden. Möglicherweise wollen Sie bestimmte Ersetzungen in allen `*.tex`-Dateien in einem bestimmten Verzeichnis vornehmen oder nach bestimmten Java-Schlüsselwörtern in allen Java-Dateien auf Ihrem Home-Verzeichnisbaum suchen.

Manche dieser Aufgaben sind vielleicht in der Bash einfacher zu realisieren, aber in Python können Sie diese Aufgaben plattformunabhängig programmieren[7]. Außerdem stehen Ihnen unter Python viel mächtigere Möglichkeiten, wie strukturierte Datentypen, Iteratoren oder Listenkomprehensionen zur Verfügung als unter der Bash. Je komplexer Ihre Aufgabe ist, die Sie realisieren wollen, desto empfehlenswerter ist die einer höheren getypten Programmiersprache wie Python anstelle der Verwendung eines Bash-Skripts.

Durch die Einträge eines Verzeichnisses iterieren
Der Aufruf

```
os.listdir(⟨dir⟩)
```

liefert eine String-Liste der Namen aller Einträge im Verzeichnis ⟨*dir*⟩ zurück. Ein Beispiel:

```
>>> import os
>>> os.listdir('.')
['graphen.jpg', 'hs-albsig.jpg', 'Analysis Klausur.tex']
```

---

[7] Ein Bash-Skript ist immer plattformabhängig, d. h. in diesem Fall: nur auf Unix-Systemen oder Unix-artigen-Systemen lauffähig – nicht jedoch unter Windows.

Aufgabe 3.54

Geben Sie einen Python-Einzeiler an, mit dem Sie ...

(a) sich die Anzahl der Einträge im aktuellen Verzeichnis ausgeben lassen.
(b) sich die Längen aller Dateinamen im aktuellen Verzeichnis ausgeben lassen.
(c) sich die Anzahl der Dateien im aktuellen Verzeichnis mit Endung `.c` und mit Endung `.py` ausgeben lassen.
(d) sich alle Dateien mit Endung `.txt` aus dem aktuellen Verzeichnis ausgeben lassen.
(e) sich die Anzahl der Zeilen aller Dateien mit Endung `.txt` ausgeben lassen.

Durch die Einträge eines Verzeichnisbaums iterieren
Der Aufruf

```
os.walk(⟨dir⟩)
```

liefert einen Iterator über den Verzeichnisbaum unterhalb des Verzeichnisses `dir` zurück. Jeder Aufruf dieses Iterators liefert ein 3-Tupel der folgenden Form zurück:

$$(⟨dirpath⟩, ⟨dirnames⟩, ⟨filenames⟩)$$

Dabei ist ⟨*dirpath*⟩ ein String, der den Pfad zum momentan besuchten Verzeichnis enthält, ⟨*dirnames*⟩ ist eine Liste von Strings, die die Namen der Unterverzeichnisse des momentan besuchten Verzeichnisses enthält und ⟨*filenames*⟩ ist eine Liste von Strings, die die Namen der Dateien, die keine Verzeichnisse sind, im momentan besuchten Verzeichnis enthält.

Folgendes Programmbeispiel findet alle Dateien mit Endung `.tex`, in denen sich der String `python` befindet, im Verzeichnisbaum unterhalb `'.'`:

```
>>> import os.path
>>> treffer = []
>>> for (verzName, verzeichnisse, dateien) in os.walk('.'):
        for dateiname in dateien:
            if dateiname.endswith('.tex'):
                pfadname = os.path.join(verzName, dateiname)
                if 'python' in open(pfadname).read():
                    treffer.append(dateiname)
>>> treffer
['blatt3.tex', 'a4.tex', 'Python_Uebungsblatt.tex', 'einfinf2.tex',
'python.tex', 'einfinf.tex', 'KlausurEinfInf0910.tex']
```

Einige Erläuterungen hierzu: `verzName` ist immer der Name des Verzeichnisses, das gerade angelaufen wurde; `verzeichnisse` ist die Liste der Unterverzeichnisse (für die wir uns in diesem Fall nicht interessieren) und `dateien` ist die Liste aller Dateien im Verzeichnis, das gerade angelaufen wurde. Mit der String-Methode `endswith` wird geprüft, ob der Name der entsprechenden Datei mit `.tex` endet. Mit der Funktion `os.path.join` werden der Pfadname und der Dateiname zusammengehängt[8]. Diese vollständigen Pfadnamen benötigen wir für die Funktion `open`, die den gesamten Inhalt der Datei in einen String einliest; mit der Operation `in` (siehe Abschnitt 3.2.5) können wir testen, ob dieser den String `'python'` enthält.

Mit noch weniger Codezeilen kommt man aus, wenn man für diese Aufgabe eine Listenkomprehension verwendet:

```
>>> [for (verzName, verzeichnisse, dateien) in os.walk('.')
        for dateiname in dateien if dateiname.endswith('.tex')
        if 'python' in open(join(verzName, dateiname)).read()]
```

Aufgabe 3.55

(a) Schreiben Sie ein Python-Skript, das Ihnen die Datei mit dem längsten Namen (unter allen Dateien in Ihrem kompletten Homeverzeichnis) zurückliefert.
(b) Schreiben Sie ein Python-Skript, das Ihnen diejenige `.py`-Datei (unter alle `.py`-Dateien in Ihrem kompletten Home-Verzeichnisbaum) zurückliefert, die die längste Zeile besitzt.

Aufgabe 3.56

Schreiben Sie eine Funktion, die zählt, wie oft das Schlüsselwort `for` in allen Python-Dateien in Ihrem kompletten Homeverzeichnisbaum vorkommt.

3.7 Objektorientierte Programmierung

Zentral für die objektorientierte Programmierung ist die Möglichkeit neue *Klassen* erzeugen zu können. Eine Klasse ist eigentlich nichts anderes ist als ein Python-Typ, genau wie `int`, `str`, `list` oder `dict`. Ein bestimmter Wert einer Klasse wird im Sprachjargon der Objektorientierten Programmierung auch als *Objekt* bezeichnet. Die Aussage

„`[2,4,6]` ist ein Wert vom Typ `list`"

würde man im Sprachjargon der Objektorientieren Programmieren dagegen eher als

---

8 Wie das genau geschieht ist abhängig vom Betriebssystem. Unter Unix werden Pfade mit \ zusammengehängt; unter Windows dagegen mit /.

„[2,4,6] ist ein Objekt der Klasse `list`"

formulieren.

Die Kommandos, die eine Klasse anbietet, um ihre Objekte zu manipulieren oder Berechnungen auf ihnen auszuführen, werden im Sprachjargon der Objektorientierten Programmierung als *Methoden* bezeichnet. Der Aufruf eines Kommandos f, das Berechnungen über ein Objekt ⟨*obj*⟩ durchführt und zusätzliche Argument ⟨*arg₁*⟩, ⟨*arg₂*⟩, ... bekommt, wird im Zusammenhang mit der Objektorientierten Programmieren nicht als f(⟨*obj*⟩,⟨*arg₁*⟩, ⟨*arg₂*⟩, ...) geschrieben, sondern in der Syntax

$$⟨obj⟩.\texttt{f}(⟨arg_1⟩, ⟨arg_2⟩, ...)$$

geschrieben.

Kommandos wie beispielsweise `list.append`, `dict.keys` oder `str.endswidth` werden wir in diesem Kapitel also grundsätzlich als *Methoden* bezeichnen.

3.7.1 Definition und Verwendung einer Klasse

Zunächst ist es notwendig, dass die Leser ein grobe Vorstellung davon bekommen, was eine Klasse ist und wie sie verwendet wird. Grob gesprochen, ist eine Klasse eine Gruppierung von Daten und dazugehörigen Funktionen, die in diesem Zusammenhang Methoden genannt werden. Die in einer Klasse enthaltenen „Dinge" sollten konzeptuell zusammengehören. Häufig beziehen sich Klassen auf Dinge der realen Welt, wie etwa Kunden, Personen, Autos, graphische Objekte oder andere real vorhandenen Dinge, die in der Software repräsentiert sein sollen.

Die Syntax zur Erzeugung einer neuen Klasse lautet:

```
class ⟨name⟩:
    ⟨kommando₁⟩
    ...
    ⟨kommandoₙ⟩
```

Die Kommandos werden bei Erzeugung der Klasse alle ausgeführt. Typischerweie sind diese Kommandos Methoden-Definitionen oder Variablen-Zuweisungen. Die Variablen, denen innerhalb einer Klasse ein Wert zugewiesen wird, werden üblicherweise als *Attribute* bezeichnet. Listing 3.41 zeigt ein Beispiel einer einfachen Klassendefinition:

```
class Auto:
  typ = 'VW Golf'
  def sagHallo(self):
    print('Hallo, ich bin ein Auto vom Typ' +Auto.typ)
```

Listing 3.41. Definition einer einfachen Klasse

In Zeile 2 wird eine Variable `typ` definiert und in Zeile 3 eine Methode `sagHallo`. Eine solche Variable heißt auch Attribut oder Klassenvariable. Alle Methoden haben Zugriff auf diese Klassenvariable über die Referenz `Auto.typ`. Jede Methode *muss* als erstes Argument die Variable „`self`" übergeben bekommen. Die Variable `self` enthält immer die Referenz auf das Objekt selbst. Dieses wird bei jedem Methodenaufruf implizit mit übergeben. Betrachten wir beispielsweise den Methodenaufruf `lst.append(3)`: In diesem Fall ist `self` nichts anderes als das Listenobjekt `lst`.

Durch die Zuweisung

```
>>> einAuto = Auto()
```

kann man eine *Instanz* der Klasse erzeugen, d. h. eine Variable vom Typ `Auto`, im OO-Sprachjargon als ein *Objekt* bezeichnet, in diesem Fall ein Objekt der Klasse `Auto`. Auf die Methode `sagHallo` kann man mittels `einAuto.sagHallo` zugreifen:

```
>>> Auto.typ
'VW Golf'
>>> einAuto.sagHallo()
'Hallo, ich bin ein Auto'
```

Enthält eine Klassendefinition die Methode `__init__`, so wird diese Methode bei jedem Erzeugen eines Objektes automatisch ausgeführt. Neben dem obligaten Argument `self` kann die `__init__`-Methode noch weitere Argumente enthalten, und die Erzeugung von Objekten kann so abhängig von bestimmten Parametern erfolgen. Listing 3.42 zeigt eine modifizierte Definition der Klasse `Auto`:

```
class Auto:
  anzAutos = 0

  def __init__(self, t, f):
    self.typ = t
    self.farbe = f
    Auto.anzAutos += 1

  def __del__(self):
    Auto.anzAutos -= 1

  def ueberDich(self):
    print("Ich bin ein %ser %s. Die Klasse enthaelt %d Autos." % \
          (self.farbe, self.typ, Auto.anzAutos))
```

Listing 3.42. Definition einer komplexeren `Auto`-Klasse

Bei der Erzeugung einer neuen Instanz von `Auto` wird nun immer automatisch die `__init__`-Methode ausgeführt, die neben `self` zwei weitere Argumente erwartet, die dann in Zeile 6 und 7 den (Objekt-)Attributen `typ` und `farbe` zugewiesen werden. Man sieht, dass man mittels `self.typ` bzw. `self.farbe` auf die Attribute `typ` bzw. `farbe` des aktuellen Objektes zugreifen kann.

Die Attribute `self.typ` und `self.farbe` gehören also zu *einem* bestimmten Objekt der Klasse `Auto` und können für unterschiedliche Objekte unterschiedliche Werte annehmen. Dagegen ist das in Zeile 2 definierte Attribut `anzAutos` ein Klassenattribut, d. h. es gehört nicht zu einer bestimmten Instanz von `Auto`, sondern ist global für alle Objekte der Klasse sichtbar. Gleiches gilt für alle Methodendeklarationen – auch sie sind global für alle Objekte der Klasse sichtbar.

Bei jeder Erzeugung einer Klasseninstanz erhöhen wir die Variable `anzAutos` um Eins. Die in Zeile 10 definierte spezielle Methode `__del__` wird immer dann automatisch aufgerufen, wenn mittels des `del`-Kommandos ein Objekt der Klasse gelöscht wird; in Zeile 11 erniedrigen wir die Variable `anzAutos` um Eins, wenn ein Objekt gelöscht wird.

Wir erzeugen in den Variablen `a1`, `a2` und `a3` drei verschiedene Variablen vom Typ `Auto`:

```
>>> a1 = Auto("Mercedes-Benz", "gruen")
>>> a2 = Auto("BMW", "rot")
>>> a3 = Auto("VW Golf", Schwarz")
```

und können uns nun mittels der Methode `ueberDich` Informationen über das jeweilige Objekt ausgeben lassen:

```
>>> a1.ueberDich()
Ich bin ein gruener Mercedes-Benz. Die Klasse enthaelt 3 Autos.
>>> del(a1)
>>> a2.ueberDich()
Ich bin ein roter BMW. Die Klasse enthaelt momentan 2 Autos.
```

Man kann auch eine neue Klasse erzeugen, die auf den Attributen und Methoden einer anderen Klasse basiert – im Jargon der Objektorientierten Programmierung nennt man das auch *Vererbung*. Es ist grundsätzlich so, dass eine Klasse, die ein spezielleres Konzept modelliert, immer von der Klasse erbt, die ein allgemeineres Konzept repräsentiert. Stellen wir uns vor, wir wollten die drei Klassen `Hochschulangehoeriger`, `Professor` und `InformatikProfessor` definieren. Dann wäre es sinnvoll, die Klasse `Professor` von der Klasse `Hochschulangehoeriger` erben zu lassen und die Klasse `InformatikProfessor` von der Klasse `Professor` erben zu lassen. Oder anknüpfend an unser obiges Beispiel mit der Klasse `Auto`, könnte man sich vorstellen, eine neue Klasse `Oldtimer` zu definieren, die von der Klasse `Auto` erbt. Das Alter eines Autos beispielsweise könnte uns nur dann interessieren, wenn es sich um einen Oldtimer handelt. Diese Tatsache kann man wie folgt in Python realisieren:

```
class Oldtimer(Auto):
  def __init__(self, t, f, a):
    Auto.__init__(self,t,f)
```

```
    self.alter = a
  def ueberDich(self):
    Auto.ueberDich(self)
    print "Ausserdem bin ich %d Jahr alt" % self.alter
```

Wie man sieht, muss gleich bei der Deklaration der Klasse die Klasse, von der geerbt wird (hier: `Auto`) in Klammern mit angegeben werden. Ebenfalls zu sehen ist, dass man die `__init__`-Methode der Basisklasse explizit aufrufen muss. Gleiches gilt auch für andere gleichlautende Methoden: Die Methode `ueberDich` muss die gleichlautende Methode der Basisklasse explizit aufrufen. Wir können nun ein Objekt vom Typ `Oldtimer` folgendermaßen erzeugen und verwenden:

```
>>> o1 = Oldtimer("BMW", "grau", 50)
>>> o1.ueberDich()
Ich bin ein grauer BMW; du hast momentan 3 Autos
Ausserdem bin ich 50 Jahr alt
```

Neben der `__init__`-Methode und der `__del__`-Methode gibt es in Python noch eine Reihe weiterer Methoden mit spezieller Bedeutung, unter anderem:
- `__str__(self)`: Diese Methode berechnet die String-Repräsentation eines bestimmten Objektes; sie wird durch Pythons interne Funktion **str**( ) und durch die **print**-Funktion aufgerufen.
- `__cmp__(self,x)`: Diese Methode wird bei Verwendung von Vergleichsoperationen aufgerufen; sie sollte eine negative ganze Zahl zurückliefern, falls `self<x`; sie sollte 0 zurückliefern, falls `self==x`; sie sollte eine positive ganze Zahl zurückliefern, falls `self>x`.
- `__getitem__(self,i)`: Wird bei der Auswertung des Ausdrucks `self[i]` ausgeführt.
- `__setitem__(self,i,v)`: Wird bei einer Zuweisung `self[i]=v` ausgeführt.
- `__len__(self)`: Wird bei der Ausführung der Python internen Funktion **len**( ) aufgerufen.

Aufgabe 3.57

Erstellen Sie eine Python-Klasse `Auto`. Die Klasse soll die Methoden `fahre`, `kaputt` und `repariere` haben.
Nach dreimaligem Fahren (d. h. nach dreimaligem Aufruf der Methode `fahre`) geht ein Auto kaputt. Danach kann man es nicht mehr fahren. Nach Aufruf von `repariere` ist das Auto repariert und es kann wieder gefahren werden, nach dreimal ist es wieder kaputt, usw. Die Methode `kaputt` liefert `True` oder `False` zurück, je nachdem, ob das Auto kaputt ist oder nicht. Beispiel:

```
>>> einAuto = Auto()
>>> einAuto.fahre()
```

```
"Ich fahre"
>>> einAuto.fahre()
"Ich fahre"
>>> einAuto.fahre()
"Ich fahre"
>>> einAuto.fahre()
"Ich bin kaputt"
>>> einAuto.repariere()
"Jetzt kann ich wieder fahren"
>>> einAuto.fahre()
"Ich fahre"
```

Programmieren Sie in Python die Klasse Auto, die sich wie oben beschrieben verhält – inklusive der drei Methoden fahre, repariere und kaputt.

Aufgabe 3.58

Erstellen Sie eine Pythonklasse Stack. Die Stack-Datenstruktur, auch Stapel-Datenstruktur genannt, bietet eine Sammlung von Elementen an, die logisch in Form eines Stapels (von Elementen, Aufgaben, usw.) angeordnet sind. Eingefügt werden kann ein neues Element immer nur oben auf dem Stapel. Das Einfügen bezeichnet man in diesem Zusammenhang auch als Push-Operation. Ausgelesen werden kann ein Element ebenfalls nur von oben. Das Auslesen eines Elements und anschließendes Löschen bezeichnet man im Zusammenhang mit der Stapel-Datenstruktur als Pop-Operation.

Nachfolgendes Beispiel soll die Funktionsweise der Klasse Stack veranschaulichen:

```
>>> s = Stack()
>>> s.push('f') ; s.push('g') ; s.push('x') ; s.push('a')
>>> s.pop()
'a'
>>> s.push('b')
>>> s.pop()
'b'
>>> s.pop()
'x'
```

4 Programmierung mit regulären Ausdrücken

Als *regulären Ausdruck* bezeichnet man ein Textsuchmuster, das mittels eines bestimmten Formalismus spezifiziert wird. Die Bezeichnung „regulärer Ausdruck" stammt ursprünglich aus der Computerlinguistik und Theoretischen Informatik. Die regulären Ausdrücke der Theoretischen Informatik entsprechen grundsätzlich den hier behandelten regulären Ausdrücken, und beide sind auch grundsätzlich gleich ausdrucksstark. Jedoch sind die hier behandelten regulären Ausdrücke gegenüber denen der Theoretischen Informatik um einige Konstrukte erweitert.

Oberflächlich haben wir reguläre Ausdrücke schon in Abschnitt 2.5.2 im Rahmen der Behandlung des Unix-Kommandos grep kennengelernt. Reguläre Ausdrücke, in ähnlicher Form, wie sie in Abschnitt 2.5.2 behandelt wurden, können so auch in Python verwendet werden – Abschnitt 4.1 beschreibt, wie das geht. Abschnitt 4.2 gibt zusätzlich einen umfassenderen Überblick über reguläre Ausdrücke.

Ein gutes Verständnis regulärer Ausdrücke ist für einen Informatiker wichtig: Zum einen kann das Durchdenken, Verstehen und Anwenden regulärer Ausdrücke als „Modell" für das Verständnis vieler weiterer Konzepte der Informatik betrachtet werden. Zum anderen kann eine sinnvolle Verwendung regulärer Ausdrücke in erstaunlich vielen Situationen eine Menge Programmierarbeit sparen, insbesondere wenn es darum geht, Dateien oder Texte zu manipulieren, zu durchsuchen oder zu analysieren. Es gibt ganze Bücher, die sich ausschließlich dem Thema „reguläre Ausdrücke" widmen[5], die dem interessierten Leser empfohlen werden können.

4.1 Verwendung Regulärer Ausdrücke in Python

Pythons re-Modul bietet Funktionen an, reguläre Ausdrücke zu verarbeiten und anzuwenden. Ein Python-Skript, das reguläre Ausdrücke verarbeitet, sollte die Zeile

```
import re
```

enthalten. Reguläre Ausdrücke werden in Form von Strings angegeben. Üblicherweise verwendet man dazu *Raw*-Strings, denen ein „r" vorangestellt ist. Im Gegensatz zu den üblichen Python-Strings interpretieren Raw-Strings den Backslash „\" nicht, sondern behandeln diesen als einfaches Zeichen – ein erwünschtes Verhalten bei der Spezifikation regulärer Ausdrücke, die häufig Backslashes enthalten. Folgendes Beispiel verdeutlicht den Unterschied zwischen Raw-Strings und herkömmlichen Python-Strings:

```
>>> len('\n')
1
>>> len(r'\n')
2
```

```
>>> r'\n'[0]
'\\'
```

Der Python-String `'\n'` enthält genau ein Zeichen, nämlich das Newline-Zeichen. Dagegen enthält der Raw-String `r'\n'` zwei Zeichen, nämlich den Backslash \ und das Zeichen n. Das Präfix r schaltet also die Sonderbedeutung des Backslashs aus. Vergleichbar ist dies mit der Verwendung der einfachen Ticks (`'...'`) in der Bash, die jegliche Interpretation bestimmter Zeichen (in der Bash sind dies etwa $, &, und ?) durch die Bash ausschaltet.

Bevor wir im Detail in Abschnitt 4.2 den Aufbau regulärer Ausdrücke darstellen, stellen wir im Folgenden einige Kommandos aus Pythons re-Modul vor, die diese verwenden. Wir setzen in diesem Abschnitt die in Abschnitt 2.5.2 vermittelten Kenntnissen über reguläre Ausdrücke voraus.

4.1.1 Das Kommando *re.findall*

Syntax
Ein Kommando aus dem Modul re, das reguläre Ausdrücke verwendet, lautet `re.findall`. Es hat die folgende Syntax:

> re.findall(⟨*regexp*⟩, ⟨*string*⟩ [,⟨*flags*⟩])

Das Kommando `re.findall` durchsucht den String ⟨*string*⟩ von links nach rechts und liefert die Liste aller maximalen *nicht-überlappenden* Übereinstimmungen des regulären Ausdrucks ⟨*regexp*⟩ im String ⟨*string*⟩. Als *Match* bezeichnet man eine Zeichenfolge, die auf einen bestimmten regulären Ausdruck passt. Wir klären in Kürze, was mit den Eigenschaften „maximal" und „nicht-überlappend" gemeint ist.

Beispiele
Der reguläre Ausdruck `'[0-9]+ '` passt beispielsweise auf jede Folge von Ziffern denen ein Leerzeichen folgt. Der Aufruf `re.findall('[0-9]+ ', str)` findet folglich alle von einem Leerzeichen gefolgten Ziffernfolgen in einem String.

```
>>> re.findall(r'[0-9]+ ', '99 Luftballons in 10 Zimmern in 1nem Haus')
>>> ['99 ', '10 ']
```

Zwar passt der reguläre Ausdruck `'[0-9]+ '` auch auf die im String enthaltene Zeichenfolge `'0 '`, jedoch wird standardmäßig immer nach maximalen Matches, d. h. Matches maximaler Länge, gesucht, und die Zeichenfolge `'10 '` passt ebenfalls auf den regulären Ausdruck, ist jedoch länger.

> **Aufgabe 4.1**
>
> Geben Sie eine Python-Kommandozeile an, die die Summe aller von einem Leerzeichen gefolgten Zahlen (d. h. Ziffernfolgen) eines Strings zurückliefert.

Der reguläre Ausdruck `r'[a-z]+'` passt auf eine nicht-leere Folge von Kleinbuchstaben; der reguläre Ausdruck `r'\s'` passt auf alle Whitespace-Zeichen, d. h. auf Leerzeichen, Tabulatoren, Zeilenumbrüche, usw. Folglich passt der reguläre Ausdruck `r'[a-z]+\s+[a-z]+'` auf alle Wortpaare, die durch ein Whitespace-Zeichen getrennt sind. Folgendes Beispiel

```
>>> re.findall(r'[a-z]+\s+[a-z]+','ein kleiner test mit regexps')
>>> ['ein kleiner', 'test mit']
```

veranschaulicht, was mit „nicht überlappenden Matches" gemeint ist: Das Kommando `re.findall` durchläuft den String von links nach rechts und liefert alle zu dem regulären Ausdruck passenden Treffer zurück – hierbei wird etwa der Teilstring `'mit regexps'` nicht zurückgeliefert, da `'mit'` bereits im zweiten Treffer `'test mit'` gematcht wurde.

> **Aufgabe 4.2**
>
> (a) Verwenden Sie `re.findall` um zu bestimmen, wie viele Ziffern die Datei `test.txt` enthält.
> (b) Verwenden Sie `re.findall` um zu bestimmen, wie viele aus Groß- und/oder Kleinbuchstaben bestehende Wörter die Datei `test.txt` enthält.
> (c) Verwenden Sie `re.findall`, um alle „inneren Klammerungen" der Datei `test.txt` zurückzuliefern.
>
>   Aus dem String `(Hallo (Welt)), (hier (bin (ich)))` sollten also die Strings `['(Welt)', '(ich)']` extrahiert werden.
> (d) Verwenden Sie `re.findall`, um zu bestimmen, wie viele Klammerpaare es in der Datei `test.txt` insgesamt gibt.

4.1.2 Das Kommando *re.sub*

Syntax

Das Kommando `re.sub` verwendet reguläre Ausdrücke, um Ersetzungen in Strings vorzunehmen. Die Syntax des Kommandos kann folgendermaßen dargestellt werden:

> `re.sub(`⟨*regexp1*⟩`, `⟨*replacement*⟩`, `⟨*string*⟩` [,`⟨*flags*⟩`])`

Das Kommando `re.sub` ersetzt jedes Vorkommen des Musters ⟨*regexp1*⟩ in ⟨*string*⟩

durch den String ⟨*replacement*⟩[1]. Die ersetzten Vorkommen des Musters sind grundsätzlich nicht-überlappend.

1. Beispiel
Wir wollen alle Leerzeilen aus einem String entfernen.

1. (Falscher) Ansatz: Wir ersetzen alle Stellen, an denen eine Leerzeile auftaucht, d. h. an denen zwei aufeinanderfolgende Newline-Zeichen auftreten, durch ein einziges Newline-Zeichen und verwenden das Kommando `re.sub(r'\n\n','\n', string)`. Dies führt jedoch nicht zum gewünschten Ergebnis:

```
>>> re.sub(r'\n\n','\n','Dies\nist ein\n\n\n String')
>>> 'Dies\nist ein\n\n String'
```

Aus der Newline-Folge `'\n\n\n'` werden durch das Muster nur die ersten beiden Newline-Zeichen gematcht und durch ein einziges Newline-Zeichen ersetzt. Überlappende Matches sind ausgeschlossen. Das übriggebliebene dritte Newline-Zeichen kann nicht mehr durch das Muster gematcht werden, bleibt also stehen. Um das gewünschte Ergebnis zu erhalten, könnte man genau diese Ersetzungs-Aktion so oft wiederholen, bis es keine aufeinanderfolgenden Newline-Zeichen mehr gibt. Es gibt aber eine bessere Möglichkeit:

2. Richtiger Ansatz: Wir ersetzen alle Newline-Folgen – dies entspricht dem Muster `r'\n+'` – durch ein einziges Newline-Zeichen. Dies führt zu dem gewünschten Ergebnis:

```
>>> re.sub(r'\n+','\n','Dies\nist ein\n\n\n String')
>>> 'Dies\nist ein\nString'
```

> **Aufgabe 4.3**
>
> (a) Verwenden Sie das `re.sub`-Kommando, um alle Kommentare in der Datei `test.py` zu entfernen.
> (b) Verwenden Sie das `re.sub`-Kommando, um alle Zeilen der Datei `test.py` auszukommentieren.

---

1 Hier wäre auch eine Funktion zugelassen, die ein Match-Objekt als Argument erhält und einen String zurückliefert; wir betrachten – da wir uns auf die Verwendung regulärer Ausdrücke konzentrieren wollen – jedoch nur den Fall, dass dieses Argument ein einfacher String ist

2. Beispiel

Wir wollen alle Doppelvorkommen von Wörtern, also Wörter, die zweimal direkt hintereinander in einem String auftauchen, suchen und bereinigen. Wir wollen etwa einen String `'das ist ist gut'` in den String `'das ist gut'`, und einen String `'ich ich bin gut'` in `'ich bin gut'` umwandeln. Ein regulärer Ausdruck, der zwei nebeneinander stehende Wörter matcht, ist schnell gefunden – nämlich der Ausdruck `r'[a-zA-Z]+\s+[a-zA-Z]+'`. Wir können jedoch unter Verwendung der bisher vorgestellten Methoden nicht sicherstellen, dass das zweite Wort mit dem ersten identisch ist.

Durch Verwendung von *Rückwärtsreferenzen* ist dies jedoch einfach umzusetzen. Man kann Teile eines regulären Ausdrucks durch Einschließen in runde Klammern gruppieren. Auf diese Gruppierungen kann man in nachfolgenden Teilen eines regulären Ausdrucks (oder im ⟨*replacement*⟩-Argument des `re.sub`-Kommandos) Bezug nehmen. Der reguläre Ausdruck `r'([a-zA-Z]+)\s+\1'` matcht alle Doppelvorkommen von Wörtern. Die Rückwärtsreferenz `'\1'` nimmt Bezug auf den ersten geklammerten Teilausdruck des regulären Ausdrucks und steht für den durch diesen Teilausdruck gematchten String. Wir können alle Doppelvorkommen von Wörtern bereinigen, wenn wir diesen regulären Ausdrucks durch `r'\1'` ersetzen, also auch im Ersetzungs-String auf den geklammerten Teilausdruck Bezug nehmen.

```
>>> re.sub(r'([a-zA-Z]+)\s+\1\b',r'\1',
            'hallo hallo ich ich stottere')
>>> 'hallo ich stottere'
```

Der Ausdruck `'b'` matcht den Anfang oder das Ende eines Wortes. Ohne das `'b'` nach dem `'1'` hätten wir nicht sichergestellt, dass die durch `'1'` gemachte Zeichenfolge nicht nur den Anfang eines längeren Wortes darstellen würde.

Aufgabe 4.4

Diese Lösung löscht jedoch keine Dreier-, Vierer- usw. Vorkommen von Wörtern. Erweitern Sie die Lösung entsprechend so, dass auch diese Fälle bereinigt werden.

Aufgabe 4.5

(a) Verwenden Sie das `re.sub`-Kommando, um alle runden Klammern in einem String zu entfernen.

(b) Verwenden Sie das `re.sub`-Kommando, um alle *inneren* runden Klammern in einem String zu entfernen.

(c) Verwenden Sie das `re.sub`-Kommando, um alle objektorientierten Methodenaufrufe in Funktionsaufrufe umzuwandeln, die das Objekt als erstes Argument erhalten. Beispiel: `'xy.findall(pat,str)'` soll umgewandelt werden in `'findall(xy,pat,str)'` oder `'[1,2,3].count(1)'` soll umgewandelt werden in `'count([1,2,3],1)'`.

4.1.3 Das Kommando *re.search*

Syntax

Das Kommando `re.search` bietet eine allgemeinere Schnittstelle zum Suchen regulärer Ausdrücke. Die Syntax dieses Kommandos lässt sich wie folgt darstellen:

```
re.search(⟨regexp⟩, ⟨string⟩, [,⟨flags⟩])
```

Diese Methode läuft durch den String ⟨*string*⟩ und sucht nach Stellen, in denen das Muster ⟨*regexp*⟩ passt. Das Kommando liefert ein *Match-Objekt* zurück, das Informationen über den oder die Matches enthält. Ein Match-Objekt bietet die in folgender Tabelle gezeigten Methoden an:

Methode	Rückgabewert
group()	Liefert den String, der durch den ⟨*regexp*⟩ gematcht wurde;
start()	liefert die Startposition des Matches;
end()	liefert die Endposition des Matches.

Beispiel

Wir wollen in einem Text alle Python-Listen (angegeben als Konstanten) finden[2]. Ein passender regulärer Ausdruck

```
r'\[([^,\]]+)((,[^,\]]+)*)\]'
```

ist recht komplex. Insbesondere in diesem Fall bietet es sich an, in den regulären Ausdruck Kommentare einzufügen. Hierfür verwendet man einen zeilenübergreifenden String (eingeschlossen in jeweils drei Anführungszeichen am Anfang und Ende) und setzt das Flag `re.X` – erst durch Setzen dieses Flags können Kommentare in regulären Ausdrücken verarbeitet werden:

---

[2] Unter der Annahme, die Python-Listen sind nicht geschachtelt. Reguläre Ausdrücke sind nämlich grundsätzlich nicht in der Lage mit geschachtelten Strukturen umzugehen, d. h. diese zu erkennen und zu analysieren.

```
>>> m = re.search(r'''\[         # Listen-Anfang
         ([^,\]]+)        # 1. Element: Alle Zeichen bis , oder ] kommt.
         ((,[^,\]]+)*)    # Restliste
         \]               # Listen-Ende
         ''',string, re.X)}
```

'\[' matcht den Listenanfang; der reguläre Ausdruck '[^,\]]' matcht das erste Element der Liste – also die Folge der Zeichen, bis zum nächsten ',' oder ']'. Das erste Element sowie die Restliste sind zusätzlich durch runde Klammern gruppiert.

Die Variable m enthält ein Match-Objekt, das die in obiger Tabelle vorgestellten Methoden anbietet. Nehmen wir an, die erste in string enthaltene Python-Liste ist [1,2,3], so ergibt sich:

```
>>> m.group()
>>> '[1,2,3]'
```

Werden der Methode group keine Argumente übergeben, so wird der gesamte, durch den regulären Ausdruck gematchte String zurückgeliefert. Enthält der reguläre Ausdruck Gruppierungen (d. h. durch runde Klammern gruppierte Teile des regulären Ausdrucks), so kann auf die i-te Gruppe durch Aufruf von group(i) zugegriffen werden. Der erste durch runde Klammern gruppierte reguläre Ausdruck – nämlich '[^,\]]+' – matcht das erste Listenelement:

```
>>> m.group(1)
'1'
```

Der zweite durch runde Klammern gruppierte reguläre Ausdruck – nämlich '(,[^,\]+)*)' – matcht die restlichen Listenelemente:

```
>>> m.group(2)
',2,3'
```

Aufgabe 4.6

Was liefert der Aufruf m.group(3) als Ergebnis? Erklären Sie!

4.2 Komponenten Regulärer Ausdrücke

In Abschnitt 4.2.1 wiederholen wir die einfachsten Komponenten regulärer Ausdrücke, die wir teilweise schon in früheren Abschnitten verwendet haben. In Abschnitt 4.2.2 gehen wir auf die Möglichkeit der Verwendung von Rückwärtsreferenzen ein, die wir auch schon im vorigen Abschnitt verwendet haben. In Abschnitt 4.2.3

klären wir den Unterschied zwischen Greedy- und Non-Greedy-Wiederholungsoperatoren und in Abschnitt 4.2.4 beschreiben wir die Verwendung von Lookahead- und Lookbehind-Operatoren.

Alle hier vorgestellten regulären Ausdrücke können in Form von Raw-Strings mit den im letzten Abschnitt vorgestellten Befehlen re.findall, re.search und re.sub verwendet werden.

4.2.1 Einfache Konstrukte

Ein Teil der in diesem Abschnitt vorgestellten regulären Ausdrücke wurden bereits in Kapitel 2.5.2 kurz beschrieben. Dieser Abschnitt hier gibt einen systematischeren und umfassenderen Einblick in die Möglichkeiten, reguläre Ausdrücke zu erstellen.

Viele Konstrukte, die wir im Folgenden wiederholen und neu kennenlernen werden, sind eigentlich *Kombinatoren* regulärer Ausdrücke, d. h. sie können auf einen – manchmal auch auf mehreren – bestehenden regulären Ausdrücken angewandt werden und erzeugen daraus einen komplexeren regulären Ausdruck. Im Folgenden sei $\langle re \rangle$ stets ein Platzhalter für einen beliebigen regulären Ausdruck und $\langle re_1 \rangle$, $\langle re_2 \rangle$, ... seien Platzhalter für mehrere reguläre Ausdrücke, falls an einem Konstrukt mehrere reguläre Ausdrücke beteiligt sind.

Spezielle Zeichen und Positionen

. Matcht jedes Zeichen außer dem Newline-Zeichen '\n'. Falls das Python-Kommando, das den regulären Ausdruck verwendet, das re.DOTALL-Flag setzt, dann matcht '.' auch das Newline-Zeichen.

   Beispiele:
   1.2 : Matcht jedes Vorkommen einer '1' gefolgt von einem beliebigen Zeichen (außer dem Newline-Zeichen) gefolgt von einer '2'.
   1\.2 : Matcht den String '1.2'.

^ Matcht den Anfang eines Strings. Wenn das re.MULTILINE-Flag gesetzt wird, dann matcht '^' zusätzlich jede Position *nach* dem Newline-Zeichen '\n', also Zeilenanfänge. Der reguläre Ausdruck '^' matcht also kein bestimmtes Zeichen bzw. keine bestimmte Zeichenfolge, sondern eine *Position* innerhalb eines Strings.

Beispiele:

`^a` : Matcht alle `'a'`s, die an einem Zeilenanfang stehen, vorausgesetzt das `re.MULTILINE`-Flag ist gesetzt. Andernfalls matcht dieser reguläre Ausdruck den entsprechenden String nur dann, wenn der mit einem `'a'` beginnt.

`^...x` : Matcht alle Zeilen, deren viertes Zeichen ein `'x'` ist, vorausgesetzt das `re.MULTILINE`-Flag ist gesetzt. Andernfalls matcht dieser reguläre Ausdruck den entsprechenden String nur dann, wenn dessen viertes Zeichen ein `'x'` ist.

$ Matcht das Ende eines Strings. Wenn das `re.MULTILINE`-Flag gesetzt wird, dann matcht `'$'` zusätzlich jede Position vor einem Newline-Zeichen `'\n'`, also Zeilenenden.

Beispiele:

`^...$` : Matcht alle Zeilen, die aus genau drei Zeichen bestehen, vorausgesetzt das `re.MULTILINE`-Flag ist gesetzt. Andernfalls matcht dieser reguläre Ausdruck nur Strings, die aus genau drei Zeichen bestehen.

`^$` : Matcht alle Leerzeilen, vorausgesetzt das `re.MULTILINE`-Flag ist gesetzt. Andernfalls matcht dieser reguläre Ausdruck nur den leeren String.

\s   Matcht Whitespace-Zeichen, also Leerzeichen, Tabulatoren, Newline-Zeichen, usw.

Beispiele:

`\s[0-9][0-9]\s` : Matcht alle zweistelligen Ganzzahlen, die durch Whitespace-Zeichen begrenzt sind.

`\ser\s` : Matcht alle alleinstehenden Wörter `'er'`, die durch Whitespace-Zeichen begrenzt sind. Dagegen wird das `'er'` als Vorsilbe, wie in `'erscheinen'`, `'erlauben'` usw., so nicht gematcht; auch Vorkommen von `'er'`, auf denen ein Komma oder ein Satzendezeichen folgt, werden so nicht gematcht.

\S   Matcht Nicht-Whitespace-Zeichen, also alles *außer* Leerzeichen, Tabulatoren, Newline-Zeichen usw.

\w   Matcht alphanumerische Zeichen. Dieser reguläre Ausdruck ist äquivalent mit `[a-zA-Z0-9 ]`.

\W   Matcht alle Zeichen, die nicht alphanumerisch sind.

Beispiel:

`\W\w+\W` : Matcht ein Wort, also eine nicht leere Folge alphanumerischer Zeichen `'\w+'`, begrenzt durch ein nicht-alphanumerisches Zeichen `'\W'`.

\b   Matcht keine Zeichen, sondern Positionen in einem String – und zwar alle Positionen, die sich am Anfang oder Ende eines Wortes befinden. Als Wort gilt hierbei eine Folge alphanumerischer Zeichen (inklusive des '`_`'-Zeichens.). Der reguläre Ausdruck '`\b`' matcht also immer die Position zwischen einem '`\w`'- und einem '`\W`'-Zeichen.

Beispiele:

`\ba[a-z]+` : Matcht alle Wörter, die mit einem '`a`' beginnen.

`\ba\w*a\b` : Matcht alle Wörter, die mit einem '`a`' beginnen und mit einem '`a`' enden.

Aufgabe 4.7

Sie möchten alle Wörter matchen, die mit einem '`e`' beginnen und mit einem '`e`' enden. Erklären Sie, was dagegen spricht, den regulären Ausdruck

`r'\\be.*e\\b'`

zu verwenden.

Aufgabe 4.8

Geben Sie einen regulären Ausdruck an, der …

 (a) alle Zeilen matcht, die genau ein Wort enthalten.
 (b) alle Wörter matcht, die kein '`a`' enthalten.
 (c) alle Wörter matcht, die mit einem '`a`' beginnen.

Wiederholungen

⟨*re*⟩*   Der '`*`' bezieht sich immer auf den vorhergehenden regulären Ausdruck ⟨*re*⟩ und matcht immer eine beliebig lange Folge (auch Nullfolge) des regulären Ausdrucks ⟨*re*⟩.

  Beispiele:

`a*` : Matcht beliebig lange '`a`'-Folgen – dies schließt auch den leeren String als Nullfolge ein.

`(aa)*` : Matcht alle '`a`'-Folgen mit einer geraden Anzahl '`a`'s – dies schließt wiederum den leeren String ein.

⟨*re*⟩+   Dieser Wiederholungsoperator verhält sich ähnlich wie '`*`', nur werden hier Folgen der Länge von mindestens eins gematcht.

⟨*re*⟩? Auch `'?'` bezieht sich immer auf den vorhergehenden regulären Ausdruck ⟨*re*⟩ und matcht immer höchstens eine (oder keine) Wiederholung des regulären Ausdrucks ⟨*re*⟩.

Beispiele:

`re?` : Matcht entweder den String `'r'` oder den String `'re'`.

`r?e?` : Matcht entweder den leeren String, den String `'r'`, den String `'e'`, oder den String `'re'`.

`</?p>` : Matcht einen HTML-Paragraph-Tag, und zwar entweder den öffnenden `<p>`, oder den schließenden `</p>`.

⟨*re*⟩{*m*} Matcht genau *m* Kopien des vorhergehenden regulären Ausdrucks ⟨*re*⟩.

Beispiel.

`re{3}` : Matcht `'reee'`, jedoch weder `'ree'` noch `'reeee'`.

`\b\w{5}+\b` : Matcht alle Worte, deren Länge durch fünf teilbar ist.

`\b(\w{5}?\w{7}?)*\b` : Matcht alle Wörter *s* mit *len*(*s*) = $5 \cdot k + 7 \cdot k'$, mit $k, k' \in \mathbb{N}_0$, d. h. deren Länge eine Linearkombination der Zahlen 5 und 7 ist.

⟨*re*⟩{*n*,*m*} Matcht mindestens *n* und höchstens *m* Wiederholungen des vorhergehenden regulären Ausdrucks ⟨*re*⟩. Grundsätzlich werden durch diesen regulären Ausdruck immer möglichst viele Wiederholungen gematcht. Gleiches gilt auch für die Operatoren `'*'`, `'+'` und `'?'`; sie alle haben die Eigenschaft, *greedy* (engl. für „gierig") zu sein, d. h. soviel Zeichen wie möglich zu matchen.

Beispiel.

`(re){2,3}` : Matcht die Strings `'rere'` und `'rerere'`.

`\b\w{1,3}\b` : Matcht alle Worte, die eine Länge von höchstens drei haben.

Aufgabe 4.9

Zählen Sie alle Strings auf, die durch den regulären Ausdruck `r'(ab?)?a?'` gematcht werden.

Aufgabe 4.10

Geben Sie einen regulären Ausdruck an, der ...

(a) alle Wörter matcht, die mindestens 3 und höchstens 5 Buchstaben haben.
(b) alle Wörter matcht, die *genau* ein `'a'` enthalten.
(c) alle Wörter matcht, die *genau* zwei `'a'` enthalten.

Aufgabe 4.11

Geben Sie einen regulären Ausdruck an, der ...

(a) alle Wörter matcht, die mehr als 10 Zeichen enthalten.
(b) alle Zeilen matcht, die ein Wort enthalten, das eine Länge von mindestens 10 Zeichen hat.
(c) alle Zeilen matcht, die keine Wörter enthalten, die eine Länge von mehr als 5 Zeichen haben.

Alternativen

`[`⟨*charlst*⟩`]`	Dieser reguläre Ausdruck matcht *eines* der Zeichen aus ⟨*charlst*⟩. Neben einzelnen Zeichen können in ⟨*charlst*⟩ unter Verwendung von „-" auch Zeichen-Bereiche angegeben werden.

Beispiele:

`[aeiou]` : Matcht einen kleinen Vokal.
`[0-9]` : Matcht eine Ziffer.
`[()$]` : Matcht eines der Zeichen `'('`, `')'`, oder `'$'`.

Wie man am letzten Beispiel sieht, werden die meisten Sonderzeichen innerhalb der eckigen Klammern nicht interpretiert, sondern stellen einfach die entsprechenden Zeichen dar.

`[^`⟨*charlst*⟩`]`	Das innerhalb der eckigen Klammern verwendete `'^'` steht für eine Negation: Dieser reguläre Ausdruck matcht alle Zeichen *außer* den in ⟨*charlst*⟩ angegebenen.

Beispiele:

`[^0-9]` : Matcht alle Zeichen außer Ziffern.

`\([^)]*\)` : Matcht einen Klammerausdruck, beginnend mit einer öffnenden Klammer `'('` (da das Zeichen `'('` innerhalb eines regulären Ausdrucks eine Sonderbedeutung hat, muss ein Backslash vorangestellt werden, um diese Sonderbedeutung auszuschalten), gefolgt von einer Folge von nicht-`')'`-Zeichen, gefolgt von einer schließenden Klammer. Da innerhalb der eckigen Klammern grundsätzlich die Sonderbedeutungen der Zeichen ausgeschaltet sind, braucht hier der schließenden Klammer kein Backslash vorangestellt werden.

`[^ ]+` : Matcht eine Folge von nicht Leerzeichen, d. h. kann in bestimmten Situationen dazu verwendet werden, ein Wort zu matchen – meist gibt es aber bessere Möglichkeiten hierzu.

$\langle re_1 \rangle \mid \langle re_2 \rangle$ Erzeugt einen regulären Ausdruck, der entweder den regulären Ausdruck $\langle re_1 \rangle$, oder den regulären Ausdruck $\langle re_2 \rangle$ matcht.

Beispiele:

`meier|meyer` : Matcht entweder den String `'meier'`, oder `'meyer'`.

`[0-9]+|[a-z]+` : Matcht entweder eine Ziffernfolge oder eine Folge von Kleinbuchstaben.

`\b(1[0-2]|[1-9])\b` : Matcht eine Zahl zwischen 1 und 12.

Aufgabe 4.12

Wahr oder falsch? – Bitte begründen Sie jeweils.

(a) `r'(re)*'` matcht genau die gleichen Strings wie `r'(re)*(re)?'`

(b) `r'[re]*'` matcht genau die die gleichen Strings wie `r'((re)?)*'`

(c) `r'[re]*'` matcht genau die gleichen Strings wie `r'(r?e?)*'`

(d) `r'((re)*)*'` matcht genau die gleichen Strings wie `r're*'`

(e) `r'((re)*)*'` matcht genau die gleichen Strings wie `r'(re)*'`

(f) `r'(a?b?)?'` matcht genau die gleichen Strings wie `r'a?b?'`

Aufgabe 4.13

Geben Sie einen regulären Ausdruck an, der …

(a) alle Wörter matcht, die entweder mit `'a'` anfangen oder mit `'z'` enden.

(b) alle Zeilen matcht, die entweder ein `'a'` oder ein `'z'` enthalten.

Aufgabe 4.14

Geben Sie einen regulären Ausdruck s an, der alle äußeren Klammerungen (mit runden Klammern) matcht. Beispielsweise sollte gelten:

```
>>> re.findall(s,'(al(l)e) Klammern (sollten (ge(funden))) werde(n)')
>>> ['(al(l)e)', '(sollten (ge(funden)))', '(n)']
```

Aufgabe 4.15

Geben Sie einen regulären Ausdruck an, der ...

(a) Zahlen zwischen 1 und 24 matcht.
(b) Zahlen zwischen 1 und 31 matcht.
(c) Zahlen zwischen 1 und 365 matcht.
(d) Zahlen zwischen 0 und 59 matcht.

4.2.2 Rückwärtsreferenzen (Backreferences)

In einigen Fällen ist es notwendig, auf vorher gematchte Teile zu einem späteren Zeitpunkt bzw. in einem weiter rechts stehenden Teil des regulären Ausdrucks Bezug zu nehmen. Dazu muss man wissen, dass immer dann, wenn ein Teil eines regulären Ausdrucks mittels der einfachen runden Klammern (...) gruppiert wird, zugleich eine Referenz definiert wird, auf die man später mittels einer sogenannten Backreference Bezug nehmen kann.

Folgende Konstrukte sind für die Verwendung von Backreferences relevant:

$(\langle re\rangle)$ Matcht den regulären Ausdruck $\langle re\rangle$. Die runden Klammern haben eine spezielle Bedeutung: sie markieren den Beginn und das Ende einer Gruppierung. Auf den durch die Gruppierung gematchten String kann im Weiteren mittels einer Rückwärtsreferenz zugegriffen werden.

$(?:\langle re\rangle)$ Matcht den regulären Ausdruck $\langle re\rangle$. Im Unterschied zu den „einfachen" Klammern $(\langle re\rangle)$ kann auf den mittels $(?:\langle re\rangle)$ gematchten String nicht mehr über Rückwärtsreferenzen zugegriffen werden.

$\backslash\langle zahl\rangle$ Stellt eine Rückwärtsreferenz (engl.: Backreference) dar und steht immer für den durch die $\langle zahl\rangle$-te Gruppierung gematchten String.

Beispiele:

`\b(zu|auf)\w*\b`: Matcht alle Wörter, die entweder mit `'zu'` oder mit `'auf'` beginnen.

`\b(?:zu|auf)\w*\b`: Matcht, genau wie im vorigen Beispiel, alle Wörter, die entweder mit `'zu'` oder mit `'auf'` beginnen; nur dass jetzt keine referenzierbare Gruppierung erzeugt wird.

`\b(\w+)\1\b`: Matcht alle Wörter die aus zwei identischen Teilwörtern bestehen, beispielsweise `'wikiwiki'` oder `'wauwau'`.

`b([0-9])\1*([0-9])(?:\1?\2?)*b`: Matcht alle Zahlen, die höchstens 2 unterschiedliche Ziffern enthalten.

`re.sub(r'\(([^)]*)\)',r'-- \1 --',s)`: Ersetzt Klammern durch Gedankenstriche – unter der Voraussetzung, die Klammern seien nicht geschachtelt. Die Rückwärtsreferenz bezieht sich dabei auf den Teil `'[^)]*'` des regulären Ausdrucks.

Aufgabe 4.16

(a) Erweitern Sie das `re.sub`-Kommando im letzten Beispiel so, dass ein Klammereinschub am Ende eines Satzes lediglich durch *einen* Gedankenstrich ersetzt wird. So sollte beispielsweise der String

```
'Alle (bis auf wenige) werden ersetzt (ok)? Gut so.'
```

ersetzt werden durch

```
'Alle -- bis auf wenige -- werden ersetzt -- ok? Gut so.'
```

(b) Funktioniert der reguläre Ausdruck im letzten Beispiel auch mit geschachtelten Klammerausdrücken? Was passiert, wenn das `re.sub`-Kommando aus diesem Beispiel auf den String

```
'Das sind (sollte man aber (fast) nie machen) Schachtelungen'
```

angewendet wird?

Aufgabe 4.17

Geben Sie einen regulären Ausdruck an, der alle Wörter matcht, die entweder kein `'a'` oder kein `'z'` enthalten.

Aufgabe 4.18

Verwenden Sie einen regulären Ausdruck, um allen Referenzen der Form \ref{⟨*label*⟩} einer LaTeX-Datei zusätzlich eine Seitenreferenz der Form \pageref{⟨*label*⟩} hinzuzufügen.

4.2.3 Greedy vs. Non-Greedy

Alle bisher behandelten Wiederholungsoperatoren sind *greedy* (engl.: gierig). Das bedeutet, sie versuchen, eine möglichst *lange* Sequenz von Zeichen zu matchen. Angenommen, wir möchten alle mit dem Klammerpaar (...) eingeklammerten Wörter matchen. Der reguläre Ausdruck r'\(.*\)' ist aufgrund der Greedy-Eigenschaft des Wiederholungsoperators hierfür nicht geeignet. Angewandt beispielsweise auf den String

'Jetzt wird (mehrmals) geklammert (ok?)!'

wird der Teil '(mehrmals) geklammert (ok?)' gematcht.

Es gibt gelegentlich Situationen, da möchte man, dass Wiederholungsoperatoren eine möglichst *kurze* Sequenz von Zeichen matchen. Für jeden der bisher behandelten Wiederholungsoperatoren gibt es eine Version, die non-greedy ist:

⟨*re*⟩*?   Non-Greedy-Version des Wiederholungsoperators '*';

⟨*re*⟩+?   Non-Greedy-Version des Wiederholungsoperators '+';

⟨*re*⟩??   Non-Greedy-Version des Wiederholungsoperators '?';

⟨*re*⟩{*n*,*m*}? Non-Greedy-Version des Wiederholungsoperators '⟨*re*⟩{*n*,*m*}'.

    Beispiele:

    '\(.*?\)': Matcht alle mit dem Klammerpaar (...) eingeklammerten Einschübe.

    '<p>.*?</p>': Matcht Paragraphen einer HTML-Datei; ein Paragraph beginnt immer mit dem *Tag* '<p>' und endet mit dem Tag '</p>'. Die Verwendung der Non-Greedy-Version des Wiederholungsoperators stellt hier sicher, dass immer nur bis zum nächsten Vorkommen von '</p>' gematcht wird. Eine Beispielanwendung:

```
>>> htmltxt = '''<p> Erster Paragraph </p>
...               <p> Zweiter Paragraph </p>'''
>>> re.findall(r'<p>.*?</p>',htmltxt)
>>> ['<p> Erster Paragraph </p>',
     '<p> Zweiter Paragraph </p>']
```

Aufgabe 4.19

Welche Matches würde es im Text

```
'<p> Erster Paragraph </p> <p> Zweiter Paragraph </p>'
```

geben, wenn versehentlich die Greedy-Variante des Wiederholungsoperators `'*'` verwendet worden wäre?

Aufgabe 4.20

Erklären sie folgende Ausgabe:

```
>>> re.findall(r'r??e??','re')
['', '', '']
```

Aufgabe 4.21

Gibt es einen String, der durch den regulären Ausdruck `'r?e?'` einen Match liefert, nicht jedoch durch `'r??e??'`?

4.2.4 Lookahead

Manchmal ist es notwendig, ein oder mehrere Zeichen im Eingabestring vorauszuschauen und einen String nur dann matchen zu lassen, wenn diese Zeichen bestimmte Eigenschaften erfüllen. Eine solche Vorausschau wird in der Informatik (insbesondere in der Computerlinguistik und im Compilerbau) als *Lookahead* bezeichnet. Ebenso ist es gelegentlich notwendig, ein oder mehrere Zeichen im Eingabestrom zurückzuschauen und die aktuelle Stelle eines Strings nur dann matchen zu lassen, wenn diese Zeichen bestimmte Eigenschaften erfüllen. Dieses Zurückschauen wird auch als *Lookbehind* bezeichnet.

Man sollte sich stets bewusst sein, dass alle im Folgenden vorgestellten Lookahead- und Lookbehind-Operatoren *keine* Zeichen matchen, sondern lediglich Positionen innerhalb eines Strings.

`(?=⟨re⟩)` Dieser reguläre Ausdruck matcht genau dann an der aktuellen Stelle im Eingabestring, wenn die nachfolgenden Zeichen von ⟨re⟩ gematcht werden. Diese Zeichen sind jedoch kein Teil des Matches und werden von diesem regulären Ausdruck nicht „verbraucht".

Beispiele:

`\b\w*\b(?=[.!?;])` : Matcht Wörter am Satzende. Ob das Wort mit einem Satzende-Zeichen endet, wird mittels des Lookaheads `(?=[.!?;])` überprüft. Der Match beinhaltet das Satzendezeichen selbst nicht – da es sich um ein Lookahead handelt, der lediglich Positionen, jedoch keine Zeichen matcht.

`\b(?=ein|da|w)\w{5,7}\b` : Die Lookahead-Möglichkeit kann dazu verwendet werden, nacheinander mehrere Tests auf einer Zeichenkette durchzuführen. Dieser reguläre Ausdruck matcht alle Wörter, die entweder mit `'ein'` oder `'da'` oder `'w'` beginnen (überprüft durch Lookahead) *und* deren Länge 5 und 7 Zeichen ist. Ohne Verwendung der Lookahead-Prüfung wäre ein sehr viel komplexerer regulärer Ausdruck notwendig.

`(?<=⟨re⟩)` Dieser reguläre Ausdruck matcht genau dann an der aktuellen Stelle im Eingabestring, wenn die vorhergehenden Zeichen von ⟨re⟩ gematcht werden. Diese Zeichen wurden evtl. bereits von einem vorhergehenden regulären Ausdruck gematcht und sind in diesem Fall kein Teil des Matches. Da hier nicht vorausgeschaut, sondern nach „hinten" geschaut wird, bezeichnet man `(?<=⟨re⟩)` oft als *Lookbehind*-Operator.

Beispiel:

`(?<=\^|\s)[0-9]+(?=$|\s)` : Matcht alle einzelstehenden Dezimalzahlen in einem Text.

`(?!⟨re⟩)` Dieser reguläre Ausdruck matcht genau dann an der aktuellen Stelle im Eingabestring, wenn die nachfolgenden Zeichen den regulären Ausdruck ⟨re⟩ *nicht* matchen. Es handelt sich also um einen negierten Lookahead-Operator.

Beispiele:

`\b(der|die|das)(?!\s+[A-Z])` : Matcht alle Vorkommen eines der Artikel der, die oder das, auf den *kein* großgeschriebenes Wort folgt.

$(?<!\,\langle re \rangle)$ Dieser reguläre Ausdruck matcht genau dann an der aktuellen Stelle im Eingabestring, wenn die vorhergehenden Zeichen $\langle re \rangle$ *nicht* matchen – es handelt sich also um einen negierten Lookbehind-Operator.

Beispiele:

`(?<!,\s)\bdass\b` : Matcht Vorkommen des Wortes `'dass'`, sofern dieses nicht auf ein Komma folgt.

Aufgabe 4.22

Geben Sie einen regulären Ausdruck an, der ...

(a) alle Wörter matcht, die nicht mit einem `'a'` beginnen.

(b) alle Wörter matcht, denen ein großgeschriebenes Wort folgt.

(c) alle Wörter matcht, außer dem Wort `'Wort'`.

(d) alle Wörter matcht, die nicht die Zeichenfolge `'reg'` als Teilwort enthalten.

(e) alle Wörter matcht, die entweder mit `'re'` oder `'erg'` beginnen, das Teilwort `'reg'` enthalten und eine Länge von höchstens 10 haben.

(f) alle Wörter matcht, die von Whitespace-Zeichen eingeschlossen sind.

(g) alle Wörter matcht, die nicht von Whitespace-Zeichen eingeschlossen sind.

Aufgabe 4.23

Geben Sie einen regulären Ausdruck *ohne* Lookahead-Operatoren an, der alle Wörter matcht, die mit einem `'ein'` oder `'da'` oder `'w'` beginnen *und* deren Länge zwischen 5 und 7 Zeichen beträgt.

Aufgabe 4.24

Eine Möglichkeit, in einem LaTeX-Dokument Umlaute zu erzeugen, ist die, das Zeichen `'"'` vor den entsprechenden Nicht-Umlautvokal zu stellen: Ein „Ü" wird in LaTeX also durch die Zeichenfolge `"U` erzeugt; ein „ä" wird in LaTeX durch Zeichenfolge `"a` erzeugt, usw.

Angenommen, Sie wollen alle Wörter in einem LaTeX-Dokument finden. Der reguläre Ausdruck `r'\b\w+\b'` ist aber leider wegen der möglicherweise in einem Wort enthaltenen `"`-Zeichen nicht geeignet. Geben Sie einen geeigneten regulären Ausdruck an, der alle in einem LaTeX-Dokument enthaltenen Wörter matcht.

Aufgabe 4.25

(a) Erzeugen Sie die Liste aller `for`-Schleifen-Variablen des Python-Skripts `test.py`.

(b) Geben Sie alle im Python-Skript `test.py` enthaltenen statischen Integer-Listen aus (d. h. es sollen keine dynamisch erzeugte Listen betrachtet werden, sondern nur als Konstanten angegebene Listen).

(c) Geben Sie alle Zuweisungen eines Strings (mit einfachen Anführungszeichen, also `'...'` oder `"..."`) an eine Variable in einem Pythonskript an. Zurückgegeben werden sollen Tupel, bestehend aus der Variablen und dem jeweiligen String.

4.3 Reguläre Ausdrücke vs. Suchausdrücke mit Listenkomprehensionen

Nicht immer benötigt ein Python-Skript reguläre Ausdrücke um Operationen auf Strings auszuführen oder Eigenschaften von Strings zu untersuchen. Oft jedoch werden Lösungen durch Verwendung regulärer Ausdrücke vereinfacht und meistens werden Lösungen durch Verwendung regulärer Ausdrücke performanter.

Grundsätzlich kann man sagen, dass Lösungen über Listenkomprehensionen und/oder einfache String-Funktionen oft dann einfacher sind als die Verwendung regulärer Ausdrücke, wenn die zu findenden Textstellen durch eine Reihe mehrerer, relativ einfacher Eigenschaften beschrieben werden können. Andererseits sind reguläre Ausdrücke praktisch immer dann überlegen, wenn zum Suchen der entsprechenden Textstellen Wiederholungsoperatoren notwendig werden. Wir werden im Folgenden mehrere Beispiele betrachten, um ein Gefühl dafür zu entwickeln, wann der Einsatz regulärer Ausdrücke sinnvoll ist, in welchen Situation man sie nicht unbedingt benötigt, und wann man gar davon abraten sollte sie zu verwenden.

Dies soll uns auch als Beispiel für eine für Informatiker häufig anzutreffende Problemstellung dienen: Oft gibt es nämlich mehrere Programmiertechniken oder Technologien, um eine Problemstellung anzugehen. Die Entscheidung für eine bestimmte Technologie kann nur erfolgen, wenn man einen tieferen Einblick besitzt und die Technologien auch selbst schon einmal ausprobiert und angewendet hat.

Beispiel 1

Angenommen, wir möchten alle Zeilen einer Datei `test.txt` ausgeben, die den String `'Wort'` enthalten. Pythons `in`-Operator ermöglicht eine kompakte und einfach verständliche Lösung mittels einer Listenkomprehension ohne eine Verwendung regulärer Ausdrücke:

```
>>> [zeile for zeile in open('test.txt') if 'Wort' in zeile ]
```

Eine entsprechende Lösung unter Verwendung eines regulären Ausdrucks ist komplexer und – zumindest für Programmierer, die nicht regelmäßig mit regulären Ausdrücken arbeiten – unverständlicher:

```
>>> dat = open('test.txt').read()
>>> re.findall(r'^.*Wort.*$',dat,re.MULTILINE)
```

Beispiel 2

Angenommen, wir möchten alle Zeilen einer Datei `test.txt` ausgeben, die den String `'Wort'` *nicht* enthalten. Wiederum ermöglicht Pythons `in`-Operator eine kompakte und einfach verständliche Lösung ohne eine Verwendung regulärer Ausdrücke:

```
>>> [zeile for zeile in open('test.txt') if 'Wort' not in zeile ]
```

Hier ist eine entsprechende Lösung unter Verwendung eines regulären Ausdrucks deutlich komplexer und vermutlich für die meisten Programmierer schlechter zu verstehen:

```
>>> dat = open('test.txt').read()
>>> re.findall(r'^(?:(?!\bWort\b).)*$',dat,re.MULTILINE)
```

Der reguläre Ausdruck `'^(?:(?!\bWort\b).)*$'` nutzt den negierenden Lookahead-Operator `'(?!...)'` um jede Position einer Zeile daraufhin zu testen, ob der String `'Wort'` folgt. In jeder Position wird also 4 Zeichen nach vorne geschaut; die jeweilige Position wird genau dann gematcht, wenn die folgenden 4 Positionen nicht dem Wort `'Wort'` entsprechen.

Beispiel 3

Angenommen, wir möchten alle in der Datei `test.txt` enthaltenen Wörter extrahieren, die *nicht* das Teilwort `'re'` enthalten und zwischen 3 und 8 Buchstaben lang sind. Mittels einer Listenkomprehension ist dies relativ einfach möglich:

```
>>> [wort for wort in open('test.txt').read().split()
         if 're' not in wort and len(wort)>=3 and len(wort)<=8]
```

Im Gegensatz dazu scheint der reguläre Ausdruck komplexer und für meisten Programmierer wahrscheinlich schwerer (wenn überhaupt) verständlich:

```
>>> re.findall(r'\b(?=\w{3,8})(?:(?!re)\w)+\b',open('test.txt').read())
```

Durch den Lookahead-Operator `r'\w{3,8}'` wird sichergestellt, dass das gematchte Wort mehr als 3 und weniger als 8 Zeichen lang ist. Der reguläre Ausdruck `r'(?:(?!re)\w)'` matcht jeden Buchstaben des Wortes genau dann, wenn dort *nicht* das Teilwort `'re'` beginnt.

Auch wenn diese Lösung schwerer verständlich sein mag, als die mittels Listenkomprehensionen, liefert in diesem Fall die Verwendung eines regulären Ausdrucks eine robustere Lösung: Der reguläre Ausdruck verwendet als Wortgrenze `r'\b'`, also den Übergang zwischen einem Wort-Zeichen `r'\w'` und einem nicht-Wort-Zeichen `r'\W'`. Die in der Listenkomprehension verwendete `split()`-Funktion verwendet als Wort-Trenner lediglich Whitespace-Zeichen. Die Listenkomprehension so anzupassen, dass diese ebenfalls Wortgrenzen erkennt, würde einen größeren Aufwand bedeuten. Dahingegen wäre es ein Einfaches, den regulären Ausdruck so anzupassen, dass er exakt die gleichen Ergebnisse liefert, wie die Listenkomprehension. Allgemein kann gesagt werden, dass Lösungen über reguläre Ausdrücke flexibler sind als Lösungen, die keine regulären Ausdrücke verwenden.

Einen vernünftigen Kompromiss beider Lösungen, der die Flexibilität regulärer Ausdrücke und die Verständlichkeit der obigen Listenkomprehension vereinigt, erhält man durch Verwendung der flexibleren Funktion `re.split`. Ein Aufruf von

`re.split(⟨re⟩, ⟨str⟩)`

zerlegt ⟨str⟩ an den Stellen, wo ⟨re⟩ matcht – dahingegen zerlegt die `str.split`-Funktion nur an den Whitespace-Stellen.

```
>>> [wort for wort in re.split(r'\W+',open('test.txt').read())
         if 're' not in wort and len(wort)>=3 and len(wort<=8)]
```

Aufgabe 4.26

Passen Sie die Lösung so an, dass alle in einem LaTeX-Dokument enthaltenen Wörter gefunden werden, die den String `'re'` enthalten und eine Länge zwischen drei und acht haben. Gehen Sie davon aus, dass Umlaute durch ein dem entsprechenden Vokal vorangestelltes doppeltes Anführungszeichen `"` dargestellt sind, d. h. die Darstellung eines „ü" erfolgt im LaTeX-Quelltext durch die Zeichen `"u`, die Darstellung eines „Ä" durch die Zeichen `"A` usw.

Beispiel 4

Angenommen, wir möchten alle in der Datei `test.txt` enthaltenen Ziffern extrahieren. Wir können hierzu die Funktion `str.isdigit()` verwenden, die testet, ob ein Zeichen eine Ziffer ist:

```
>>> [c for c in open('test.txt').read() if c.isdigit()]
```

Ebenso einfach, kann man hierfür einen regulären Ausdruck verwenden:

```
>>> re.findall(r'[0-9]', open('test.txt').read())
```

Beispiel 5

Angenommen, wir möchten alle in der Datei `test.txt` enthaltenen Ganzzahlen (sprich: Ziffernfolgen) extrahieren. Möchte man die Verwendung eines regulären Ausdrucks vermeiden, dann wird eine Lösung, vor allem aufgrund der vielen beteiligten Variablen und Schleifen, unangenehm kompliziert. Listing 4.1 zeigt die Implementierung einer solchen Lösung:

```
erg = []
i=0
zahl=''
txt = open('test.txt').read()
while i<len(txt):
  if txt[i].isdigit():
    zahl = txt[i]
    i += 1
    while txt[i].isdigit():
      zahl += txt[i]
      i += 1
    erg.append(zahl)
    zahl = ''
  else:
    i+=1
```

Listing 4.1. Suche aller in der Datei `test.txt` enthaltenen Ganzzahlen; nach Ausführung enthält die Liste `erg` alle gefundenen Ganzzahlen. Immer dann, wenn die Bedingung der `if`-Abfrage in Zeile 6 mit `True` ausgewertet wird, befinden wir uns am Anfang einer Ziffernfolge. Die `while`-Schleife in Zeile 9 läuft die Ziffernfolge ab, sammelt alle enthaltenen Ziffern in der String-Variablen `zahl` auf und hängt diese nach Beendigung der `while`-Schleife (in Zeile 12) an die Liste `erg` an.

Eine sehr viel einfachere Lösung erhält man, wenn man einen regulären Ausdruck verwendet:

```
>>> re.findall(r'\b[0-9]+\b',open('test.txt').read())
```

Genaugenommen werden so jedoch möglicherweise mehr Ziffernfolgen gefunden als durch das Programm in Listing 4.1: Das Programm in Listing 4.1 extrahiert beispielsweise aus dem String `'Soll36$'` die Ziffernfolge `'36'`, der reguläre Ausdruck `r'\b[0-9]+\b'` jedoch findet diese Ziffernfolge nicht, da er nur Ziffern matcht, die von Wortgrenzen eingeschlossen sind. Ein regulärer Ausdruck, der *genau* dieselben Ziffernfolgen findet, wie das in Listing 4.1 gezeigte Programm, ist jedoch noch einfacher:

```
>>> re.findall(r'[0-9]+',open('test.txt').read())
```

Der Wiederholungsoperator `'+'` ist greedy; es werden also möglichst viele Ziffern gematcht. Dieses `re.findall`-Kommando findet also genau dieselben Ziffernfolgen, wie das in Listing 4.1 gezeigte Skript.

5 Datenbanken und Datenbankprogrammierung

Viele Softwaresysteme und praktisch alle betrieblichen Softwaresysteme besitzen eine Schnittstelle zu einer (oder gar mehreren) Datenbanken. Für einen Informatiker ist die Notwendigkeit des Einsatzes von Datenbank-Technologie allgegenwärtig. In diesem Abschnitt werden wir lernen, was Datenbanken sind, in welchen Fällen es sinnvoll ist, sie einzusetzen, wie sie entworfen und gewartet werden können und vor allem, wie man Daten einlesen und aus der Datenbank beziehen kann.

5.1 Wozu Datenbanken?

Bevor wir erklären, was eine Datenbank genau ist, welche Arten von Datenbanken es gibt und wie sie verwendet werden können, beschäftigen wir uns zunächst mit den grundlegendsten Fragen: Welche Probleme löst der Einsatz einer Datenbank und welchen Anforderungen genügen Datenbanken?

5.1.1 Daten-Persistenz

In vielen Anwendungen, insbesondere in betrieblicher Software, ist es wichtig, die durch das Programm erzeugten, modifizierten oder analysierten Daten für einen längeren Zeitraum zu speichern. Man spricht in diesem Zusammenhang auch von *persistenten* Daten: Daten, deren Lebensdauer die eines Betriebssystem-Prozesses bzw. einer Programmausführung überschreitet, werden als *persistent* bezeichnet.

5.1.2 Dateisystem als Datenspeicher

Man kann natürlich das Dateisystem dazu verwenden, die Daten persistent zu halten, d. h. die jeweiligen Programmdaten einfach in eine Datei zu schreiben. Es gibt zwei Python-Module, die geeignet sind, die Daten eines Python-Programms in einer Datei zu speichern bzw. Daten aus einer Datei in eine Python-Datenstruktur zu lesen:
- Das Python-Modul `pickle`: Es wandelt beliebige Objekte oder ganze Objektstrukturen in einen Bytestrom (also eine Folge von Bytes) um. Diese Bytefolge kann einfach in eine Datei gespeichert werden.
- Das Python-Modul `shelve`: Es bietet ein persistentes Dictionary-artiges Objekt an, das die gleiche Schnittstelle bereitstellt, wie ein herkömmliches Dictionary-Objekt, jedoch mit der Eigenschaft, dass die darin enthaltenen Daten von Python persistent gehalten werden.

5.1.3 Anforderungen an Persistenzmechanismen

Oft genügen diese einfachen Persistenz-Möglichkeiten nicht. Viele Anwendungen stellen hohe Anforderungen an die Zugriffsmechanismen auf persistente Daten, die ein einfaches Dateisystem nicht leisten kann, unter anderem:

1. *Datenredundanz und Datenkonsistenz*: Als *Redundanz* bezeichnet man die Situation, dass bestimmte Informationen sich an unterschiedlichen Stellen verteilt befinden bzw. wiederholt genannt werden. Datenredundanz zieht meist auch Probleme in der Datenkonsistenz nach sich: Wird etwa die sich an unterschiedlichen Stellen befindliche Information nur an einer Stelle geändert und die Anpassung der übrigen Stellen vergessen, so ergibt sich eine Inkonsistenz. In herkömmlichen Dateisystemen kann nicht sichergestellt werden, dass eine bestimmte Information nicht an vielen verschiedenen Stellen (evtl. auch noch in unterschiedlichen Dateiformaten) gespeichert wird.
2. *Schwierigkeiten des Datenzugriffs*: Für jede Art des Datenzugriffs muss möglicherweise eigener Programmtext geschrieben werden.
3. *Datenisolation*: Es gibt potentiell viele verschiedene Dateiformate und es ist schwer über alle Formate hinweg einheitliche Operationen auszuführen.
4. *Datenintegrität*: Integritätsbedingungen sollen die Konsistenz der Daten, d. h. die Korrektheit der Daten untereinander, sicherstellen. Bietet ein Persistenzmechanismus keine Möglichkeiten, die Datenintegrität sicherzustellen, so müssen Integritätsbedingungen im Progammcode fest einprogrammiert werden. Änderungen in Integritätsbedingungen werden somit schwerer, die Programme umfangreicher und schwerer wartbar.
5. *Atomarität von Updates*: Werden Veränderungen an den Daten vorgenommen, dann sollte die Änderung entweder vollständig ausgeführt werden oder gar nicht. Diese Eigenschaft wir im Zusammenhang mit Datenbanken auch als Atomarität bezeichnet. Fehlt diese Eigenschaft, so könnten Fehler oder Programmabstürze die Daten bei halb ausgeführten Änderungen in inkonsistentem Zustand hinterlassen.
6. *Synchronisationsmechanismen*: Dateisysteme können im Allgemeinen nicht effizient sicherstellen, dass mehrere Kopien von sich selbst synchron (d. h. auf gleichem Stand) bleiben.
7. *Zugriffsrechte*: Häufig ist ein Management von Zugriffsrechten erforderlich. Zugriffsrechte sollten abhängig von der jeweiligen Benutzergruppe sein.
8. *Backupmechanismen*: Als „Backup" bezeichnet man eine Sicherungskopie. Es sollte (zeit- und platz-)effiziente Möglichkeiten geben, Datenbankzustände in regelmäßigen Abständen einzufrieren und Backup-Kopien zu erstellen.

Aufgabe 5.1

Ein Dateisystem, das sehr viele Möglichkeiten bietet, ist ZFS von Sun. Einige der eben vorgestellten Anforderungen können durch ZFS erfüllt werden. Erklären Sie, welche Anforderungen mittels Verwendung von ZFS als Datencontainer erfüllt oder teilweise erfüllt werden können und welche Anforderungen nicht erfüllt werden können.

5.2 Datenbankmanagementsysteme (DBMS)

Datenbankmanagementsysteme bieten eine Möglichkeit an, Daten persistent zu halten und den oben angedeuteten Anforderungen gerecht zu werden.

5.2.1 Transaktionskonzept

Entscheidend ist hierbei das *Transaktionskonzept*: Zusammengehörige Datenoperationen, die als logische Einheit betrachtet werden können, werden hierbei zu einer sogenannten *Transaktion* zusammengefasst. Transaktionen sind *atomar*, d. h., entweder alle in einer Transaktion enthaltenen Datenoperationen werden vollständig ausgeführt, oder – falls etwa eine der Operationen einen Fehler auslöst, oder falls während der Ausführung der Rechner abstürzt – keine der Aktionen wird ausgeführt. Mittels der Operation *Commit* wird im Allgmeinen eine Transaktion abgeschlossen.

Geben wir ein Beispiel für eine Folge von Datenoperationen an, die als Transaktion organisiert sein sollten: Ein Kunde möchte Geld zwischen zwei seiner Konten verschieben. Diese Transaktion besteht aus zwei Aktionen, die zwei Datenoperationen eines DBMS entsprechen: Der Abbuchung des Betrages von $Konto_1$ und der Buchung genau desselben Betrages auf $Konto_2$. Man könnte eine solche Transaktion wie folgt schreiben:

```
BEGIN_TRANSACTION
```
    Lösche Betrag x von $Konto_1$.
    Buche Betrag x auf $Konto_2$.
```
END_TRANSACTION
```

Wären diese beiden Aktionen nicht durch eine Transaktion gruppiert, dann wäre folgender Fehlerfall denkbar: Würde das System etwa abstürzen, nachdem der Betrag von $Konto_1$ gelöscht wurde und bevor der Betrag auf $Konto_2$ gebucht wurde, dann würde das Geld einfach verschwinden. Das Transaktionskonzept schließt insbesondere diesen Fehlerfall aus.

5.2.2 Funktionsweise eines DBMS

Abbildung 5.1 zeigt den grundsätzlichen Aufbau eines Datenbankmanagementsystems: Dieses bietet Zugriffe auf die eigentlichen Daten durch ein Transaktionskonzept

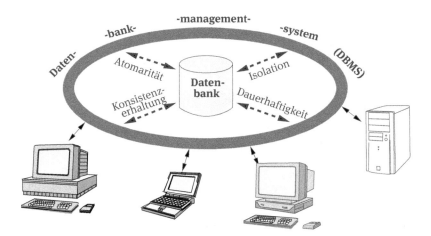

Abb. 5.1. Das Datenbankmanagementsystem stellt die folgenden in vielen Anwendungen erwünschten Eigenschaften – oft als ACID-Eigenschaften bezeichnet – eines Zugriffs auf eine Menge persistenter Daten sicher: Atomarität, Konsistenzerhaltung (engl: Consistency), Isolation und Dauerhaftigkeit. In der Zeichnung ist zusätzlich angedeutet, dass mehrere (teilweise entfernte) Rechner möglicherweise gleichzeitig auf das Datenbankmanagementsystem zugreifen können.

so an, dass die Zugriffe atomar, konsistent, isoliert und dauerhaft sind. Unter *Atomarität* versteht man (wie schon oben bei der Erläuterung des Transaktionskonzepts dargestellt) die Eigenschaft, dass eine als Transaktion organisierte Sequenz von Datenoperationen entweder vollständig oder überhaupt nicht ausgeführt wird. Unter *Konsistenz* bzw. *Konsistenzerhaltung* versteht man die Eigenschaft, dass nach jeder Transaktion der Zustand der Datenbank konsistent sein sollte, vorausgesetzt, er war es auch vor Ausführung der Transaktion. Wann die Daten konsistent sind und wann nicht wird über Integritätsbedingungen spezifiziert, die in der Datenbank hinterlegt sind (diese könnten beispielsweise festlegen, dass jeder Professor mindestens einer Vorlesung zugeordnet sein sollte, oder dass eine Matrikelnummer sich in einem bestimmten Zahlenbereich befinden sollte). Unter *Isolation* versteht man die Eigenschaft, dass mehrere gleichzeitig ausgeführte Transaktionen sich während der Ausführung nicht gegenseitig beeinflussen sollten, und dass diese in eine vom DBMS vorgegebene sinnvolle Reihenfolge gebracht werden. Unter *Dauerhaftigkeit* versteht man, dass eine (nach einem Transaktions-Commit) erfolgreiche Änderung eines Datensatzes – aufgrund bestimmter, später eintretender Bedingungen – im Nachhinein nicht mehr wieder automatisiert rückgängig gemacht werden dürfen.

Das Sicherstellen dieser vier Eigenschaften wird oft auch als *ACID-Prinzip* (im Deutschen manchmal auch: „AKID-Prinzip") bezeichnet.

5.2.3 Einsatz von DBMS

Viele Anwendungen verwenden Datenbankmanagementsysteme. Dazu gehören:
- *Content Management Systeme* – wie sie etwa vielen komplexen Web-Seiten oder vielen Informationsportalen von Unternehmen zugrundeliegen. Diese sind eigentlich nichts anderes als Datenbankmanagementsysteme, die einem etwas erweiterten Satz von Anforderungen genügen und eine benutzerfreundliche Oberfläche anbieten.
- *Komplexe Web-Seiten* – die großen Internet-Warenhäuser wie Amazon, oder die großen Internet-Informationssyteme wie Wikipedia halten alle ihre Daten in Datenbankmanagementsystemen.
- *ERP-Systeme* (Enterprise-Ressource-Planning-Systeme) sind Softwaresysteme mit denen Unternehmen ihre Ressourcenplanungen durchführen. Nahezu alle ERP-System halten ihre Daten in Datenbankmanagementsystemen.
- *Bankensoftware* – nahezu alle Banken arbeiten mit kommerziellen Datenbankmanagementsystemen, wie etwa Oracle oder DB/2 von IBM.
- *Statistische Anwendungen und Marktforschungssoftware* – auch sie arbeiten im Allgemeinen mit Datenbankmanagementsystemen.

5.3 Relationale DBMS

Es gibt mehrere verschiedene Ansätze, Daten logisch in Datenbanken zu organisieren. Mit Abstand (noch) am weitesten verbreitet ist das *Relationale Datenbankmodell*, das erstmals 1970 von Edgar F. Codd vorgeschlagen wurde [3]. Es basiert auf der mathematischen Relationenalgebra. Die von der Relationenalgebra definierten Operationen sind, wegen der klaren mathematischen Fundierung, auch für Anfänger leicht nachzuvollziehen und anzuwenden. Diese intuitive Handhabbarkeit des relationalen Datenbankmodells ist sicherlich einer der wichtigsten Gründe für seine weite Verbreitung.

5.3.1 Tabellen, Schemata, Zeilen, Spalten

Eine relationale Datenbank besteht aus einer Menge von *Relationen*. Eine Relation ist nichts anderes als eine *Tabelle*, und die Begriffe „Relation" und „Tabelle" werden im Folgenden synonym verwendet, wobei der Begriff „Tabelle" vorgezogen wird.

Student				
Matr. Nr.	Nach- name	Vor -name	Stu- dien- gang	Imm
20123	Fischer	Aaron	TI	2008-10-01
19923	Zeh	Hilde	KST	2007-03-01
71232	Huber	Gerd	BKT	2006-03-01
10012	Becker	Ben	WIN	2006-10-01
62618	Klein	Jon	TI	2008-10-01
81232	Lieb	Juli	BKT	2008-10-01
…	…	…	…	…

Professor			
Pers. Nr.	Nach- name	Vor- name	Stu- dien- gang
1293	Curry	Harry	TI
8112	Pech	Kurt	WIN
1822	Lang	Eva	TI
5321	Rossi	Guido	BKT
7211	Hauser	Gerda	WIN
2321	Gries	Adam	BKT
…	…	…	…

Vorlesung			
Nr.	Titel	Sem	Prof
100	DB	4	1822
405	PI 1	1	5321
300	Mathe1	1	5321
950	PI 2	2	1822
500	Tex	3	5321
…	…	…	…

VLStudent	
VL	Student
405	62618
950	62618
950	20123
300	81232
405	10012
…	…

Abb. 5.2. Beispiele von Tabellen einer Relationalen Datenbank.

Abbildung 5.2 zeigt einige Beispiele für logisch miteinander verknüpfte Tabellen. Wie man sieht, besitzt jede Tabelle einen Namen und ein sogenanntes *Schema*, das die Bezeichnung und den Typ der Spalten festlegt. Eine Tabelle besteht aus einer Liste von Zeilen. Jede Zeile enthält ein Werte-Tupel, auch als *Datensatz* bezeichnet. Eine Datenbank sollte keine zwei identischen Datensätze enthalten.

Zwei Tabellen können logisch dadurch verbunden sein, dass Werte bestimmter Spalten miteinander in Verbindung stehen: Einige Werte der Spalte „**Studiengang**" der Tabelle „**Student**" entsprechen Werten der Spalte „**Studiengang**" der Tabelle „**Professor**". Durch Operationen der Relationenalgebra können so beispielsweise alle einem Studenten durch Studiengangs-Zugehörigkeit zugeordneten Professoren bestimmt werden. Wie dies im Detail erfolgt wird in den nächsten Kapiteln ausführlicher beschrieben.

5.3.2 Erstellen einer Tabelle in MySQL mit Python

Wir zeigen, wie man in Python eine Datenbank und die in Abbildung 5.2 gezeigten Tabellen anlegen kann. Wir verwenden hier die MySQL, eine häufig verwendete, leistungsfähige relationale Opensource-Datenbank. Man sollte sich – um alle folgenden Beispiele möglichst einfach ausprobieren zu können – das Datenbankmanagementsystem von MySQL lokal starten; folgendes Kommando startet das DBMS, auch als den MySQL-Server bezeichnet:

```
$ sudo mysqld
```

Unter Windows kann man sich auch eine der vorgefertigten Umgebung, etwa XAMPP, installieren, die zur Webentwicklung bereitgestellt werden und unter anderem einen MySQL-Server beinhalten. Zusätzlich bieten sie eine graphische Schnittstelle für das Aufsetzen einer ersten Datenbank und das Starten des Datenbankservers.

Nach Ausführung des mysqld-Kommandos läuft der MySQL-Datenbankmanagement-Server fortan als Hintergrund-Prozess. Direkt mit der Datenbank interagieren kann man mittels mysql. Die Eingabe des Kommandos

```
$ mysql -h 'localhost' -u 'root' -p
```

in der Bash führt in eine interaktive Umgebung, in der die in den folgenden Kapiteln vorgestellten SQL-Kommandos direkt eingegeben und ausgeführt werden können. Die Angabe von 'localhost' gibt an, dass das DBMS auf dem lokalen Rechner läuft. Man sollte sich jedoch immer bewusst sein, dass sehr häufig das DBMS auf einem eigens dafür vorgesehenen Server-Rechner läuft und das DBMS daher im Allgemeinen von einem entfernten Rechner aus angesprochen wird und diesen mit Informationen versorgt. Mit der Angabe von 'root' legt man fest, dass man mit Administrator-Rechten mit der MySQL-Datenbank interagiert; die Option -p legt fest, dass das MySQL-Passwort angegeben werden muss.

Wir zeigen nun, wie wir Python verwenden können, um mit der MySQL-Datenbank zu interagieren. Die Verwendung von Python hat den Vorteil, dass einem alle Möglichkeiten einer höheren Programmiersprache zur Verfügung stehen, beispielsweise um SQL-Kommandos nach bestimmten Vorgaben zu konstruieren. Folgender Python-Code nimmt eine Verbindung zum eben gestarteten DBMS auf und legt zwei leere Tabellen an:

```
1  import MySQLdb
2  conn = MySQLdb.connect(host='localhost', user='root',
3                         passwd='...', db='test')
4  cursor = conn.cursor()
5  cursor.execute('''
6      CREATE TABLE Professor
7        (Personalnr INTEGER NOT NULL,
8         Nachname CHAR(40),
9         Vorname CHAR(40),
10        Studiengang CHAR(40),
11        PRIMARY KEY (Personalnr))
12  ''')
13  cursor.execute('''
14      CREATE TABLE Vorlesung
15        (Nr INTEGER NOT NULL,
```

```
16        Titel CHAR(40),
17        Sem INTEGER,
18        Prof INTEGER REFERENCES Professor(Personalnr),
19        PRIMARY KEY (Nr))
20  ''')
```

Listing 5.1. Python-Skript, das das Schema der in Abbildung 5.2 gezeigten Tabelle **Student** erzeugt

Um Python in die Lage zu versetzen, mit MySQL-Datenbanken interagieren zu können, muss das Modul `MySQLdb` geladen werden. Der Aufruf von `connect` in den Zeilen 2 und 3 erstellt ein Verbindungsobjekt zu einer MySQL-Datenbank. Durch den Parameter `host`[1] kann man angeben, auf welchem Rechner (in einem Computernetzwerk) sich die Datenbank befindet; die Angabe `'localhost'` bezieht sich hierbei immer auf den lokalen Rechner, auf dem das Python-Skript selbst abläuft. In Zeile 4 wird ein sogenannter *Cursor* erzeugt. Cursor stellen Möglichkeiten zur Verfügung, durch Anfragen entstehende, gegebenenfalls sehr große Ergebnis-Mengen effektiv zu durchlaufen. Eigentlich benötigt nicht jedes Datenbank-Kommando einen Cursor. In der Python-Schnittstelle muss man jedoch grundsätzlich einen Cursor öffnen, um Datenoperationen ausführen zu können.

Die auszuführende Datenoperation wird dem `execute`-Kommando als String mitgegeben. Bei der `'CREATE TABLE'`-Operation handelt es sich um ein SQL-Kommando. *SQL* ist eine standardisierte und weitverbreitete Sprache zur Datendefinition, -abfrage und -manipulation in relationalen Datenbanken. Die in obigem Listing verwendete Datendefinitions-Operation `'CREATE TABLE'` erzeugt eine Tabelle mit Namen „**Professor**" die die Attribute „Personalnr", „Nachname", „Vorname" und „Studiengang" besitzt. Außerdem wird mittels der Deklaration `'NOT NULL'` festgelegt, dass der Eintrag „Personalnr" nie leer sein darf. Die letzte Deklaration in Zeile 11

$$\texttt{'PRIMARY KEY (Personalnr)'}$$

legt fest, dass „Personalnr" ein Schlüsselattribut sein soll. Dies bedeutet, dass jeder Datensatz der Tabelle „**Professor**" eindeutig durch das Attribut „Personalnr" bestimmt ist; es darf also keine zwei unterschiedlichen Datensätze geben, deren Einträge in der Spalte „Personalnr" identisch sind.

Ab Zeile 14 befindet sich die SQL-Anweisung um die Tabelle „**Vorlesung**" zu erzeugen. In Zeile 18 legt man mittels der Deklaration

$$\texttt{'... REFERENCES Professor(Personalnr)'}$$

fest, dass das Attribut „Prof" immer einen Schlüssel der Tabelle „**Professor**" enthält; solch ein Attribut, dessen Werte immer aus der Menge der Schlüsselwerte einer bestimmten Tabelle stammen, nennt man auch *Fremdschlüssel*. Mittels Fremdschlüssel-Attributen sind Tabellen relationaler Datenbanken logisch miteinander verbunden.

---

1 Als *Host* bezeichnet man einen Rechner, der an ein Netzwerk angeschlossen ist und an der Netzwerkkommunikation teilnehmen kann. Für weitere Informationen siehe Abschnitt 6.1.6 auf Seite 175.

Mittels der `'INSERT INTO ... VALUES'`-Operation, kann man Wertetupel in die soeben erzeugte Tabelle einfügen; dies ist ein Beispiel für die vorher angesprochene Möglichkeit, SQL-Kommandos dynamisch zu erzeugen:

```
cursor.execute('''
  INSERT INTO Professor VALUES
    (1293,'Curry','Harry','TI'), (8112,'Pech','Kurt','WIN'), ...
''')
```

Der Cursor kann mit dem Kommando `cursor.close()` geschlossen werden.

Eine elegantere Möglichkeit besteht darin, die einzufügenden Datensätze in einer Pythonliste zu halten; aus dieser kann mittels Pythons String-Operationen recht einfach die SQL-Einfügeoperation erzeugt werden:

```
21 profs = [(1293,'Curry','Harry','TI'), (8112,'Pech','Kurt','WIN'),
22          (1822,'Lang','Eva','TI'), (5321,'Rossi','Guido','BKT'),
23          (7211,'Hauser','Gerda','WIN'), (2321,'Gries','Adam','BKT')]
24 insertStr = 'INSERT INTO Professor VALUES '+ str(profs)[1:-1]
25 cursor.execute(insertStr)
```

Der Aufruf **str**(profs) wandelt die Liste `profs` in den String

```
'''[(1293,...,
        ...,"BKT")]'''
```

um[2]. Anschließend müssen nur noch die einschließenden eckigen Klammern, die sich an der nullten und letzten Position des Strings befinden, entfernt werden – dies geschieht, indem wir den Slice `[1:-1]` von **str**(profs) wählen.

Aufgabe 5.2

Erstellen Sie eine dritte Tabelle **Student** und eine vierte Tabelle **VLStudent**, in Anlehnung an Abbildung 5.2, und füllen Sie diese mit den Werten aus Abbildung 5.2. Verwenden Sie hierfür Pythons Modul `MySQLdb`.

Aufgabe 5.3

Schreiben Sie eine Python-Funktion `einfDBTupel`, die einen Cursor einer Datenbank und eine Liste von Werte-Tupeln übergeben bekommt und jedes Wertetupel in die Datenbank einfügt; sollte die Einfüge-Operation mit einem Tupel schief gehen, so soll das Tupel auf dem Bildschirm ausgegeben werden mit der Meldung:
`'... konnte nicht eingefuegt werden'`

---

2 Pythons `print`-Kommando verwendet übrigens genau diese `str`-Funktion.

5.4 SQL-Abfragen

In diesem Abschnitt lernen wir die Syntax der Standard Query Language und schauen uns einige Beispiele für deren Verwendung an.

5.4.1 Relationenalgebra

Alle SQL-Anfragen an eine relationale Datenbank basieren auf der sog. Relationenalgebra. Diese legt die Operationen fest, die es auf Relationen (bzw. Tabellen) gibt: Sie ermöglichen unter anderem eine Verknüpfung von Tabellen, eine Filterung, und eine Suche, auch über mehrere Tabellen hinweg.

Abbildung 5.3 zeigt die wichtigsten Operationen der Relationenalgebra. Fett ge-

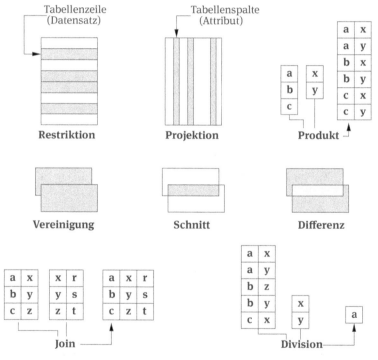

Abb. 5.3. Die wichtigsten Operationen der Relationenalgebra, ausgeführt entweder auf einer Tabelle (wie Restriktion und Projektion) oder auf zwei Tabellen (wie Vereinigung, Schnitt und Differenz, Produkt, Join und Division).

druckte Buchstaben können hierbei entweder für einen einzelnen Attributwert oder für mehrere Attributwerte (d. h. ein Attributwert-Tupel) stehen. Im Rest dieses Abschnitts gehen wir nun kurz auf die einzelnen Operationen ein und beschreiben in den folgenden Abschnitten deren Umsetzung in SQL.

Restriktion Die Restriktion wählt Zeilen, die bestimmten Kriterien genügen, aus einer Tabelle aus.

Projektion Die Projektion wählt bestimmte Spalten einer Tabelle aus.

Produkt Die Produkt-Operation entspricht dem mathematischen Kreuzprodukt; alle möglichen Kombination von Datensätzen der ersten Tabelle mit Datensätzen der zweiten Tabelle werden erzeugt.

Vereinigung Die Datensätze zweier Tabellen werden vereinigt. Dies ist natürlich nur dann möglich, wenn die Schemata der beiden Tabellen übereinstimmen.

Schnitt Der Schnitt zweier Tabellen besteht aus denjenigen Datensätze, die sowohl in der ersten als auch in der zweiten Tabelle vorhanden sind.

Differenz Die Differenz zweier Tabellen besteht aus allen Datensätzen der beiden Tabellen, außer denjenigen, die in beiden Tabellen enthalten sind.

Join Beim Join zweier Tabellen werden diejenigen Datensätze miteinander kombiniert, bei denen der Inhalt bestimmter Spalten identisch ist. Diese Operation kann mittels eines Kreuzprodukts und anschließender Restriktion umgesetzt werden.

Division Die Division von $Tabelle_1$ durch $Tabelle_2$ findet alle Daten (bzw. Datentupel) aus den Attributen, die im Schema von $Tabelle_1$, nicht aber im Schema von $Tabelle_2$ enthalten sind, und für die folgende Eigenschaft gilt: Jedes gefundene Datum muss mit jedem Wert aus $Tabelle_2$ assoziiert sein. Im Beispiel aus Abbildung 5.3 werden alle Werte des ersten Attributs von $Tabelle_1$ gefunden, die in ihrer Zeile sowohl **x** als auch **y** stehen haben. Im Beispiel aus Abbildung 5.3 ist dies lediglich **a**.

Diese Operationen der Relationenalgebra haben ihre Entsprechung in der Standard Query Language.

5.4.2 Das SELECT-Kommando

Mittels des SQL-SELECT-Kommandos kann man Zeilen einer Tabelle auswählen. Will man alle Zeilen und alle Spalten einer Tabelle auswählen, so kann dies folgendermaßen geschehen:

```
>>> cursor.execute('SELECT * FROM Student')
6L
>>> cursor.fetchall()
( (20123L, 'Fischer', 'Aaron', 'TI'), (19923L, 'Zeh', 'Hilde', 'KST'),
  (71232L, 'Huber', 'Gerd', 'BKT'), (10012L, 'Becker', 'Ben', 'WIN'),
  (62618L, 'Klein', 'Jon', 'TI'), (81232L, 'Lieb', 'Juli', 'BKT') )
```

Nach Ausführung des SQL-Kommandos mittels `execute` liefert `fetchall()` die gesamte Ergebnismenge aus der Datenbank zurück. Besonders dann, wenn die Ergebnismenge sehr groß ist (was bei entsprechend umfangreichen Datenbanken oft vorkommen kann) ist es ratsam, die Funktion `fetchone()` zu verwenden, die immer nur eine Zeile der Ergebnismenge zurückliefert; falls sich keine weiteren Zeilen mehr in der Ergebnismenge befinden, wird `None` zurückgeliefert.

Aufgabe 5.4

(a) Verwenden Sie eine Schleife, um mittels `fetchone()` alle Zeilen der Ergebnismenge in einer Liste zu speichern.

(b) Schreiben Sie eine Funktion `myexecute`, die einen Cursor und ein SQL-Statement übergeben bekommt und falls sich mehr als 1000 Zeilen in der Ergebnismenge befinden, das `fetchall`-Kommando verwendet, um die Ergebnisse auf dem Bildschirm auszugeben und – falls sich mehr als 1000 Zeilen in der Ergebnismenge befinden – mittels `fetchone` die Stringrepräsentationen der Zeilen der Ergebnismenge in der Datei `myexecute.txt` speichert.

Eine Projektion, d. h. eine Auswahl bestimmter Spalten, erhält man einfach dadurch, dass man das `'*'` im SELECT-Kommando durch die Attribut-Namen (d. h. die Überschriften der jeweiligen Spalten) ersetzt:

```
>>> cursor.execute('SELECT Matrikelnr,Nachname FROM Student')
6L
>>> cursor.fetchall()
((20123L, 'Fischer'), (19923L, 'Zeh'), (71232L, 'Huber'),
(10012L, 'Becker'), (62618L, 'Klein'), (81232L, 'Lieb'))
```

Eine Selektion, d. h. die Auswahl bestimmter Zeilen, erhält man, indem man dem SELECT-Statement eine WHERE-Klausel folgen lässt.

Wir geben einige Beispiele; im Folgenden schreiben wir statt des einbettenden Python-Kommandos `cursor.execute('⟨SQL-Kommando⟩')` einfach das entsprechende SQL-Kommando:

a) Alle Studenten deren Matrikelnummer größer als 70000 ist.

```
SELECT Vorname,Nachname FROM Student
    WHERE Matrikelnr > 70000;
```

| b) | Die Matrikelnummer(n) des (bzw. der) Studenten mit Nachnamen „Fischer". | ```
SELECT Matrikelnr FROM Student
    WHERE Nachname = 'Fischer';
``` |
| c) | Alle Studenten die sich seit 2008 immatrikuliert haben und im Studiengang MAB studieren. | ```
SELECT Vorname, Nachname FROM Student
    WHERE Imm>='2008-1-1'
        AND Studiengang='MAB';
``` |
| d) | Alle Studenten deren Nachname Meyer oder Maier ist. | ```
SELECT Vorname, Nachname FROM Student
    WHERE Nachname='Meyer'
        OR Nachname='Maier';
``` |

Mit SQL kann man einfache Berechnungen ausführen. Die folgenden beiden Beispiele zeigen Berechnungen über Datumwerte. Beispiel (a) verwendet das Schlüsselwort `AS` um der Spalte der Ergebnistabelle, die die berechneten Werte enthält, einen Namen zu geben. Die SQL-Funktion `CURDATE()` liefert das aktuelle Datum, die Funktionen `YEAR(...)`, `MONTH(...)` und `DAY(...)` liefern das Jahr, den Monat bzw. den Tag einer Datumsangabe als Zahl zurück. Während Beispiel (a) eine Berechnung für die Erzeugung von Spalteninformationen durchführt, verwendet Beispiel (b) eine Berechnung für eine Restriktion in einer `WHERE`-Klausel.

| (a) | Die Namen aller Studenten zusammen mit der Spalte „Jahre", die angibt, wie viele Jahre der jeweilige Student bereits immatrikuliert ist. | ```
SELECT (YEAR(CURDATE())-YEAR(Imm))
        AS Jahre, Nachname
    FROM Student;
``` |
| (b) | Alle Studenten, die sich im Dezember immatrikuliert haben. | ```
SELECT Vorname, Nachname FROM Student
    WHERE MONTH(Imm)=12;
``` |

Man kann auch reguläre Ausdrücke innerhalb von SELECT-Anweisungen verwenden:

| (a) | Vor- und Nachname aller Studenten, deren Nachname mit einem `A` beginnt. | ```
SELECT Vorname, Nachname FROM Student
    WHERE Nachname REGEXP '^A';
``` |
| (b) | Die Matrikelnummern aller Studenten, deren Nachname mindestens 8 Buchstaben lang ist. | ```
SELECT Matrikelnr, Nachname FROM Student
    WHERE Nachname REGEXP '........';
``` |
```

(c)	Die Matrikelnummern, deren Vorname mit `Ar` beginnt und mit `ra` endet.	`SELECT Matrikelnr FROM Student` `    WHERE Nachname REGEXP '^Ar.*ra$';`

Aufgabe 5.5

Geben Sie ein `SELECT`-Statement an, das ...

(a) die Vor- und Nachnamen aller Studenten liefert, die seit mehr als 3 Jahren immatrikuliert sind.

(b) die Matrikelnummern aller Studenten liefert, deren Nachname mit `'Z'` beginnt.

(c) die Namen aller Studenten des Studiengangs KST liefert, deren Nachname mit `'M'` beginnt und mit `'r'` endet und ein `'e'` oder `'a'` enthalten, und die seit mindestens 2 Jahren immatrikuliert sind.

(d) alle Vorlesungstitel des Professors mit der Personalnummer 5321 liefert, die mit `'P'` beginnen.

5.4.3 Zählen und Statistiken

SQL-`SELECT`-Anweisungen können für einfache Statistiken verwendet werden. Mittels der `COUNT`-Funktion ist es möglich, Trefferlisten zu zählen, wie folgende Beispiele zeigen:

a)	Anzahl der Einträge in der Tabelle „**Student**".	`SELECT COUNT(*) FROM Student;`
b)	Anzahl der Studenten, die mindestens seit dem 1.1.2004 immatrikuliert sind.	`SELECT COUNT(*) FROM Student` `    WHERE Imm<='2004-1-1';`

Mittels der Anweisung `GROUP BY` ist es möglich, Datensätze nach einer bestimmten Spalte (siehe Beispiel a) oder nach mehreren Spalten (siehe Beispiel b) zu gruppieren. In Verbindung mit `COUNT` können so Datensätze nach bestimmten Kriterien geordnet und gezählt werden.

a)	Anzahl der Studenten pro Studiengang; `fetchall` könnte z. B. folgende Datensätze zurückliefern:
	(('BKT',141), ('KST',136),
	('MAB',166), ('TI',138), ('WIN',140))
		`SELECT Studiengang, COUNT(*)`
		`    FROM Student`
		`    GROUP BY Studiengang;`

b) Die Anzahl der Immatrikulationen zu einem bestimmten Datum, pro Studiengang.

```
SELECT Studiengang, Imm, COUNT(*)
  FROM Student
  GROUP BY Studiengang, Imm;
```

Aufgabe 5.6

Verwenden Sie SQL und Python, um ...

(a) zu bestimmen, welcher Studiengang die meisten Studenten hat.

(b) zu bestimmen, welcher Student sich als erstes immatrikuliert hat.

(c) zu bestimmen, welcher Student des Studiengangs TI sich als erstes immatrikuliert hat.

(d) zu bestimmen, welcher Student des Studiengangs BKT den kürzesten Nachnamen hat.

5.4.4 Joins: Verknüpfung von Tabellen

Viele sinnvolle Abfragen müssen zwei oder mehrere Tabellen miteinander verknüpfen, um die gewünschten Informationen zu suchen. Will man beispielsweise wissen, wie die Vorlesungen heißen, die ein bestimmter Professor liest, so müssen die Tabellen „**Professor**" und „**Vorlesung**" verknüpft werden: Da das Feld „Prof" der Tabelle „**Vorlesung**" eine Referenz auf den entsprechenden Datensatz der Tabelle „Professor" ist, kann man mittels einer Join-Operation (siehe Tabelle 5.3 auf Seite 144) die gewünschten Informationen sammeln. Folgende SQL-Anweisung findet die Titel der Vorlesungen, die der Professor „Guido Rossi" hält:

```
SELECT Vorlesung.Titel
  FROM Vorlesung, Professor
  WHERE Professor.Nachname = 'Rossi' AND
        Professor.Vorname='Guido' AND
        Vorlesung.Prof = Professor.Personalnr;
```

Es folgen zwei weitere Beispiele für Joins. In Beispiel (a) wird gezeigt, wie sogar drei Tabellen verknüpft werden müssen, um die gewünschten Informationen zu suchen. Beispiel (b) zeigt das Erstellen einer Statistik über zwei Tabellen hinweg.

a) Alle Studenten, die an der Vorlesung „DB" teilnehmen.

```
SELECT Student.Vorname, Student.Nachname
  FROM Student, Vorlesung, VLStudent,
  WHERE Vorlesung.Titel='DB'
        AND Student.Matrnr = VLStudent.Student
        AND Vorlesung.Nr = VLStudent.VL;
```

Alle Professoren zusammen mit der
b) Anzahl der von Ihnen gehaltenen Vorlesungen.
	``SELECT COUNT(Vorlesung.Prof) AS VLs,
	    Professor.Nachname
	FROM Professor, Vorlesung
	WHERE Professor.Personalnr
	    = Vorlesung.Prof
	GROUP BY Professor.Nachname,
	    Professor.Personalnr;```

Aufgabe 5.7

Verwenden Sie ein SQL-SELECT-Statement, um folgende Fragen zu beantworten:

(a) Wie viele Studenten hat der Studiengang TI?

(b) Welcher Studiengang hat die meisten Studenten?

(c) Wie viele Professoren haben die einzelnen Studiengänge?

(d) Wie viele Studenten nehmen an den einzelnen Vorlesungen teil?

(e) Wie ist das Betreuungsverhältnis im Studiengang 'BKT'?

(f) Welche Vorlesungen hört Student Noam Chomsky?

(g) Welche Studenten haben sich vor mehr als 5 Jahren eingeschrieben?

(h) Mit welchen Studenten hat der Prof. Eva Lang über Ihre Vorlesungen zu tun?

(i) Welche Studenten hören Vorlesungen von studiengangsfremden Professoren?

(j) Die fleißigen Studenten: Alle Studenten die Vorlesungen höherer Semester hören.

(k) Die Nachzügler: Alle Studenten die Vorlesungen niederer Semester hören.

5.5 Entwurf relationaler DBMS

Der Entwurf einer relationalen Datenbank sollte, insbesondere auch aufgrund der Schwierigkeiten, ein relationales Datenmodell im Nachhinein zu ändern, sehr sorgfältig erfolgen. Eine häufig angewandte Modellierungstechnik verwendet Entity-Relationship-Diagramme, um relationale Datenbank-Schemata zu beschreiben.

5.5.1 Entity-Relationship-Diagramme

Abbildung 5.4 zeigt das Entity-Relationship-Diagramm einer einfachen Datenbank, die die Beziehungen zwischen Professoren, Vorlesungen und Studenten modelliert. Ein Entity-Relationship-Diagramm besteht aus den folgenden Komponenten:

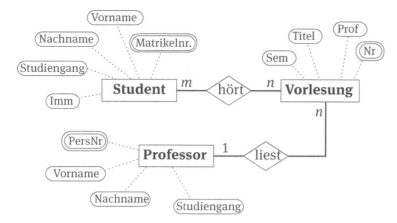

Abb. 5.4. Ein Entity-Relationship-Diagramm, das in seiner Umsetzung als relationale Datenbank genau den in Abbildung 5.2 gezeigten Tabellen entspricht.

Entitäten

Die Rechtecke modellieren die sogenannte *Entitäten*, das sind die realen Objekte, die in der relationalen Datenbankschema modelliert werden sollen. In Abbildung 5.4 werden die drei Entitäten „**Student**", „**Professor**" und „**Vorlesung**" modelliert.

Attribute von Entitäten

Attribute bezeichnen Eigenschaften einer Entität. So hat die Entität „**Professor**" die Eigenschaften „PersNr", „Vorname", „Nachname" und „Studiengang". Ein Attribut (bzw. Attributkombinationen) dessen Wert ein bestimmtes Objekt des Entitätstyps eindeutig bestimmt, nennt man auch *identifizierendes Attribut*, manchmal auch *Schlüsselattribut*. Beispielsweise ist das Attribut „Matrikelnr" der Entität „**Student**" das Schlüsselattribut: die Matrikelnummer bestimmt eindeutig ein bestimmtes Objekt der Entität „Student".

Beziehungen

Explizit modelliert werden außerdem die Beziehungen zwischen den Entitäten, indem die entsprechenden Entitäten durch einfache Linien miteinander verbunden sind. Diese Linien werden zusätzlich mit einem Verb benannt, das die Art der Beziehung beschreiben soll. Das Entity-Relationship-Diagramm aus Abbildung 5.4 beschreibt beispielsweise die Beziehung zwischen **Student** und **Vorlesung** durch das Verb „hört", d. h. ein Student „hört" eine Vorlesung. Diese Beziehungsbezeichnungen werden üblicherweise durch eine Raute dargestellt.

Auch Beziehungen können Attribute besitzen. Ein einfaches Beispiel wäre die Beziehung „operiert" zwischen **Arzt** und **Patient**, der das Attribut „Datum" zugewiesen werden könnte:

Ebenso wäre vorstellbar, der Beziehung „hört" zwischen **Student** und **Vorlesung** ein Attribut „Note" zuzuweisen.

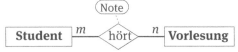

Auch sogenannte n-äre Beziehungen können modelliert werden. So könnte man etwa die 3-äre Beziehung zwischen „**Autor**", „**Buch**" und „**Verlag**" folgendermaßen modellieren:

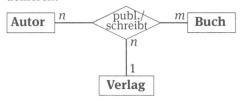

Kardinalitäten von Beziehungen

Zu jeder Beziehung gehören *Kardinalitäten*, die festlegen, wie viele der zugehörigen Entitäten an der Beziehung beteiligt sein können. Vier unterschiedliche Kardinalitätstypen sind für eine Beziehung zwischen zwei Entitäten, Entität$_1$ und Entität$_2$, denkbar:

– Eine (1 : 1)-Beziehung:

Diese legt fest, dass ein bestimmtes Objekt des Typs Entität$_1$ immer *genau* einem Objekt des Typs Entität$_2$ zugeordnet ist. Würde man beispielsweise „**Professor**" und „**Lehrstuhl**" als zwei getrennte Entitäten modellieren, so wäre eine (1 : 1)-Beziehung zwischen diesen denkbar: Ein Professor ist genau einem Lehrstuhl zugeordnet, und ein bestimmter Lehrstuhl ist genau einem Professor zugeordnet.

– Eine (1 : n)-Beziehung: $\boxed{\text{Entität}_1} \overset{1}{\rule{1cm}{0.4pt}} \diamond \overset{n}{\rule{1cm}{0.4pt}} \boxed{\text{Entität}_2}$

Diese legt fest, dass ein bestimmtes Objekt des Typs Entität$_1$ immer mehreren Objekten des Typs Entität$_2$ zugeordnet werden kann. Ein Objekt des Typs Entität$_2$ jedoch muss immer genau einem Objekt des Typs Entität$_1$ zugeordnet sein. Dies ist bei der Beziehung zwischen „**Professor**" und „**Vorlesung**" der Fall: Ein Profes-

sor kann mehrere Vorlesungen halten; eine bestimmte Vorlesung jedoch ist genau
einem Professor zugeordnet.

- Eine $(n:m)$-Beziehung: $\boxed{\text{Entität}_1}$ ⎯n⎯◇⎯m⎯ $\boxed{\text{Entität}_2}$

Diese legt fest, dass sowohl jedes Objekt des Typs Entität$_1$ mehreren Objek-
ten des Typs Entität$_2$ zugeordnet werden kann als auch jedes Objekt des Typs
Entität$_2$ mehreren Objekten des Typs Entität$_1$. Dies ist bei der Beziehung zwischen
„**Student**" und „**Vorlesung**" der Fall: Ein Student hört im Allgemeinen mehrere
Vorlesungen, und jede Vorlesung wird von mehreren Studenten besucht.

5.5.2 Umsetzung in ein relationales Modell

Es gibt einige einfache Regeln, die festlegen, wie ein Entity-Relationship-Diagramm
in ein relationales Modell – sprich: in ein relationales Datenbankschema – umgesetzt
werden kann.
- Eine Entität wird durch eine Tabelle einer relationalen Datenbank realisiert.
- Eine $(1:1)$-Beziehung der Entitäten „Entität$_1$" und „Entität$_2$" wird dadurch realisiert, dass eine der beiden Tabellen um den Fremdschlüssel der anderen erweitert
wird.
- Eine $(1:n)$-Beziehung der Entitäten „Entität$_1$" und „Entität$_2$" wird folgendermaßen realisiert: Die Tabelle, die der mit „n" markierten Entität entspricht, wird um
den Fremdschlüssel der Tabelle erweitert, die der mit „1" markierten Entität entspricht.
- Eine $(n:m)$-Beziehung der Entitäten „Entität$_1$" und „Entität$_2$" wird folgendermaßen realisiert: Es wird eine neue (Hilfs-)Tabelle angelegt, die Fremdschlüssel der „Entität$_1$"-Tabelle und Fremdschlüssel der „Entität$_2$"-Tabelle enthält.
Enthält diese Beziehung selbst Attribute (wie etwa in obigem Beispiel „Student
hört(e) Vorlesung mit Note ..."), so werden diese zusätzlich in diese Hilfstabel-
le mit aufgenommen. Betrachten wir die auf Seite 153 als Beispiel präsentierte
Arzt-Patienten-Beziehung „operiert" mit dem Beziehungsattribut „Datum". Diese
Beziehung würde man wie in Abbildung 5.5 gezeigt als relationale Datenbank
realisieren:

Arzt		
Persnr	**Name**	...
100	Freud	...
...	...	...

Patient		
Nr.	**Name**	...
231	Nietzsche	...
...	...	...

ArztPatient		
Patient	**Arzt**	**Datum**
231	100	1-1-1882
...	...	...

Abb. 5.5. Realisierung einer $(n:m)$ – *Beziehung*

– Eine n-äre Beziehung (= Beziehung mit n beteiligten Entitäten) der Entitäten „Entität$_1$", „Entität$_2$", ..., „Entität$_n$" kann folgendermaßen realisiert werden: Es wird – ähnlich wie bei der Realisierung einer $(n:m)$-Beziehung – eine Hilfetabelle eingefügt, die als Attribute die Fremdschlüssel aller Beteiligten Entitäten enthält, inklusive der Attribute, die die n-äre Beziehung selbst hat.

Aufgabe 5.8

Gegeben sei folgendes Entity-Relationship-Modell:

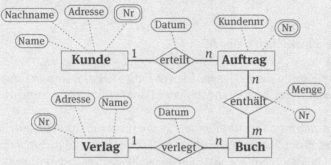

(a) Erstellen Sie mit Pythons `MySQLdb`-Modul eine MySQL-Datenbank, die dieses Entity-Relationship-Modell realisiert. Füllen sie die Tabellen mit einigen Werten.

(b) Geben Sie SQL-Abfragen an, die folgende Informationen liefern.
1. Welche Aufträge hat der Kunde „Michael Maier" seit dem 1.1.2007 erteilt?
2. Welche Bücher hat der Kunde „Michael Maier" seit dem 1.1.2007 bestellt?
3. Wie oft wurde das Buch „Einführung in die Informatik" bestellt?
4. Welche Kunden haben Bücher des Verlages „Oldenbourg" bestellt?

Aufgabe 5.9

Ein Patient mit einer eindeutigen „Patienten-ID", einem „Namen" und einem „Geburtsdatum" wird zu einem bestimmten Datum von genau einem Arzt (mit einer eindeutigen „Personal-ID" und einem „Namen") operiert; an dieser Operation beteiligt können mehrere Krankenschwestern (bzw. Krankenpfleger) sein (mit einer eindeutigen „Personal-ID" und einem "Namen").

(a) Erstellen Sie ein passendes Entity-Relationship-Modell.

(b) Realisieren Sie ein passendes relationales Datenbankmodell mit Hilfe von Pythons `MySQLdb`-Modul. Fügen sie einige konkrete Patienten, Ärzte und Krankenschwestern ein, die Operationen an den Patienten durchführen.

(c) Erstellen Sie SQL-Abfragen, die folgende Informationen liefern:

1. Welche Patienten wurden im Zeitraum vom 1.1.2008 bis 1.6.2008 vom Arzt „Hagen Schmidt" operiert?

2. Zu welchen Zeitpunkten war der Krankenpfleger „Harald Rether" an Operationen beteiligt?

3. Wie viele Operationen gab es 2009?

5.5.3 Normalisierung

Es kann zu inkonsistenten Daten alleine dadurch kommen, dass ein relationales Datenbankschema ungeschickt entworfen wurde. Solche Inkonsistenzen können vermieden werden, indem man ein relationales Datenbankschema sukzessive in die sogenannte 1. Normalform, 2. Normalform, 3. Normalform, 4. Normalform und 5. Normalform überführt. Diese Normalformen legen, grob gesprochen, Regeln fest, welche Abhängigkeiten zwischen Schlüssel- und Nicht-Schlüsselwerten bestehen dürfen. Wir skizzieren im Folgenden die ersten 3 Normalformen.

1. Normalform

Die 1. Normalform fordert, dass jedes Attribut einen *atomaren*, also keinen zusammengesetzten, Wert beinhalten soll. Beispielsweise würde ein Attribut „Adresse" diese Forderung verletzen, da es zusammengesetzt ist (etwa aus PLZ, Ort, Straße, Hausnummer). Ein solches zusammengesetztes Attribut kann leicht Inkonsistenzen erzeugen, wie etwa in folgendem Beispiel zwei unterschiedliche Städtenamen zur selben Postleitzahl; noch dazu sind Ort und Straßenname einmal durch ein Komma und einmal durch einen Strichpunkt getrennt:

Kunde			
Nr	Vorname	Nachname	Adresse
100	Hugo	Müller	89134 Blaustein, Rehstrasse 1
101	Egon	Möller	89134 Berlin; Uhuweg 2
...	...	...	...

Um diese Tabelle in die 1. Normalform zu übertragen sollte man das Attribut „Adresse" in mindestens die drei Attribute „Plz", „Ort" und „Straße" aufteilen.

2. Normalform

Eine Tabelle befindet sich in der 2. Normalform, wenn sie sich in der 1. Normalform befindet und wenn kein Nichtschlüsselattribut von einer (echten) Teilmenge der Schlüsselattribute abhängt. Nehmen wir als Beispiel folgende Tabelle, die die 2. Normalform verletzt:

<table>
<tr><th colspan="4">Rezensionen</th></tr>
<tr><th>ISBN</th><th>Rezensent-ID</th><th>Zusammenfassung</th><th>Rezensent-Email</th></tr>
<tr><td>3834813729</td><td>21</td><td>Sehr gut</td><td><code>twon@t-online.de</code></td></tr>
<tr><td>3834813729</td><td>11</td><td>Ganz gut, nur zu lang</td><td><code>elev@web.de</code></td></tr>
<tr><td>3486586270</td><td>21</td><td>Super</td><td><code>twoo@t-online.de</code></td></tr>
<tr><td>...</td><td>...</td><td>...</td><td>...</td></tr>
</table>

Die beiden Attribute „ISBN" und „Rezensent-ID" bilden zusammen die Schlüsselattribute der Tabelle. Das Attribut „Rezensent-Email" hängt aber von einem echten Teil des Schlüssels ab, nämlich (ausschließlich) von dem Attribut „Rezensent-ID". Darum befindet sich die Tabelle „Rezensionen" nicht in der 2. Normalform. Tatsächlich kann diese Abhängigkeit von einem Teil des Schlüssels sehr leicht zu Inkonsistenzen führen, wie dies in obiger Tabelle auch tatsächlich der Fall ist: Die Email des Rezensenten 21 ist nicht konsistent, nämlich in Zeile 1 ist sie `twon@t-online.de` und in Zeile 3 dagegen `twoo@t-online.de`.

Um diese Tabelle in die 2. Normalform zu überführen, müsste man eine zweite Tabelle „Autor" erstellen und die Email-Adresse des Autors in dieser zweiten Tabelle speichern.

Aufgabe 5.10

(a) Teilen Sie, wie im Text beschrieben, die Tabelle „Rezensionen" in zwei Tabellen auf, so dass diese sich in der 2. Normalform befinden.

(b) Verwenden Sie Pythons `MySQLdb`-Modul, um eine kleine relationale Datenbank mit diesen Tabellen zu erstellen, und füllen Sie die Tabellen mit einigen Beispielwerten.

(c) Geben Sie SQL-Kommandos an, die folgende Fragen beantworten:

    1. Wie viele Bücher hat der Autor mit der EMail-Adresse `elev@web.de` rezensiert?

    2. Es sollen alle Zusammenfassungen von Rezensionen des Buches mit der ISBN 3834813729 ausgegeben werden.

3. Es soll gezählt werden, wie viele Zusammenfassungen, die der Rezensent mit der „ID" 21 geschrieben hat, das Wort „schlecht" enthalten.

Aufgabe 5.11

Gegeben sei eine Tabelle einer relationalen Datenbank. Der Schlüssel dieser Tabelle besteht aus nur einem Attribut. Wir nehmen an, diese Tabelle befinde sich in der 1. Normalform.

Befindet sich diese Tabelle damit auch automatisch in der 2. Normalform? Oder anders gefragt: Ist es möglich, dass diese Tabelle sich nicht in der 2. Normalform befindet?

3. Normalform

Eine Tabelle befindet sich in der 3. Normalform, wenn sie sich in der 2. Normalform befindet und wenn kein Attribut transitiv von einem Schlüsselattribut abhängt. Eine transitive Abhängigkeit eines Attributs A von einem Schlüsselattribut S liegt dann vor, wenn es ein Attribut A' gibt, so dass A' von S abhängt (formal: $S \to A'$) und A von A' abhängt (formal: $A' \to A$).

Anders ausgedrückt: Eine Tabelle entspricht der 3. Normalform, wenn alle Attribute direkt vom Schlüssel abhängen. Jedes Attribut, das verändert werden sollte, wenn sich ein anderes Nichtschlüsselattribut verändert, verletzt also die 3. Normalform. Beispielsweise verletzt die folgende Tabelle die 3. Normalform:

Autor				
AutorID	**Vorname**	**Nachname**	**PLZ**	**Stadt**
125	Udo	Beck	89134	Blaustein
...	...	...	...	...

Das Attribut „Stadt" hängt transitiv vom Schlüssel „AutorID" ab, denn „AutorID" → „PLZ" und „PLZ" → „Stadt". Das Attribut „Stadt" hängt also nicht direkt vom Schlüssel ab und folglich befindet sich diese Tabelle nicht in der 3. Normalform. Man muss diese Tabelle in zwei Tabellen aufspalten, um die 3. Normalform herzustellen: Eine Tabelle „Autor", mit den Attributen „Vorname" und „Nachname" und einer Adress-ID; und einer Tabelle „Adresse" mit Schlüssel „PLZ" und weiteren Attributen, unter anderem eben den Städtenamen.

Aufgabe 5.12

Wie im Text erläutert, wird durch obige Tabelle „Autor" die 3. Normalform verletzt. Die Normalformen sollen ja immer auch sicherstellen, dass keine Dateninkonsistenzen auftreten können.

Beschreiben Sie, welche Inkonsistenzen durch das Schema der Tabelle „Autor" entstehen können.

5.6 Nicht-Relationale DBMS

Der Ansatz der relationalen Datenbanken, alle Daten in vordefinierten Tabellen zu halten, hat sich lange bewährt und ist immer noch der de-facto-Standard, große Datenmengen zu verwalten. Für viele Anwendungen ist der relationale Ansatz jedoch nicht passend, insbesondere dann nicht, wenn viele große Dokumente (inklusive deren Volltext-Inhalten) verwaltet werden sollen, oder wenn eine vordefinierte Struktur der Daten nicht sinnvoll ist.

Ferner sind relationale Datenbanksysteme grundsätzlich darauf ausgelegt, auf einem Zentralrechner (in diesem Zusammenhang oft als „Server" bezeichnet) zu laufen. Dagegen lassen sich viele nicht-relationale Datenbanken, wie beispielsweise CouchDB, einfacher auf viele einzelne Rechner an vielen unterschiedlichen Standorten verteilen. Genau diese Anforderung, Daten verteilt zu halten und Anfragen verteilt zu bearbeiten, ist für viele moderne Web-Anwendungen ausschlaggebend – man denke nur an Google, Amazon usw.

5.6.1 CouchDB: Datenverfügbarkeit vs. Datenkonsistenz

CouchDB-Logo

Ein bekannter aufstrebender Vertreter dieser nicht-relationalen Datenbanken ist die CouchDB[1], die ein schemafreies Dokumentenmodell unterstützt.

Relationale Datenbankmanagementsysteme legen im Allgemeinen großen Wert auf die Datenkonsistenz; jedoch kann es insbesondere bei sehr großen Datenbeständen sehr aufwändig sein, Konsistenzprüfungen über den gesamten Datenbestand durchzuführen. Hinzu kommt, dass das Überführen eines relationalen Datenbankentwurfs in die 3. Normalform oder gar 4. Normalform – ein notwendiger Schritt, wenn man auf Datenkonsistenz großen Wert legt – immer einhergeht mit der Aufspaltung von Tabellen. Die Folge davon ist, dass für Abfragen teilweise viele Joins notwendig sind, die wiederum rechenaufwändig sind. Es besteht ein *Trade-Off*[3] zwischen zum einen Datenverfügbarkeit und *Skalierbarkeit* und zum anderen Datenkonsistenz. Skalierbarkeit meint in diesem Zusammenhang die Möglichkeit, das DBMS auf mehrere Rechner, mehrere Festplatten oder mehrere Server[4] zu verteilen und während des Betriebs zusätzliche Festplatten, Rechner oder Server anzuschließen bzw. abzustellen.

CouchDB strebt, wie auch andere NoSQL[5]-Datenbanken, einen Kompromiss zugunsten hoher Verfügbarkeit und Skalierbarkeit an: Anstatt eine über die ganze Zeit hinweg vollständige Datenkonsistenz anzustreben, verfolgt CouchDB eine sogenannte *„Eventual Consistency"*-Strategie, d. h. die Daten sind letztendlich (irgendwann einmal) konsistent; temporär inkonsistente Zustände werden zugunsten einer hohen Verfügbarkeit bewusst in Kauf genommen. Dies mag wohl bei Banktransaktionen nicht hinnehmbar sein, tatsächlich ist dieser Kompromiss so aber für sehr viele Anwendungen sinnvoll.

5.6.2 Funktionsprinzipien

Die im Folgenden beschriebenen Funktionsprinzipien mögen nicht für alle nicht-relationalen Datenbanken gleichermaßen gelten. Zwar mag für jede sog. NoSQL-Datenbank das Prinzip der Schemafreiheit gelten; genau die Tatsache, dass relationale Datenbankmanagementsysteme aufgrund ihrer Bindung an feste Tabellenschemata zu unflexibel sind, ist ja ein wichtiger Grund dafür, auf nicht-relationale Datenbankmanagementsysteme auszuweichen. Wie eine nicht-relationale Datenbank jedoch Datenkonsistenz sicherstellt (bei CouchDB mittels MVCC), und ob oder wie Daten repliziert werden (bei CouchDB mittels inkrementeller Replikation), kann von Datenbankmanagementsystem zu Datenbankmanagementsystem sehr verschieden sein.

Schema-Freiheit
Daten werden in CouchDB nicht in Tabellen eines festen Schemas gespeichert; ein bestimmter Datensatz, in CouchDB auch oft als *Dokument* bezeichnet, wird stattdessen schemafrei im sogenannten JSON-Format (siehe Abschnitt 5.6.3) gespeichert. Der Name „Dokument" mag hier tatsächlich etwas irreführend sein, denn ein CouchDB-

---

3 Der englische Begriff *Trade-Off* stammt eigentlich aus der Volkswirtschaftslehre, wird aber in der Informatik recht häufig verwendet; man könnte ihn mit Zielkonflikt oder Kosten-Nutzen-Abwägung übersetzen. Ein Trade-Off liegt dann vor, wenn man eine Verbesserung eines Aspektes nur unter Inkaufnahme der Verschlechterung eines anderen Aspektes erreichen kann.
4 Unter *Server* versteht man einen Rechner, der sich (vereinfacht gesprochen) in ständiger Bereitschaft befindet, um evtl. über das Netzwerk ankommende Anfragen von „Außen" zu bearbeiten und die anfragenden Rechner entsprechend mit Daten zu „bedienen". Mehr zu den Begriffen „Server" und „Client" in Abschnitt 6.1.6.
5 NoSQL ist ein Akronym für: „not only SQL". Damit werden gemeinhin Datenbanken bezeichnet, die kein oder kein ausschließliches relationales Konzept verfolgen.

Dokument (d. h. ein JSON-Datensatz) besteht aus einer Menge von Schlüssel-Wert-Paaren, eingeschlossen in die geschweiften Klammern '{' und '}' – also einer Struktur ganz ähnlich einem Python-Dictionary-Objekt. Im Unterschied zu Python-Dictionary-Objekten sind in JSON-Strukturen aber lediglich Strings als Schlüssel erlaubt. Beipielsweise könnte folgende JSON-Struktur ein CouchDB-Dokument sein:

```
{ "name": "Tobias Haeberlein",
  "plz": "89134",
  "ort": "Blaustein",
  "email": ["haeberlein@hs-albsig.de", "tobias.haeberlein@gmx.de"] }
```

Aufgrund der Tatsache, dass man bei Verwendung von CouchDB nicht an ein bestimmtes Schema gebunden ist, ist es problemlos möglich einen weiteren Personendatensatz einzufügen, der andere Schlüssel enthält, etwa durch folgendes Dokument:

```
{ "vorname": "Gregory",
  "nachname": "Bateson",
  "ort": "London",
  "buecher": ["steps to an ecology of mind", "mind and nature"] }
```

MVCC statt Locks

Hier gibt es keine Locks, d. h. Leseoperationen müssen nicht wie bei relationalen Datenbanksystemen auf andere Schreiboperationen warten. Dadurch, dass beliebig viele Clients ohne diese Verzögerungen von der Datenbank lesen können, ist eine hohe Verfügbarkeit sichergestellt.

Multi-Version Concurrency Control (MVCC), stellt sicher, dass eine Transaktion grundsätzlich nie auf Datenbankzugriffe warten muss. MVCC funktioniert folgendermaßen: Sobald ein Dokument geändert wird, wird eine neue Version des Dokuments erzeugt und *zusätzlich* zur alten Version gespeichert – ganz ähnlich, wie dies auch in einem Versions-Kontrollsystem geschieht. Abbildung 5.6 veranschaulicht die Funktionsweise von MVCC anhand eines einfachen Beispiels.

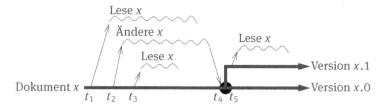

Abb. 5.6. Multi-Version-Concurrency-Control in Aktion: Zum Zeitpunkt t_1 liest eine Transaktion das Dokument x. Ein Concurrency-Control-Mechanismus, der Locks verwendet, um Datenkonsistenz sicherzustellen, würde daraufhin das Dokument x so lange sperren, bis die Transaktion die Leseaktion beendet hat (also etwa bis Zeitpunkt t_4). MVCC arbeitet jedoch nicht mit Locks und erlaubt einer zweiten Transaktion kurz darauf (zum Zeitpunkt t_2) das Dokument zu ändern, ohne dass Verzögerungen entstehen. Auch während diese Änderungen gerade durchgeführt werden, kann zum Zeitpunkt t_3 eine weitere Transaktion ohne Verzögerungen eine Leseoperation durchführen. Sobald die vorige Transaktion die Änderung in die Datenbank schreibt, wird automatisch eine neue Version des Dokumentes erzeugt.

Aufgabe 5.13

Zeichnen Sie ein ähnliches Bild wie das in Abbildung 5.6 und stellen Sie dieses Mal den zeitlichen Verlauf dar, der in einer Lock-basierten Datenbank enstehen würde.

Aufgabe 5.14

Überlegen Sie, was passieren könnte, wenn zum Zeitpunkt t_3 statt einer Leseoperation eine Schreiboperation ausgeführt werden würden. Sie können hierbei die folgenden beiden Fälle unterscheiden: (a) die zum Zeitpunkt t_3 stattfindende Schreiboperation ist *vor* Zeitpunkt t_4 beendet; (b) die zum Zeitpunkt t_3 stattfindende Schreiboperation ist *nach* Zeitpunkt t_4 beendet.

Inkrementelle Replikation

Als *Replikation* bezeichnet man die Situation, dass dieselben Daten über mehrere Standorte (bzw. Rechner oder Festplatten) verteilt mehrmals gespeichert sind. Dies kann aus einem bzw. aus einer Kombination der folgenden beiden Gründe erforderlich sein. **1.** Man will sicherstellen, dass die Daten sicher sind, d.h. dass die Daten auch dann, wenn ein Standort bzw. Rechner ausfällt, noch erhalten bleiben. **2.** Man will eine hohe Verfügbarkeit der Daten bzw. kurze Antwortzeiten bei vielen gleichzeitigen Zugriffen auf die Datenbank sicherstellen.

Replikation erfordert immer einen Mechanismus, die Daten zu synchronisieren, d. h. abzugleichen. Je nach dem, welche Synchronisationstechnik verwendet wird, können auch Konflikte entstehen, beispielsweise dann, wenn ein an zwei unterschiedlichen Stellen gespeichertes Datum zwischen zwei Synchronisationen in beiden Datenquellen geändert wurde. Es gibt unterschiedliche Strategien mit solchen Konflikten umzugehen, wir gehen hier jedoch nicht auf Details ein.

CouchDB verwendet eine sog. *Inkrementelle Replikation*: Die Replikation erfolgt nicht bei jeder Dokumentenänderung, sondern zu bestimmten (eventuell durch den Benutzer) vordefinierten Zeitpunkten.

5.6.3 JSON

JSON (= JavaScript Object Notation) ist neben XML ein häufig, insbesondere für viele Web-Anwendungen verwendetes textbasiertes[6] Datenaustauschformat. Es ist hilfreich, um etwa die durch eine Anwendung erzeugten Daten temporär zu speichern und dadurch einer anderen Anwendung verfügbar zu machen, oder einfach, um die Daten einer Anwendung persistent zu speichern.

Sehr oft wird JSON in Web-Anwendungen verwendet, um Daten von einem Web-Service an eine im Webbrowser ausführbare JavaScript-Anwendung zu transportieren. Und das geht deshalb besonders einfach, da JSON-Datensätze einer syntaktischen Teilmenge von JavaScript-Ausdrücken entsprechen – daher eben auch der Name „JavaScript Object Notation".

Pythons Standardbibliothek `json` bietet alle notwendigen Funktionalitäten, um Pythondaten in JSON umzuwandeln und um JSON-Daten in Python einzulesen:

```
>>> import json
>>> adict = {'eins' :1, 'zwei' :{'ersteins' :1, 'nocheins' :1}, 3 :
'drei' }
>>> json.dumps(adict)
'{"3": "drei", "eins": 1, "zwei": {"nocheins": 1, "ersteins": 1}}'
```

Die Funktion `dumps` liefert die JSON-Repräsentation eines Pythonobjektes. Wie man sieht, entspricht ein Python-Dictionary-Objekt recht genau einem JSON-Objekt: Beide bestehen aus einer Menge von Schlüssel-Wert-Paaren, eingeschlossen in geschweifte Klammern und beide können potentiell geschachtelt werden. Ein wichtiger Unterschied besteht darin, dass ein JSON-Objekt lediglich Strings als Schlüssel zulässt; ein

---

6 Mit „textbasiert" ist gemeint, dass die Daten so repräsentiert sind, dass sie durch einen Texteditor erstellt, betrachtet und geändert werden können; im Allgemeinen entspricht jedes einzelne Byte eines textbasierten Datenformats – zumindest dann, wenn die einzelnen Zeichen im ASCII-Format vorliegen – einem (etwa in einem Texteditor) darstellbaren Zeichen. Ein binäres Datenaustauschformat dagegen kann jedes einzelne Bit ausnutzen, um Daten zu repräsentieren; ein einzelnes Byte entspricht daher im Allgemeinen keinem darstellbaren Zeichen.

Dictionary-Objekt unterstützt dagegen Werte eines beliebigen (nicht-veränderbaren) Typs – Integer, Floats, Tupel, usw. – als Schlüssel. Wie man sieht, wurde bei der Umwandlung des obigen Dictionary-Objekts in ein JSON-Objekt der Integer-Schlüssel 3 in einen String `"3"` umgewandelt.

Aufgabe 5.15

Betrachten wir folgendes in der Variablen `adict` gespeichertes Python-Dictionary-Objekt:

```
>>> adict = {'name' :'knuth' , 'job' :'computer scientist' }
```

Gilt **str**`(adict)`== `json.dumps(adict)` ?

Neben Dictionary-artigen Mengen von Schlüssel-Wert-Paaren, kennt JSON auch noch Listen (durch Kommata getrennte, in eckige Klammern eingeschlossene Werte), Integer, Strings, die Booleschen Werte `true` und `false` und den Wert `null`.

Aufgabe 5.16

Pythons Modul `json` stellt neben `dumps` die Funktion `loads` zur Verfügung, die einen JSON-String in ein entsprechendes Python-Objekt umwandelt. Beantworten Sie zunächst ohne die Hilfe eines Rechners und danach durch Ausprobieren in Python die folgenden beiden Fragen.

(a) Sei s ein JSON-String, der ein JSON-Objekt, d. h. eine Liste von Schlüssel-Wert-Paaren enthält. Unter welchen Umständen gilt, dass `dumps(loads(s))` den String s unverändert zurückliefert?

(b) Sei d ein Python-Dictionary. Unter welchen Umständen gilt, dass `loads(dumps(s))` das Dictionary d unverändert zurückliefert?

5.6.4 Erzeugen einer CouchDB-Datenbank mit Python

Unter Verwendung des Python-Moduls `couchdb.client` kann man mit einem laufenden CouchDB-Datenbankserver interagieren. Dieses Modul ist nicht im Standardsatz der Module, die mit Python installiert werden, und muss mit

```
$ python -m pip install couchdb
```

nachinstalliert werden. Listing 5.2 zeigt ein Python-Skript, das eine neue CouchDB-Datenbank erzeugt und Datensätze in diese einfügt.

```python
from couchdb.client import *
from json import dumps, loads

# Verbindung zum Server aufbauen
srv = Server('http://localhost:5984')

# Erzeuge Datenbank mit Namen test
mydb = srv.create('test')

person = {
  'name' : 'Tobias Haeberlein',
  'age' : 38,
  'ort' : 'Blaustein',
  'strasse' : 'Blauweg 11',
  'land' : 'Deutschland',
  'email' : ['haeberlein@hs-albsig.de', 'tobias.haeberlein@gmx.de'] }
mydb.create(dumps(person)) # Erstellen eines neuen Dokuments

person = {
  'name' : 'Gregory Bateson',
  'age' : '107',
  'adresse' : 'London',
  'land' : 'England',
  'email' : ['bateson@web.de', 'greg.bateson@gmx.de'] }
mydb.create(dumps(person))
```

Listing 5.2. Python-Skript, das eine neue CouchDB-Datenbank `test` erzeugt und zwei Personendatensätze einfügt

In Zeile 5 wird die Verbindung zum CouchDB-Server aufgebaut; hierfür ist die Angabe einer URL (= Unified Ressource Locator; siehe Abschnitt 6.4.2 auf Seite 182) notwendig. In diesem Beispiel verwenden wir `localhost` als URI, d. h. wir gehen davon aus, dass der CouchDB-Server sich auf dem selben Rechner befindet, auf dem auch das Python-Skript ausgeführt wird. CouchDB kommuniziert standardmäßig über den Port 5984. In Zeile 8 wird mittels `create` eine neue Datenbank erzeugt. Die Variable `mydb` enthält den entsprechenden Verweis darauf.

In den Zeilen 10 bis 16 und 19 bis 24 werden zwei Personendatensätze als Python-`dict`-Objekte erzeugt. Damit diese in die CouchDB eingefügt werden können, müssen sie im JSON-Format vorliegen. Die Umwandlung des `dict`-Objektes in das JSON-Format erledigt die Funktion `dumps` des in der Standardbibliothek enthaltenen Moduls `json`. In den Zeilen 17 und 25 werden die beiden ins JSON-Format umgewandelten Datensätze mittels der `create`-Anweisung in die Datenbank `test` eingefügt.

Aufgabe 5.17

Sollte die Datenbank `test` schon existieren, dann bricht das in Listing 5.2 gezeigte Skript ab. Fügen Sie mittels `try` und `except` ein einfaches Exception-Handling ein, das diesen möglichen Fehler folgendermaßen abfängt: Sollte die CouchDB schon eine Datenbank mit Namen `test` haben, so soll eine kurze Fehlermeldung ausgegeben werden, anschließend soll diese Datenbank gelöscht werden (Pythons `del`-Funktion kann auf das `srv`-Objekt angewendet werden) und schließlich neu erzeugt werden.

5.6.5 Benutzerdefinierte Views mit MapReduce

Auch was die Anfragen an die Datenbank betrifft, ist CouchDB flexibler als herkömmliche relationale Datenbanksysteme. Während man bei Anfragen in relationalen Datenbanken beschränkt ist auf SQL-SELECT-Anweisungen, kann man in CouchDB die Anfragen selbst programmieren; damit ist es potentiell möglich einen großen Teil der Anwendungslogik direkt in die Datenbank einzubetten.

Die damit gewonnene Flexibilität wird aber damit bezahlt, dass es etwas schwieriger ist, sich in den Anfrage-Mechanismus von CouchDB einzudenken. Dieser Anfrage-Mechanismus ist angelehnt (jedoch nicht identisch) an das ursprünglich von Google entworfene MapReduce-Framework [4], das speziell auf die Anforderungen verteilter und paralleler Programmierung ausgelegt ist und die effiziente Berechnung bestimmter Funktionen über viele potentiell weit verteilte Rechner erlaubt.

Die Erzeugung einer View – was in diesem Zusammenhang nichts anderes ist als eine Datenbankabfrage inklusive bestimmter benutzerdefinierter Berechnungen auf den Daten – unterteilt sich in die Aufgaben, zum einen eine passende Map-Funktion zu entwerfen und zum anderen eine passende Reduce-Funktion.

– *Map*: Erzeugt aus einem Dokument ein oder auch mehrere temporäre Schlüssel-Wert-Paare, die man auch als temporäre View bezeichnen kann. Eine Map-Funktion ist definiert in JavaScript-Syntax und hat die folgende allgemeine Form:

```
''' function(doc) {
    ...
    emit(k1,v1);
    ...
    emit(kn,vn); }'''
```

Die Key-Value-Einträge der temporären View, werden also durch die (vordefinierte) Funktion `'emit'` erzeugt.

– *Reduce*: Eine Reduce-Funktion sollte ausschließlich dazu verwendet werden, die Einträge einer (durch die Map-Funktion temporär erzeugten) View zusammenzufassen bzw. zu vereinigen und eventuell durch eine bestimmte Funktion zu verknüpfen. Der Reduce-Funktion wird eine Liste von Zwischen-Werten übergeben, und Reduce fasst diese in einem einzigen Wert zusammen. Eine Reduce-Funktion muss, ebenso wie die Map-Funktion, in JavaScript-Syntax definiert werden und hat die folgende allgemeine Form:

```
''' function(keys, values) {

    ...

    return ergebnis; }'''
```

Die Reduce-Funktion sollte einen einzigen Wert zurückliefern. Da die Reduce-Funktion eventuell wiederum auf die durch sie erzeugten Werte angewendet wird, sollte dieser erzeugte Wert ...

- ... sowohl als Inhalt im Value-Feld des letztendlich erzeugten Views dienen können
- ... als auch ein Element der Value-Liste der Reduce-Funktion sein können.

Abbildung 5.7 zeigt das Zusammenspiel der Map-Funktion und der Reduce-Funktion bei der Erzeugung eines Views. Diese Darstellung nimmt an, dass bei der Anfrage `'group=True'` gesetzt ist; dies bewirkt, dass die Reduce-Funktion die Werte gruppiert nach den Schlüsseln verknüpft.

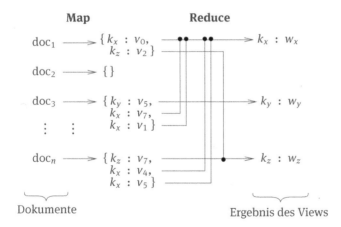

Abb. 5.7. Graphische Darstellung des Zusammenspiels der Map-Funktion und der Reduce-Funktion bei der Berechnung einer View in CouchDB: Ganz links im Bild sind alle Dokumente dargestellt, die sich momentan in der CouchDB befinden, ganz rechts im Bild ist der durch die kombinierte Anwendung der Map-Funktion und der Reduce-Funktion gebildete View dargestellt. Map bildet jedes Dokument auf eine Menge von Schlüssel-Wert-Paaren ab. Reduce verknüpft – zumindest dann, wenn `'group=True'` gesetzt ist – anschließend alle einem bestimmten Schlüssel zugeordneten Werte und berechnet daraus jeweils einen Wert.

Beispiel 1: Anzahl Personen pro Land

Wir wollen ausgeben, wie viele in der CouchDB gespeicherte Personen sich in den jeweiligen Ländern befinden. Betrachten wir den Code aus Listing 5.3, der als Fortsetzung von Listing 5.2 gedacht ist:

```
#Code aus Listing 5.2
mapPPL = ''' function(doc) { emit(doc.land,1) }'''
reducePPL = ''' function(keys, vals) { return sum(vals); }'''
viewPNL = mydb.query(mapPPL, reducePPL, group=True)
```

Listing 5.3. Implementierung einer View, die die Anzahl der Personen in den jeweiligen Ländern zurückliefern soll

Die Map-Funktion `mapPPL` in Zeile 27 wird auf jedes in der CouchDB befindliche Dokument angewendet und erzeugt für jedes Dokument ein Schlüssel-Wert-Paar; daraus ergibt sich folgende temporäre Tabelle:

Schlüssel	Wert
Deutschland	1
England	1
Deutschland	1
...	...

Auf diese temporäre Tabelle wird nun die Reduce-Funktion `reducePPL` angewendet. Die Option `group=True` bewirkt hierbei, dass die Reduce-Funktion immer auf alle Werte eines Schlüssel angewendet wird und die Ergebnisse schlüsselweise hinterlegt werden.

Die mit der `query`-Anweisung erzeugte View ist iterierbar. Der Inhalt kann beispielsweise über eine Listenkomprehension ausgegeben werden (wir gehen davon aus, dass insgesamt 8 Personendatensätze in die CouchDB `test` eingefügt wurden):

```
>>> [(erg.key,erg.value) for erg in viewPPL]
[('Deutschland', 4), ('England', 2), ('USA', 2)]
```

Beispiel 2: Alle Personen eines Landes

Wir wollen nun für jedes Land, das in den Personendatensätzen aufgeführt ist, ausgeben, welche Personen in diesem Land leb(t)en. Listing 5.4 zeigt, wie die entsprechende CouchDB-View `viewPNL` konstruiert werden kann.

```
#Code von Listing 5.2

mapPNL = ''' function(doc) { emit(doc.land,doc.name) }'''
reducePNL = ''' function(keys, vals) { return vals }'''
```

```
viewPNL = mydb.query(mapPNL, reducePNL, group=True)
```

Listing 5.4. Implementierung einer View, ausgibt, welche Personen sich in den jeweiligen Ländern befinden bzw. befanden

Mittels der folgenden Listenkomprehension können die Ergebnisse ausgegeben werden:

```
>>> [(erg.key,erg.value) for erg in viewPIL]
[('Deutschland', ['Tobias Haeberlein', 'Bernhard Riemann',
                  'Niklas Luhmann', 'David Hilbert']),
 ('England', ['Gregory Bateson', 'Alan Turing']),
 ('USA', ['Donald Knuth', 'Haskell Brooks Curry'])]
```

Beispiel 3: Alle Personen, die jünger als 100 sind
Diese Abfrage kommt gänzlich ohne die Aggregierungsmöglichen einer Reduce-Funktion aus; wir müssen lediglich eine entsprechende Map-Funktion definieren, wie in Listing 5.5 gezeigt:

```
#Code von Listing 5.2
mapAge = ''' function(doc) { if (doc.age && doc.name && doc.age<100)
                              {emit(null, doc.name);}
                           }'''
dieJungen = mydb.query(mapAge)
```

Listing 5.5. Implementierung einer View, die die Namen aller „jungen" Personen zurückliefert.

Diese View enthält also keine Schlüssel mehr (erstes Argument von `emit` ist `null`), sondern ausschließlich Werte, nämlich die Namen der gesuchten Personen. Die Abfrage `'if (doc.age && doc.name && doc.age<100)'` stellt zum einen sicher, dass das jeweilige Dokument überhaupt Felder mit Namen `'age'` und `'name'` besitzt; zum anderen werden nur Werte „emit"tet, falls der Wert im Feld `'age'` kleiner als 100 ist.

Mittels der folgenden Listenkomprehension können die Ergebnisse ausgegeben werden:

```
>>> [erg.value for erg in dieJungen]
['Alan Turing', 'Niklas Luhmann', 'Donald Knuth']
```

Aufgabe 5.18

Erstellen Sie jeweils eine View, die …

(a) alle Personen auflistet, die älter als 100 sind und die in Deutschland leben bzw. gelebt haben.

(b) das aufsummierte Alter aller Personen zurückliefert.

(c) die jüngste Person zurückliefert.

(d) das aufsummierte Alter aller in England lebenden Personen zurückliefert.

6 Internet und Internetprogrammierung

Vorausgesetzt, unser Rechner verfügt über Internetverbindung, kann Python Emails lesen und versenden, Web-Seiten von entfernten Seiten laden, Dateien über FTP transferieren oder interaktive Web-Seiten konstruieren. Vieles geht relativ einfach, wenn man die Internet-Module verwendet, die in jeder Python-Distribution mitgeliefert werden.

6.1 Einführung in die Funktionsweise des Internet

Bevor wir beginnen, einfache Internetanwendungen zu programmieren bzw. zu verwenden, stellen wir kurz dar, wie das sogenannte Internet entstanden und gewachsen ist und nach welchen Grundprinzipien es funktioniert.

6.1.1 Geschichtliches

Die ursprüngliche Motivation für die Vernetzung von Rechnern war die gemeinsame Nutzung großer Rechenleistung. Rechenleistung war besonders in den frühen Zeiten der Informatik sehr teuer, und nicht jeder Standort eines Unternehmens bzw. einer Universität konnte sich einen eigenen Rechner leisten. Es war sehr viel günstiger, einen großen Rechner durch ein Computernetz mit den Standorten zu verbinden.

Die Organisation, die vor über 40 Jahren am hungrigsten nach Rechenleistung war, war das Verteidigungsministerium der Vereinigten Staaten; und so war die AR-PA[1], das Forschungsinstitut des US-Verteidigungsministeriums, der Begründer des heutigen Internets. Das von der ARPA entwickelte Datennetz wurde damals ARPA-NET genannt. Es verwendete schon in seinen Anfängen eine Technologie, die wir heute noch als *Internetworking* bezeichnen, mit der nicht einzelne Computer, sondern eigentlich Computernetzwerke vernetzt werden können. Abbildung 6.1 zeigt das Wachstum des ARPANET in den 70er- und 80er-Jahren.

Das ARPANET wurde bewusst so angelegt, dass es *dezentral* und möglichst ausfallsicher ist: Es existieren kein Zentralrechner und (möglichst) keine zentralen Internetknoten, an denen alle Verbindungen zusammenlaufen würden.

---

1 ARPA ist ein Akronym für „Advanced Research Projects Agency".

1969   1977

Abb. 6.1. Entwicklung des ARPANET zwischen 1969 und 1977.

Aufgabe 6.1

Obwohl man es tendenziell vermeiden möchte, gibt es natürlich bestimmte Internetknotenpunkte. Finden Sie durch eine Web-Recherche heraus, welches die für Deutschland wichtigsten Internetknotenpunkte sind.

Diese beabsichtigte Dezentralität erstreckt sich jedoch nicht vollständig auf die administrative Ebene. Die Organisation für die Pflege und Zuordnung von IP-Adressen auf Domain-Namen ist die ICANN[2], die indirekt durch das US-Wirtschaftsministerium kontrolliert ist. ICANN unterhält Server in vielen Ländern.

6.1.2 Netzwerk-Protokolle

Ein *Protokoll* ist eine bestimmte Vereinbarung, nach der die Kommunikation zweier Parteien abläuft. In einem Protokoll ist beispielsweise festgelegt, wie eine Nachricht beginnt, wie sie endet, wie eine Nachricht formatiert ist, was bei Fehlern oder unerwartetem Verbindungsabbruch passiert, usw. Kommunikationsprotokolle sind *die* Grundlage des Internet. Die beiden für das Internet wichtigsten Kommunikationsprotokolle sind das Internet Protocol (IP) und das Transmission Control Protocol (TCP). Die Bezeichnung TCP/IP steht jedoch meist für die ganze Sammlung der am häufigsten verwendeten Protokolle des Internet – und davon gibt es viele.

6.1.3 Das TCP/IP-Referenzmodell

Um die Kommunikationsaufgaben in Netzwerken übersichtlich darzustellen, werden die entsprechenden Protokolle gemäß funktionaler Ebenen sortiert dargestellt. Das

---

2 ICANN = Internet Corporation for Assigned Names and Numbers

TCP/IP-Referenzmodell gliedert sich in vier aufeinander aufbauende Schichten: die „unterste" ist die technischste, die „oberste" ist die abstrakteste. Tabelle 6.1 zeigt das TCP/IP-Referenzmodell: Ein Grundprinzip ist, dass die Protokolle einer bestimmten

Tab. 6.1. Das TCP/IP-Schichtenmodell

TCP/IP-Schicht	englischer Name	Beispiele
Anwendungsschicht	Application	HTTP, FTP, SMTP, POP, Telnet, ...
Transportschicht	Transport	TCP, UDP, SCTP, ...
Internetschicht	Internet	IP
Bitübertragung	Physical	Ethernet, Token Bus, Token Ring, ...

Schicht nie auf die Funktionalitäten der Protokolle einer höheren Schicht zugreifen können. Ein Zugriff von „oben" nach „unten" ist jedoch immer möglich: Die Protokolle einer bestimmten Schicht müssen immer in der Lage sein, auf Funktionalitäten der Protokolle tiefer liegender Schichten zuzugreifen. Beispielsweise muss ein Programm der Anwendungsschicht auf Dienste und Funktionen der Transportschicht zugreifen. Dieser Zugriff geschieht über Sockets bzw. Ports.

Auf der *Anwendungsschicht* befinden sich Prozesse mit direkter Benutzerinteraktion, wie Web-Browser, Email-Clients oder FTP-Clients. Programmiert man Internetanwendungen (wie wir das später in diesem Abschnitt tun werden), so verwendet der Programmierer meistens die Anwendungsschicht zur Kommunikation. Hierbei kommen Ports bzw. Sockets zum Einsatz (siehe unten). Im Allgemeinen existiert für jedes Protokoll eine bestimmte Port-Nummer, die verwendet wird.

Zu den Aufgaben der *Transportschicht* zählen der Aufbau einer Verbindung, die Segmentierung von Datenpaketen (ein Teil einer Nachricht kann evtl. andere Wege gehen als ein anderer Teil derselben Nachricht), das Sicherstellen eines verlustfreien Datentransfers (es kann unterwegs immer zu Datenverlusten kommen und es ist wichtig, dass die Kommunikationspartner das merken und entsprechend handeln können) und Mechanismen zur Vermeidung von Daten-Staus. Der Verbindungsaufbau mit TCP erfolgt folgendermaßen (und zwar ganz ähnlich zum herkömmlichen Telefon): Ein Anrufer sendet einen sogenannten *Request* (entspricht dem Klingel-Zeichen beim Telefonieren) an einen Kommunikationspartner. Dieser sendet eine Antwort (engl: *Reply*) an den Anrufer; dies entspricht dem Abheben des Telefonhörers und dem Melden. Der Datenaustausch kann beginnen. Eine Verbindung wird solange aufrecht erhalten, bis sie explizit von einem Kommunikationspartner beendet wird; dies entspricht dem Auflegen des Telefonhörers. Eine TCP-Übertragung fordert eine relativ hohe Netzbelastung (Request-Reply-...). Benötigt ein Dienst keine gesicherte Verbindung zwischen zwei Kommunikationspartnern, so kann das einfachere User Datagram Protocol (UDP) verwendet werden.

Aufgabe 6.2

Informieren Sie sich genauer: Warum ist UDP so viel unsicherer als TCP? Wann genau wird üblicherweise UDP eingesetzt?

6.1.4 Internetworking

Das Ziel des Internetworking ist die Kommunikation über Netzwerkgrenzen hinweg. Für den Zusammenschluss zweier (oder mehrerer) Netzwerke werden *Router* eingesetzt. Üblicherweise verbindet ein Router zwei unterschiedliche Netzwerke. Ein Router hat eine getrennte Schnittstelle für jeden Netzanschluss. Abbildung 6.2 zeigt ein aus vier beliebigen Netzwerken bestehendes Internet. Ein Netzwerk ist als Wolke dargestellt, ein Router als kleines Rechteck zwischen den Wolken.

Abb. 6.2. Ein kleines Internet, bestehend aus vier Netzwerken, jeweils dargestellt als Wolken. Diese sind durch Router, dargestellt als kleine Rechtecke, miteinander verbunden.

Meist verbindet ein Router nur zwei physikalisch unterschiedliche Netzwerke, obwohl die meisten kommerziellen Router auch mehr als zwei Netzwerke miteinander verbinden könnten. Der Grund ist ein sehr pragmatischer: Routing ist sehr anspruchsvoll was die erforderliche Rechenleistung betrifft. Die Rechenkapazität eines Routers reicht oft nicht aus, um den Datenverkehr zwischen mehr als zwei Netzwerken zu vermitteln. Außerdem wird durch mehr Redundanz das Internet zuverlässiger, oder anders ausgedrückt: Je mehr zentrale Netzknoten (und ein Router, der viele Netze verbindet, wäre ein solcher) das Internet beinhaltet, desto unzuverlässiger wird es.

Aufgabe 6.3

Erklären Sie diesen Sachverhalt genau: Warum ist es – was die Zuverlässigkeit betrifft – ungünstig, viele zentrale Netzknoten zu haben?

Aufgabe 6.4

Auf welcher Ebene des TCP-IP-Referenzmodells arbeitet ein Router?

Internetworking gibt dem Benutzer die Illusion eines einzigen, zusammenhängenden Netzwerkes, obwohl es eigentlich aus vielen sehr unterschiedlichen physikalischen Netzwerken besteht. Abbildung 6.3 zeigt diesen Sachverhalt. Der linke Teil veranschaulicht die Illusion des Benutzers, sich in einem homogenen Netzwerk zu befinden; der rechte Teil veranschaulicht die eigentlich zugrundeliegende Struktur: Die Rechner sind in Wirklichkeit an verschiedene physikalische Netzwerke angeschlossen; diese Netzwerke sind über Router verbunden.

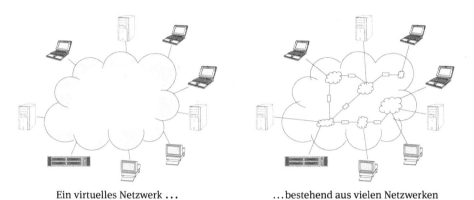

Ein virtuelles Netzwerk ...   ...bestehend aus vielen Netzwerken

Abb. 6.3. Linker Teil der Abbildung: Veranschaulichung eines virtuellen Netzwerks, das dem Internetworking zugrunde liegt. Rechter Teil der Abbildung: Veranschaulichung der eigentlich zugrundeliegenden physikalischen Struktur: Das virtuelle Netzwerk besteht aus vielen unterschiedlichen physikalischen Netzwerken.

6.1.5 Sockets

Sockets sind Schnittstellen zwischen Netzwerkverbindungen verschiedener Rechner, und die Schnittstellen der Anwendungsschicht zu den darunterliegenden Schichten. Jede Kommunikation über die gängigen Anwendungsprotokolle (wie etwa FTP, HTTP usw.) basiert auf der Kommunikation über Sockets.

Obwohl Sockets sehr oft für Netzwerk-Kommunikation eingesetzt werden, können sie auch dazu verwendet werden, die Kommunikation zwischen Programmen zu ermöglichen, die auf dem selben Rechner laufen – diese Art der Kommunikation wird manchmal auch *Inter-Process-Communication* (Kurz: IPC) genannt.

Kommunikation über Sockets ist immer *bidirektional*, d. h. Daten können sowohl gesendet als auch empfangen werden. Aus der Sicht eines Programmierers bestehen Sockets einfach aus einer Menge von bereitgestellten Funktionen. Jeder Socket bezieht sich auf eine bestimmte Adresse, die sich zusammensetzt aus ...

1. ...der *IP-Adresse des Rechners*.

   Diese ist entweder eine Folge von Zahlen, durch Punkte getrennt (beispielsweise 82.94.164.162) oder wird als *Domain-Namen*, eine durch Menschen besser lesbarer Form, angegeben (beispielsweise www.python.org). Diese Domain-Namen werden automatisch auf die entsprechende Folge von Zahlen abgebildet; dies bewerkstelligt ein sogenannter *Domain Name Server* (DNS). Dieser kann mit einem Telefonbuch verglichen werden, das ebenso wie der DNS Namen auf Zahlen, also Telefonnummern, abbildet.

2. ...der *Portnummer*.

   Jede Kommunikationsart entspricht einer bestimmten Zahl, der sog. Portnummer. Rechner, die mit dem Internet verbunden sind, unterstützen im Allgemeinen eine große Zahl verschiedener Kommunikationsdienste. Zwei Rechner, die über das Internet kommunizieren wollen, müssen beide bestimmte Sockets für die Verbindung reservieren, die beide die gleiche Portnummer enthalten müssen. Wollen die beiden Rechner beispielsweise über das HTTP-Protokoll kommunizieren, müssen beide dafür die Portnummer 80 verwenden.

Die Portnummern von Sockets können theoretisch aus dem Bereich zwischen 0 und 65535 kommen. Standardprotokolle werden jedoch meist auf eine Portnummer aus dem Bereich zwischen 0 und 1023 abgebildet; jedes Protokoll hat eine vordefinierte Portnummer. Abbildung 6.2 zeigt eine Liste der wichtigsten Protokolle zusammen mit den entsprechenden Portnummern.

Tab. 6.2. Einige der wichtigsten Internetprotokolle zusammen mit den zugehörigen Portnummern.

Protokoll	Funktion	Portnr	Pythonmodul
HTTP	Webseiten	80	httplib
FTP - Daten	Dateitransfer	20	ftplib
FTP - Control	Dateitransfer	21	ftplib
SMTP	Emails senden	25	smtplib
POP3	Emails empfangen	110	poplib
Telnet	Kommandozeile	23	telnetlib

6.1.6 Host, Server, Client

Wir beginnen mit der Definition der Begriffe „Host", „Server" und „Client", die im Folgenden immer wieder verwendet werden.

Der Begriff „*Host*"(engl. für Gastgeber) bezeichnet einen Rechner, der in ein Netzwerk eingebunden ist und bestimmte Dienste, wie etwa Datenbankabfragen oder die Durchführung bestimmter Berechnungen, entweder anbietet oder beansprucht.

Als *Server* (engl. für Diener) bezeichnet man einen Rechner, manchmal auch nur ein bestimmtes Programm auf einem Rechner, das bestimmte Dienste in einem Netzwerk bereitstellt. Ein Server wartet dabei *passiv* auf Anfragen von außen. Oft kann ein leistungsfähiger Server parallel mehrere Anfragen gleichzeitig bearbeiten. Meist sind Server sehr leistungsfähige Rechner, die rechen- oder speicheraufwändige Dienste bereitstellen, wie etwa die Suche in großen Datenbanken, die Ausführung komplexer numerischer Berechnungen, die Bereitstellung von Speicher oder den Zugriff auf große Dateisysteme.

Als *Clients* (engl. Kunden) bezeichnet man diejenigen Rechner (manchmal auch: diejenigen Programme), die eine Verbindung zu einem Server herstellen, um dessen Dienste zu nutzen. Hierbei spielt der Client immer die aktive Rolle: er entscheidet, wann er die Dienste des Servers in Anspruch nehmen will.

Das Client-Server-Modell ist besonders im Zeitalter des Internet die vorherrschende Methode, Dienste innerhalb eines Netzwerks zu verteilen. Email-Anwendungen sind beispielsweise sehr oft so organisiert. Der Mail-Server verwaltet die Emails einer Gruppe von Nutzern, d. h. er empfängt, versendet und speichert Emails; er befindet sich meist auf einem leistungsfähigen zentralen Rechner. Der Email-Client ist das Programm, das bei einem bestimmten Nutzer auf dem lokalen Rechner läuft; es realisiert die graphische Benutzeroberfläche und nimmt Verbindung zum Mail-Server auf, um dessen Dienste in Anspruch zu nehmen.

6.2 Socketprogrammierung

Dieser Abschnitt erklärt, wie man mit Python auf Socket-Ebene, d. h. auf der Ebene der Transportschicht, Verbindungen aufbauen und Daten austauschen kann. Alle folgenden Abschnitte zeigen, wie man in Python Anwendungsprotokolle verwenden kann, und zwar am Beispiel von FTP, HTTP, und SMTP – und in der Tat ist das die wohl häufigste Art der Internetprogrammierung.

Um einfache Netzwerkverbindungen zwischen Rechnern aufzubauen, kann das Pythonmodul `socket` verwendet werden. Es stellt eine Schnittstelle zur Netzwerkkommunikation mit Sockets bereit. Die durch dieses Modul bereitgestellten Funktionen arbeiten auf der Transportschicht und sprechen entsprechende Protokolle (TCP/IP, UDP, ...) direkt an. Die meisten Protokoll- und Servermodule (wie etwa `ftplib`, `smtplib`, ...) setzen direkt auf diesem Modul auf. Die Programmierung direkt mit Sockets ist daher sehr viel „technischer" als die Programmierung von Internetkommunikation auf der Anwendungsschicht.

Das in Listing 6.1 gezeigte Programm ist ein einfaches Beispiel, das die Verwendung von Socket-Kommunikation veranschaulichen soll. Das Programm wartet darauf, dass ein anderer Rechner eine Verbindung zu einem bestimmten Socket auf Port 50007 nutzt und Daten schickt – ein solches Programm, das passiv darauf wartet, von einem anderen Rechner „angesprochen" zu werden, um bestimmte Dienste zu leisten, nennt man oft auch *Server*. Der „Dienst" des Servers in diesem Beispiel besteht einfach darin, dass er ankommende Daten einfach wieder mit dem vorangestellten String `'Echo=>'` zurückschickt. Es ist gut möglich, dass – falls sie das Programm unter Windows ausführen – die Firewall von Windows die Aktionen blockiert. Immerhin geben Sie damit ja einen Socket für Anfragen von außen frei, was potentiell gefährlich sein kann. Um das Programm zu testen, müssen sie dann eventuell der Firewall mitteilen, dass sie es in diesem Fall zulassen soll.

```python
from socket import *
myHost = ''  # Localhost
myPort = 50007
s = socket(AF_INET, SOCK_STREAM)
s.bind((myHost,myPort))
s.listen(5)

while True:
    verb, adr = s.accept()
    print('I am connected by'+adr)
    while True:
        dat = verb.recv(1024)
        if not dat: break
        verb.send('Echo=>'+dat)
    verb.close()
```

Listing 6.1. Ein einfaches Server Programm

Dieses kleine Server-Programm arbeitet im Detail wie folgt:
- Zeile 4: `s = socket(AF_INET, SOCK_STREAM)` erzeugt ein TCP-Socket-Objekt. Sowohl `AF_INET` also auch `SOCK_STREAM` sind im `socket`-Modul vordefinierte Variablen; zusammen verwendet bedeuten sie einfach, dass ein TCP/IP-Socket verwendet wird.
- Zeile 5: `s.bind((myHost, myPort))` bindet das Socket-Objekt an eine Adresse, bestehend aus einer IP-Adresse und einem Port. Handelt es sich um Server-Programme (wie in diesem Fall), so ist der Hostname in aller Regel der leere String `''`, was bedeutet, dass die Adresse des lokalen Rechners verwendet wird.
- Zeile 6: `s.listen(5)` wartet auf einkommende Verbindungen von außen; 5 Verbindungen können gleichzeitig in wartendem Zustand sein. Für den Fall, dass noch mehr Clients gleichzeitig den Host kontaktieren wollen, werden diese dann zurückgewiesen und müssen es später nochmals versuchen.

- Zeile 9: `verb, adr = s.accept()` wartet darauf, dass der nächste Client-Rechner den Host kontaktiert. Wenn dies passiert, dann wird ein neues Socket-Objekt `verb` zurückgeliefert, über das einkommende Daten fließen. Zusätzlich wird auch noch die IP-Adresse `adr` des kontaktierenden Clients zurückgeliefert.
- Zeile 12: `dat = verb.recv(1024)` liest höchstens 1024 Bytes an Daten, die der Client sendet. Wenn der Client fertig ist, wird ein leerer String zurückgeliefert und `dat` entspricht dem Wert `False`.
- Zeile 14: `verb.send('Echo=>'+dat)` sendet den zuletzt erhaltenen Datenblock zusammen mit einem vorangestellten `'Echo=>'` zurück an den Client.

Die in Listing 6.2 gezeigte Funktion `senden(message)` stellt ein zugehöriges Client-Programm dar, das Daten auf den vom Server geöffneten Socket senden kann.

```
1  from socket import *
2  serverPort=50007
3  serverHost='41.87.8.37'
4
5  def senden(txt):
6      s = socket(AF_INET, SOCK_STREAM)
7      s.connect((serverHost, serverPort))
8      for zeile in txt:
9          s.send(zeile)
10         daten = s.recv(1024)
11         print('Client received:' +str(daten))
12     s.close()
```

Listing 6.2. Das zu Listing 6.1 passende Client-Programm.

Client und Server müssen dieselbe IP-Adresse und dieselbe Portnummer verwenden und schon können so ganz einfach Daten ausgetauscht werden – vorausgesetzt die Firewall blockiert den Zugriff nicht. Der verwendete Port 50007 ist eine recht zufällig gewählte Zahl und außerhalb des Bereiches, in dem sich die Port-Nummern für die gängigen Anwendungsprotokolle (wie Email, FTP, usw.) befinden.

Aufgabe 6.5

Wir versuchen, ein einfaches Python-Skript zu schreiben, mit dem man Text-Dateien übertragen kann:
- Schreiben Sie eine Funktion `sendeDatei(datei,ipAdr,port)`, das versucht, dem Rechner mit der Adresse. `ipAdr` auf Port `port` die Datei `datei` Zeile für Zeile zu senden.

– Schreiben Sie ein passendes Server-Programm, das auf die Daten des soeben geschrieben Client-Programms wartet und die gesendeten Daten in eine Datei `tmp.txt` schreibt.

6.3 Dateitransfer mit FTP

FTP ist eines der ältesten Protokolle der Anwendungsschicht des TCP/IP-Referenzmodells. Das Kürzel „FTP" steht für „File Transfer Protocol". Es handelt sich um ein Protokoll, das speziell für die Übermittlung von Dateien entworfen wurde.

FTP verfügt über zwei Socketverbindungen. Eine Verbindung, auch *Steuerkanal* genannt, um Befehle (wie etwa „Hole Datei xy" oder „Öffne Verbindung") zu einem entfernten Rechner zu senden. Diese Socketverbindung belegt überlicherweise den Port 21. Über die zweite Socketverbindung des FTP-Protokolls, auch *Datenkanal* genannt, werden die die eigentlichen Daten der zu übermittelnden Datei gesendet. Nach dem Öffnen einer FTP-Verbindung muss sich der Benutzer authentifizieren. Ist der FTP-Server öffentlich zugänglich, so gibt man üblicherweise als Benutzername `anonymous` ein und als Passwort seine Email-Adresse.

Alle Details der Implementierung des FTP-Protokolls sind im Python-Modul `ftplib` gekapselt.

Das in Listing 6.3 gezeigte Python-Skript beispielsweise loggt sich automatisch am Webserver der Hochschule Albstadt-Sigmaringen ein, wechselt ins Verzeichnis `public_html` und transferiert alle als Kommandozeilenargument übergebenen Dateien des lokalen Rechners auf den FTP-Server in eben dieses Verzeichnis.

```
import ftplib, sys
ftp = ftplib.FTP('www.hs-albsig.de')
ftp.login('haeberlein','...')
ftp.cwd('public_html')
for filename in sys.argv[1:]:
  ftp.storbinary('STOR '+filename, open(filename, 'rb'))
```
Listing 6.3. Einfaches Beispiel für die Verwendung des `ftplib`-Moduls

Um eine Verbindung zu einem FTP-Server zu öffnen, muss man mit der Funktion `ftplib.FTP` ein FTP-Objekt erzeugen. Diese Funktion erhält als Argument die IP-Adresse (in Form eines Strings) des FTP-Servers. Dieses Objekt stellt Methoden bereit, mit denen man FTP-Befehle ausführen kann. Mit der `login`-Methode kann man sich mit Benutzernamen und Passwort beim FTP-Server anmelden; mit der `cwd`-Methode kann man das Server-Verzeichnis wechseln. Die `storbinary`-Methode kann Dateien aus dem aktuellen lokalen Verzeichnis auf dem aktuellen Serververzeichnis speichern. Diese Methode erwartet als erstes Argument einen FTP-Kommandostring; der

String `'STOR'+filename` stellt das übliche Format für einen FTP-Kommandostring dar. Das zweite Argument ist eine Funktion oder Methode, die das FTP-Kommando mit Daten versorgt. Will man die umgekehrte Richtung gehen, d. h. Daten vom Server auf den lokalen Rechner laden, so kann man den Befehl

```
ftp.retrbinary('RETR '+dateiname, lokalfile.write)
```

verwenden. Auch in diesem Fall ist das erste Argument ein FTP-Kommandostring und das zweite Argument eine Funktion oder Methode, an die Python die gelesenen Daten weitergibt.

Es scheint etwas inkonsequent, dass die Methoden `retrbinary` und `storbinary` die Strings `'RETR'` bzw. `'STOR'` benötigen, denn diese sind eigentlich Teil des FTP-Protokolls, das ja das `ftplib`-Modul verstecken sollte. Siehe hierzu die folgende Aufgabe.

Aufgabe 6.6

Sie wollen die Details des FTP-Protokolls für das Holen und Speichern von Dateien verstecken und zwei Funktionen schreiben, die Ihnen eine etwas abstraktere (d. h. technische Details versteckende) Schnittstelle auf das Holen und Speichern von Dateien bietet, als dies die Methoden `retrbinary` und `storbinary`, die das Python-Modul `ftplib` zur Verfügung stellt, tun.

(a) Schreiben Sie eine Python-Funktion

```
getfile(file, site, dir, user=())
```

das die im Verzeichnis `dir` befindliche Datei `file` von der Adresse `site` in dem aktuellen Verzeichnis speichert (unter dem gleichen Namen). Optional kann im Parameter `user` ein Tupel bestehend aus Benutzername und Passwort mit übergeben werden.

(b) Schreiben Sie eine Python-Funktion

```
putfile(file, site, dir, user=())
```

das die im aktuellen Verzeichnis befindliche Datei `file` auf den FTP-Server mit Adresse `site` in dessen Verzeichnis `dir` speichert. Optional kann wiederum im Parameter `user` ein Tupel bestehend aus Benutzername und Passwort mit übergeben werden.

Manchmal sind FTP-Sites nicht erreichbar. Angenommen, wir haben eine Liste von FTP-Seiten gespeichert, von denen wir Daten holen wollen. Listing 6.4 zeigt ein Python-Skript, das die nicht erreichbaren FTP-Seiten aus dieser Liste ausfiltert.

```
import socket, ftplib
def isFTPSeiteDa(seite):
  try:
    ftplib.FTP(seite).quit()
  except socket.error:
    return False
  else:
    return True
```

Listing 6.4. Ausfiltern nicht erreichbarer FTP-Sites

Die try-Anweisung fängt Ausnahmen[3] ab. Jeder try-Anweisung kann eine (oder mehrere) except-Klauseln folgen, die dann ausgeführt werden, wenn eine Ausnahmen eintritt. Jeder try-Anweisung kann (muss aber nicht) eine else-Klausel folgen, die dann ausgeführt wird, wenn keine Ausnahme aufgetreten ist.

Die eigentliche gewünschte Filter-Funktionalität können wir beispielsweise durch eine einfache Listenkomprehension implementieren:

```
def filterFTPSeiten(seiten):
  return [for seite in seiten if isFTPSeiteda(seite)]
```

> **Aufgabe 6.7**
>
> Verwenden Sie statt einer Listenkomprehension die filter-Funktion, um filterFTPSeiten zu implementieren.

6.4 HTML und Datentransfer von URLs

6.4.1 HTML

HTML ist ein Protokoll der Anwendungsschicht und steht für „Hypertext Markup Language". HTML, die Sprache des World Wide Web, ist eine typische Auszeichnungs-Sprache, im Englischen als Markup-Language bezeichnet. Das bedeutet, man vermeidet in HTML die Angabe des konkreten Formats bestimmter Textteile, sondern gibt bevorzugt Informationen darüber an, wie diese Textteile „ausgezeichnet" werden. Mit anderen Worten, durch HTML beschreibt man die Art der Daten und nicht deren Formatierung. Das Grundgerüst einer HTML-Datei kann wie folgt aussehen:

---

[3] Ausnahmen (auch Exceptions genannt) werden bestimmte Bedingungen genannt, die den vorgesehenen Kontrollfluss einer Programmausführung ändern; dies können etwa bestimmte Fehler, aber auch von außen kommende Ereignisse sein, wie etwa Signale von der Tastatur oder von anderen externen Geräten.

```
<!DOCTYPE HTML PUBLIC "-//W3C//DTD HTML 4.01 Transitional//EN"
        "http://www.w3.org/TR/html4/loose.dtd">
<html>
<head> <title>
        ⟨Beschreibung der Seite⟩
</title> </head>
<body>
        ⟨Inhalt der Seite⟩
</body>
</html>
```

Einige häufig verwendete Textauszeichnungen, oft auch als *Tags* bezeichnet, sind im Folgenden aufgelistet:

<p> ⟨*text*⟩ </p>	⟨*text*⟩ bildet einen Paragraphen;
<ul> ⟨*text*⟩ </ul>	⟨*text*⟩ ist eine Aufzählungsliste;
<em> ⟨*text*⟩ </em>	⟨*text*⟩ ist betont;
<pre> ⟨*text*⟩ </pre>	⟨*text*⟩ ist präformatiert (wie im Editor eingeben);
<a href="⟨*url*⟩"> ⟨*text*⟩ </a>	⟨*text*⟩ ist ein Hyperlink auf die URL ⟨*url*⟩;
<h1> ⟨*text*⟩ </h1>	⟨*text*⟩ ist eine eine Überschrift der 1. Ebene;
...	...
<h4> ⟨*text*⟩ </h4>	⟨*text*⟩ ist eine eine Überschrift der 4. Ebene.

6.4.2 Datentransfer von URLs

URLs (=Uniform Ressource Locator) identifizieren eine Datenquelle zusammen mit dem zur Übertragung verwendeten Protokoll. Umgangssprachlich nennt man URLs meist einfach „Internetadresse". Beispielsweise ist die URL des Wikipedia-Eintrags zum Begriff „URL"

```
http://de.wikipedia.org/wiki/Uniform_Ressource_Locator
```

Am Kürzel http (= Hypertext Transfer Protocol) erkennt man, dass die URL eine HTML Seite enthält, die mittels des Protokolls HTTP aus der Anwendungsschicht (siehe Tabelle 6.1) übertragen wird.

Um die Details des HTTP-Protokolls braucht sich der Python-Programmierer nicht unbedingt zu kümmern; diese sind im Modul urllib2, das intern auf das socket-Modul zurückgreift, versteckt. Den Inhalt einer Web-Seite kann man mit Python ganz einfach folgendermaßen auslesen:

```
>>> import urllib2
>>> [zeile for zeile in
...         urllib2.urlopen('http://www.hs-albsig.de/haeberlein')]
```

Die Methode `urlopen` erzeugt ein iterierbares Objekt, das etwa in einer Schleife oder einer Listenkomprehension verwendet werden kann. Die geöffnete Seite ist eine Datei im HTML-Format.

Um eine HTML-Seite nach bestimmten Strings zu durchsuchen, kann man einfach Pythons String-Operationen verwenden. Der folgende Code liest beispielsweise alle Zeilen der Web-Seite des Autors aus, die Überschriften der Ebene 4 oder Ebene 3 besitzen.

```
>>> import urllib2
>>> for zeile in urllib2.urlopen('http://www.hs-albsig.de/haeberlein'):
        if '<h4>' in zeile or '<h3>' in zeile:
            print(zeile)
```

Aufgabe 6.8

Verwenden Sie statt einer `for`-Schleife eine Listenkomprehension, um die gleiche Funktionalität zu programmieren, wie obiges Beispielprogramm sie realisiert.

Aufgabe 6.9

(a) Erweitern Sie das obige Programm so, dass Umlaute in einer lesbaren Form ausgegeben werden. Also etwa statt
                          `<h4>B&uuml;cher</h4>`
sollte besser
                          `<h4>Buecher</h4>`
ausgegeben werden.

(b) Erweitern Sie das obige Programm weiter so, dass der Text (und zwar nur der Text, ohne die HTML-Tags `<h4>`, `<h3>`, usw.) *aller* Überschriften in gut lesbarer Form mit ausgegeben wird.

Aufgabe 6.10

Schreiben Sie eine Python-Funktion, die eine URL als Eingabe erhält und die alle Link-Adressen, die die übergebene Seite enthält, als String-Liste zurückliefert. Sie können hierzu entweder das Python-Modul `HTMLParser` verwenden oder versuchen, das Ganze selbst zu programmieren – was aber die schwerere der beiden Varianten ist.

6.5 Dynamische Web-Seiten

CGI ist ein Standard, der festlegt, wie ein Webserver ein bestimmtes Programm (oft einfach CGI-Skript genannt) ausführt und so eine Webseite dynamisch erstellt. Hierbei wird die Standardausgabe `stdout` des CGI-Skripts mit der Antwort des Webservers verknüpft. Das CGI-Skript sollte also gültiges HTML ausgeben, und diese Ausgabe wird dann – statt des Inhaltes einer statischen Web-Seite – an den Client übermittelt. Man kann eigentlich jede beliebige Programmiersprache verwenden, um ein CGI-Skript zu schreiben, vorausgesetzt der Web-Server unterstützt die entsprechende Skriptsprache.

6.5.1 `htmlgen`: Generierung von HTML-Code

CGI-Skripte müssen, wie oben beschrieben, immer gültigen HMTL-Code auf der Standardausgabe `stdout` ausgeben. In Python kann man dies entweder einfach durch `print`-Anweisungen realisieren, die entsprechende HTML-Codezeilen ausgeben; dazu muss der Programmierer sich aber genau in der HTML-Syntax auskennen. Das Erzeugen von HTML-Code kann in Python viel komfortabler mit Hilfe des Moduls `HTMLgen` erfolgen. Das Pythonmodul `HTMLgen` ist eine Klassenbibliothek, mit der man HTML-Texte einfach und ohne genaue Kenntnis der HTML-Syntax erstellen kann. Sie ist nicht im Standardlieferumfang von Python enthalten, kann aber durch

```
$ python -m pip install htmlgen
```

einfach nachinstalliert werden.

```
>>> import htmlgen
>>> doc = htmlgen.Document(title='Hello')
>>> doc.append_body(htmlgen.Heading(1, 'Hello World'))
>>> print(doc)
```

Das mittels `htmlgen.Document` erzeugte Objekt `doc` kann mittels `print(doc)` ausgegeben werden. Das Ergebnis ist folgender HTML-Code, der eine Überschrift der Ebene 1 mit Titel `'Hello World'` enthält:

```
<!DOCTYPE html>
<html lang="en" xml:lang="en" xmlns="http://www.w3.org/1999/xhtml">
<head><title>HELLO</title>
  <meta charset="utf-8"/>
  </head>
  <body>
    <h1>Hello World</h1>
  </body></html>
```

Das Modul `htmlgen` eignet sich hervoragend für die einfache Erstellung von Tabellen und Listen. Man kann beispielsweise eine Tabelle aller Einträge in `/etc/passwd` erstellen, indem man den in Listing 6.5 gezeigten Code an obiges Listing anfügt:

```
tabelle = htmlgen.Table()
kopf = tabelle.create_simple_header_row("Name", "Ort")
zeile1 = tabelle.create_simple_row("TH", "Blaustein")
zeile2 = tabelle.create_simple_row("ST", "Stuttgart")
tabelle = htmlgen.Table(tabletitle='passwd', border=2,
                        heading=['User', 'Ort'])
doc.append(tabelle)
```

Listing 6.5. Erstellung einer einfachen Tabelle mit `htmlgen`

Abbildung 6.4 zeigt die Darstellung der durch dieses Skript erzeugten Tabelle in einem Webbrowser.

Hello World

User	Ort
TH	Blaustein
ST	Stuttgart

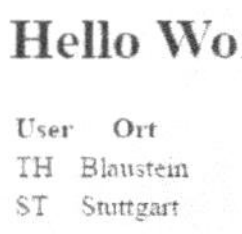

Abb. 6.4. Darstellung einer durch `htmlgen` erzeugten Tabelle in einem Webbrowser (Ausschnitt).

Aufgabe 6.11

Schreiben Sie ein Python-Skript unter Verwendung von `htmlgen`, das eine Multiplikationstabelle der Zahlen 1 bis 5 erstellt.

Das von Ihnen erstellte Python-Skript sollte HTML-Code ausgeben, der in einem Webbrowser folgendermaßen dargestellt wird:

Multiplikationstabelle

	1	2	3	4	5
1	1	2	3	4	5
2	2	4	6	8	10
3	3	6	9	12	15
4	4	8	12	16	20
5	5	10	15	20	25

Aufgabe 6.12

Erstellen Sie mit Hilfe von `htmlgen` ein HTML-Dokument, das in Tabellenform die ersten 1000 Primzahlen enthält.

6.5.2 Ein einfacher Web-Server

Um Code für eigene CGI-Skripte möglichst einfach testen zu können, implementieren wir hier einen eigenen, sehr einfachen lokalen Webserver, der einem Webbrowser entweder HTML-Seiten oder die Ausgabe eines CGI-Skripts zur Verfügung stellt. Dank leistungsfähiger Python-Module, die alle notwendigen Funktionalitäten eines Webservers schon bereitstellen, kann man einen einfachen Webserver mit wenigen Zeilen Python-Code implementieren:

```python
import os, sys
from http.server import HTTPServer
from http.server import CGIHTTPRequestHandler

webdir='.'
port = 80
os.chdir(webdir)
svraddr=('',port)

srvobj = HTTPServer(svraddr, CGIHTTPRequestHandler)
srvobj.serve_forever()
```

Listing 6.6. Ein einfacher Web-Server

Ein Hinweis vorab: Wenn Sie dieses Skript unter Windows laufen lassen, so werden sie feststellen, dass der Port 80 häufig durch Dienstprogramme des Betriebssystems belegt ist; in diesem Fall wird eine Exception ausgelöst, und eine Meldung ausgegeben, dass es keine Zugriffsrechte auf den Socket gibt. In diesem Fall empfiehlt es sich, die Variable `port` statt auf den Wert 80 auf einen anderen Wert, etwa 99, zu setzten. Sie müssen dann aber im Folgenden darauf achten, dass die Web-Adressen der erstellten Seiten nicht mehr unter der Adresse `http://localhost/...` ansprechen, sondern stattdessen unter `http://localhost:99/...`

Die Klasse `HTTPServer` implementiert ein HTTP-Socket und leitet jede Anfrage an einen Handler weiter, in diesem Falle den `CGIHTTPRequestHandler`. Die Klasse `CGIHTTPRequestHandler` versorgt einen Server sowohl mit (HTML-)Dateien als auch, falls dies angefordert wird, mit der von CGI-Skripts produzierten Standardausgabe; d. h. der in Listing 6.6 definierte `CGIHTTPRequestHandler` wird eine Datei ausführen, falls er diese als ein CGI-Skript klassifiziert, und die Ausgabe dieser Datei an den Client weiterleiten.

Starten wir nun das obige Webserver-Skript, erzeugen dann in dem selben Verzeichnis, in dem der Webserver gestartet wurde, eine Datei `webseite.html` mit folgendem Inhalt:

```
<html> <title>Eine HTML-Seite</title>
<body>
  <h1>Eine einfache HTML-Seite</h1>
  <p>Hallo Welt</p>
</body></html>
```

so kann man in einem Webbrowser unter der URL

http://localhost/webseite.html

die entsprechende Webseite betrachten.

6.5.3 Ein erstes CGI-Skript

Pythons `CGIHTTPRequestHandler` erwartet, dass CGI-Skripte in das Unterverzeichnis `cgi-bin` gespeichert werden. Ein erstes, sehr einfaches CGI-Skript gibt gültigen HTML-Code auf der Standardausgabe aus – die hier genau dem Inhalt der Datei `webseite.html` entspricht. Wir erstellen dazu folgendes in Listing 6.7 gezeigtes Skript unter `cgi-bin/cgi1.py`:

```python
#!/usr/bin/python
print("Content-type: text/html\n")
print("<TITLE>CGI Test</TITLE>")
print("<H1>Ein ganz einfaches CGI-Skript</H1>")
print("<P>Hallo Welt</P>")
```
Listing 6.7. Ein einfaches CGI-Skript

Wird dieses Skript nun durch einen Webbrowser mit der URL

http://localhost/cgi-bin/cgi1.py

abgerufen so geschieht, im Gegensatz zum Abrufen der oben beschriebenen HTML-Datei, folgendes: Dieses CGI-Skript wird vom Webserver ausgeführt, und die vom Skript produzierte Ausgabe auf `stdout` wird an den Client, in unserem Fall: den Webbrowser, weitergeleitet. Abbildung 6.5 zeigt die Ausgabe des Webbrowsers:

Abb. 6.5. Von einem einfachen CGI-Skript erzeugte Webseite

Aufgabe 6.13

Verwenden Sie `htmlgen`, um die in Abbildung 6.5 gezeigte Webseite zu erzeugen.

6.5.4 Komplexere CGI-Skripte

Wir stellen hier ein einfaches Beispiel vor, in dem ein CGI-Skript verwendet wird, um eine Benutzereingabe zu verarbeiten. Diese Eingabe wird in HTML üblicherweise mit einem `<FORM>`-Element realisiert. Man könnte zwar diese `<FORM>`-Elemente relativ einfach direkt konstruieren, wenn man sich in HTML auskennt, einfacher geht es jedoch in Python, wenn man das oben vorgestellte Modul `htmlgen` verwendet. Es stellt den Konstruktor `Form` (der gleich lautenden Klasse „Form") zur Verfügung, mit der man HTML-Elemente erzeugen kann, die eine Benutzereingabe erlauben.

Das in Listing 6.8 gezeigte Code-Beispiel erzeugt mit Hilfe des `htmlgen`-Konstrukors `Select` eine Selektionsliste, bestehend aus allen Dateien des aktuellen Verzeichnisses (erzeugt mit `os.listdir()`), aus der der Benutzer eine auswählen kann. `Select` erwartet also zwei Argumente: zum einen eine Liste, die die Werte der Auswahlliste enthält, und zum anderen den Namen des Selektionsfeldes – über diesen Namen kann man später auf den Wert dieses Feldes zugreifen, etwa in einem CGI-Skript. Das über die Form referenzierte CGI-Skript ist genau das in Listing 6.9 (auf Seite 189) gezeigte.

```
import htmlgen, os
doc = htmlgen.Document(title='Selektionsliste')
f   = htmlgen.Form(method='POST', \
                url='http://localhost/cgi-bin/cgi2.py')
sel = htmlgen.Select(name='datei')
for d in os.listdir('.'): sel.create_option(d)
f.append(sel)
f.append(htmlgen.Division(htmlgen.SubmitButton("Submit")))
doc.append_body(f)
print(doc)
```
Listing 6.8. CGI-Skript, das die FORM-Daten verarbeitet

Die Ausgabe dieses Skripts erzeugt gültigen HTML-Code, der in einem Web-Browser wie in Abbildung 6.6 gezeigt dargestellt wird.

Wie man sieht, erzeugt `HTMLgen` hierbei automatisch einen „Send"-Button[4], mit dem man die eingegebenen Daten an den Webserver schicken kann. In obigem Bei-

---

4 Als „Buttons" bezeichnet man die graphischen Metaphern für Schalt-Knöpfe in graphischen Benutzeroberflächen.

Abb. 6.6. Darstellung der durch das obige Skript erzeugten Ausgabe in einem Web-Browser. Verwendet wurde ein `Select`-Element, umgeben von einem `Form`-Element. `HTMLgen` erzeugt dabei automatisch einen „Send"-Button, mit dem der Benutzer die eingegebenen Werte an den Webserver schicken kann.

spiel werden diese Daten vom Webserver an ein CGI-Skript (das ebenfalls in Python programmiert wurde) weitergeleitet. Die Adresse dieses CGI-Skripts, nämlich

$$\texttt{http://localhost/cgi-bin/cgi2.py}$$

wurde dem `Form`-Konstruktor als Argument mit übergeben. Die meisten Web-Server verlangen übrigens, dass die CGI-Skripte in dem Unterverzeichnis `cgi-bin` gespeichert werden.

Bleibt nur noch die Frage, wie das CGI-Skript `cgi2.py` auf die Benutzereingaben des Selektionsfeldes zugreifen kann. Importiert man das Modul `cgi` in Python, so kann mittels `cgi.FieldStorage()` ein Dictionary-ähnliches Objekt erzeugt werden, das alle durch das `<FORM>`-Element an das CGI-Skript übergebenen Daten[5] enthält. Dieses `FieldStorage`-Objekt kann dann über den Namen der Felder indiziert werden.

Listing 6.9 ist ein einfaches Beispiel für ein CGI-Antwortskript `cgi2.py`, das auf Daten reagiert, die durch obiges `<Form>`-Element gesendet wurden.

```python
import cgi, htmlgen
form = cgi.FieldStorage()
doc = htmlgen.Document(title='Benutzereingabe')
dateiname = form['datei'].value
ausgabe = 'Sie haben die Datei ' +dateiname +' gewaehlt'
doc.append_body(htmlgen.Paragraph(ausgabe))
print(doc)
```

Listing 6.9. CGI-Skript, das die FORM-Daten verarbeitet

---

5 Die übermittelten Daten befinden sich größtenteils in bestimmten Umgebungsvariablen, teilweise aber auch in der Standardeingabe; im CGI-Standard sind entsprechende Details genau festgelegt. Verwendet man das Python-Modul `cgi` hat das den großen Vorteil, dass man sich um diese Details nicht zu kümmern braucht.

Abb. 6.7. Darstellung der durch das CGI-Skript in Listing 6.9 erzeugten Ausgabe in einem Web-Browser.

Der Selektionsliste im aufrufenden HTML-Dokument wurde der Name `'datei'` gegeben und somit kann über

$$\texttt{form['datei'].value}$$

auf den Namen der ausgewählten Datei zugegriffen werden. Abbildung 6.7 zeigt eine Ausgabe dieses Skript bei entsprechender Wahl des Benutzers.

Aufgabe 6.14

Erweitern Sie das eben vorgestellte Skript folgendermaßen:

Dem Benutzer soll die Zeilenlänge der gewählten Datei im Webbrowser ausgegebenen werden; die Ausgabe soll ähnlich wie im rechts gezeigten Screenshot aussehen.

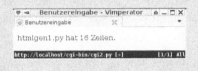

Aufgabe 6.15

Programmieren Sie eine kleine Web-Applikation zur Berechnung des Binomialkoeffizienten. Der Benutzer soll in zwei Textfelder zwei Zahlen n und m eingeben. Nach Drücken des „Send"-Buttons, soll ein cgi-Skript den Wert des Binomialkoeffizienten „n über m" ausgeben.

7 Nebenläufige und Parallele Programmierung

Die Leistungsfähigkeit von Prozessoren und Computern wächst praktisch seit dem Beginn des Computerzeitalters in den 50er Jahren des vorigen Jahrhunderts exponenziell an. Schon Gordon Moore, einer der Gründer von Intel, sagte in den 60er Jahren ein anhaltend exponenzielles Wachstum der *Integrationsdichte* voraus – das ist die Dichte der Transistoren auf einem Computerchip; diese Vorhersage ist seither als das *Mooresches Gesetz* bekannt. Erstaunlicherweise ist es bis heute gültig und wird auch aller Voraussicht nach noch einige Jahre bestand haben.

In den letzten Jahrzehnten zog eine steigende Integrationsdichte immer auch eine steigende Rechenleistung der Rechner nach sich. In den letzten Jahren ist dies jedoch in zunehmendem Maße nicht mehr der Fall. Die Integrationsdichte steigt zwar weiter gemäß des Mooreschen Gesetzes, jedoch schlägt sich diese immer weniger in einer reinen Geschwindigkeitssteigerung (im Allgemeinen gemessen an der Taktfrequenz) nieder, sondern die steigende Integrationsdichte wird zunehmend dafür genutzt, Möglichkeiten für Parallelität zu schaffen. Dies geschieht aus der Not heraus, dass die momentan erreichten Taktfrequenzen von mehreren Gigaherz aus technischen Gründen nicht mehr ohne weiteres erhöht werden können. Andernfalls würde die entstehende Wärmeenergie zu groß werden und könnte nicht mehr sinnvoll abgeführt werden. Das Mooresche Gesetz wird sich in Zukunft dadurch manifestieren, dass sich die Anzahl der Cores (also der parallel arbeitenden Prozessorkerne in einem Rechner) alle 2 – 3 Jahre verdoppeln wird. Um diese Prozessorkerne auch tatsächlich nutzen zu können, wird es immer wichtiger werden, parallel arbeitende Software zu entwickeln, die die Rechenleistung mehrerer Prozessor-Kerne bzw. mehrerer Prozessoren gleichzeitig, d. h. parallel, ausschöpfen kann.

7.1 Grundlegendes

Wir stellen einige grundlegende Begriffe vor und gehen der Frage nach, was man eigentlich unter Parallelität versteht, und wie sich die Begriffe Nebenläufigkeit und Parallelität zueinander verhalten.

7.1.1 Prozesse, Tasks und Threads

Ein *Prozess* ist ein durch das jeweilige Betriebssystem gekapseltes separat abgearbeitetes Programm. Üblicherweise reserviert das Betriebssystem für einen bestimmten Prozess einen Teil des Hauptspeichers und schützt diesen vor Zugriff durch andere Prozesse. Insbesondere der Programmcode verschiedener Prozesse befindet sich in logisch getrennten und vor gegenseitigem Zugriff geschützten Speicherbereichen. Verschiedene Prozesse laufen *nebenläufig*; das bedeutet, sie stehen in keiner oder in geringer zeitlicher Abhängigkeit. Es ist im Allgemeinen relativ einfach möglich, Prozesse zu parallelisieren, falls entsprechende Hardware vorhanden ist. Die Kommunikation zwischen zwei Prozessen ist – unter anderem aufgrund der logisch voneinander getrennten Speicherbereiche – gewöhnlich recht aufwändig. Prozesse werden gelegentlich abhängig vom Kontext als *Tasks* bezeichnet.

Ein einzelner Prozess wiederum kann mehrere *Threads* beinhalten. Als Threads werden nebenläufige *Ausführungsstränge* bezeichnet. Ein Thread ähnelt zwar einem Prozess, besitzt aber weniger *Overhead*.[1] Insbesondere besitzt ein Thread keinen durch das Betriebssystem eigens für ihn geschützten Speicherbereich. Obwohl Threads nebenläufige Programmteile implementieren, sind diese im Allgemeinen nicht ohne weiteres parallelisierbar. Als Threads werden oft Code-Teile realisiert, die zwar serielle Aufgaben darstellen aber nicht unbedingt in einer linearen Art und Weise ablaufen müssen. Ein typisches Beispiel stellt eine sogenannte Event-Loop dar. Das ist eine Art Endlosschleife, die nichts anderes tut, als auf ein bestimmtes oder eine Menge bestimmter Ereignisse zu warten, um in Folge bestimmte Aktionen anzustoßen. Event-Loops sollten nicht die gesamten Rechenkapazitäten des Rechners aufbrauchen, sondern eher „stückchenweise" abgearbeitet werden; hier würde es sich anbieten die Event-Loop in einem Thread abzuarbeiten. Die Kommunikation zwischen Threads ist – unter anderem aufgrund des geringeren Organisations-Overheads – im Vergleich zur Kommunikation zwischen Prozessen weniger aufwändig.

7.1.2 Nebenläufigkeit vs. Parallelität

Häufig werden die Begriffe „Nebenläufigkeit" und „Parallelität" durcheinander geworfen. Für diese Einführung in die parallele Programmierung ist eine klare Unterscheidung dieser Begriffe jedoch wichtig.

Nebenläufigkeit
Als nebenläufig werden Prozesse (bzw. Tasks oder Threads) bezeichnet, deren Ausführungen in keiner zeitlichen Abhängigkeit zueinander stehen. Sind zwei Prozesse A und B nebenläufig, dann spielt es also keine Rolle, ob entweder zuerst A und dann B, oder zuerst B und dann A, oder A und B verzahnt (etwa mittels Time-Sharing) oder gar tatsächlich parallel ausgeführt werden.

---

1 Der Begriff „„Overhead" wird in der Informatik oft verwendet, um einen immer wieder verwendeten „organisatorischen" Zusatzaufwand zu bezeichnen, der nichts zur eigentlichen Berechnung beiträgt, sondern (möglicherweise immer wiederkehrend) zusätzlich „oben drauf" (over head) kommt.

Parallelität

Zwei Prozesse werden parallel ausgeführt, wenn Sie auf zwei gleichzeitig arbeitenden Ausführungseinheiten (etwa zwei Rechnern, zwei CPUs oder zwei Cores) wirklich gleichzeitig ausgeführt werden.

7.1.3 Multithreading, Time-Sharing und Threadzustände

Threads müssen nicht notwendigerweise auf paralleler Hardware ausgeführt werden. Üblicherweise ist das Betriebssystem dafür zuständig, die Ausführung mehrerer Threads zumindest für den Benutzer bzw. Programmierer parallel erscheinen zu lassen. Dies geschieht mittels *Time-Sharing*: Das Betriebssystem weist hierbei den einzelnen Threads *Zeitscheiben* zu, und ein Thread erhält die Rechenzeit der CPU für eine bestimmte begrenzte Zeitspanne, die sich oft nur im Millisekunden-Bereich bewegt, bevor er die Rechenzeit an den nächsten Thread abgeben muss. Üblicherweise erfolgt diese Zuteilung der Rechenzeit reihum. Abbildung 7.1 veranschaulicht die Funktionsweise von Time-Sharing.

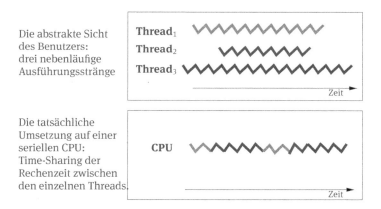

Die abstrakte Sicht des Benutzers: drei nebenläufige Ausführungsstränge

Die tatsächliche Umsetzung auf einer seriellen CPU: Time-Sharing der Rechenzeit zwischen den einzelnen Threads.

Abb. 7.1. Funktionsweise des (Software-seitigen) Multithreading.

Viele Betriebssysteme erlauben zum einen eine *Priorisierung* der Threads: Diejenigen Threads mit einer höheren Priorität erhalten in der Regel längere Zeitscheiben. Zum anderen können sich in vielen Betriebssystemen die Threads und auch, Prozesse in unterschiedlichen Zuständen befinden. Wichtig ist insbesondere der Zustand *Idle*, der anzeigt, dass der jeweilige Thread oder Prozess auf ein Ereignis wartet; dies kann etwa eine Benutzereingabe sein, die Freigabe einer Ressource, wie etwa des Hauptspeichers oder des Systembusses, oder auch ein durch einen anderen Thread auszulösendes Ereignis, wie etwa die Freigabe eines Locks. Befindet sich ein Thread im Zustand *Idle*, so erhält er entweder keine oder nur eine sehr kurze Zeitscheibe, die lediglich dazu dient zu prüfen, ob das Ereignis eingetreten ist. Durch die geschickte Verwendung mehrerer Threads kann man es so schaffen, die Leerlaufzeiten des Prozessors möglichst kurz zu halten.

7.1.4 Programmierung mit Threads vs. Multi-Core-Programmierung

Threads wurden Anfang der 90er Jahre eingeführt, um die Asynchronität bei der Programmierung von Ein-Ausgabeeinheiten und beim Progammieren von Benutzeroberflächen modellieren zu können. Die wirkliche Parallelisierung dieser Aufgaben stand dabei nie zur Debatte. Es ist daher keine gute Idee zu versuchen, einen bestimmten parallelisierbaren Algorithmus durch Threads auf mehrere Cores oder mehrere Prozessoren zu parallelisieren. Es kann nicht garantiert werden, dass zwei Threads auch tatsächlich parallel auf zwei unterschiedlichen Prozessoren laufen; in Python ist dies aus technischen Gründen sogar unmöglich[2].

Pythons `thread`-Modul bietet eine einfache technische Schnittstelle für die Programmierung mit Threads. Das `threading`-Modul greift auf das `thread`-Modul zurück und bietet eine abstraktere Schnittstelle zur Programmierung mit Threads. Für die Programmierung komplexer Anwendungen ist es ratsam, high-level-Module wie etwa das Python-Modul `twisted` zu verwenden.

7.2 Parallele Rechnerarchitekturen

Diese Einführung in die Informatik lässt eigentlich die Rechnertechnik und die Technische Informatik außen vor und beschreibt fast ausschließlich die Sicht eines Programmierers. Will man jedoch parallele Software erstellen, dann ist es entscheidend wichtig zu wissen, wie die Hardware, auf der die parallelen Programme ablaufen sollen, grob strukturiert ist, und ob und wie sie überhaupt Software parallelisieren kann. Es zeigt sich, dass es sehr unterschiedliche „Grade" von Parallelität gibt, die eine bestimmte Hardware unterstützt – angefangen von einer Cloud, bis hin zu einer GPU oder einem Prozessor, der hardware-seitiges Multithreading unterstützt. Im Folgenden skizzieren wir grob parallele Hardwarearchitekturen – insbesondere um zu klären, von welcher dieser Architekturen wir im Weiteren bei der Programmierung paralleler Programme ausgehen.

---

2 Der Grund liegt in Pythons sogenannten *Global Interpreter Lock*, oft auch kurz *GIL* genannt.

7.2.1 NOWs

Als *NOW* (engl. für *Network of Workstations*) wird eine Menge durch ein Netzwerk verbundener Computer bezeichnet, wie in Abbildung 7.2 veranschaulicht. Die Rechner eines NOW arbeiten so eng zusammen, dass sie für den Benutzer wie ein einzelner schneller Computer wirken. Entscheidend für die Rechenleistung ist ein schnelles *LAN* (= Local Area Network), das die Computer verbindet. NOWs sind im Allgemeinen kostengünstiger als vergleichbar schnelle Einzelrechner. Viele der weltweit schnellsten Rechner sind NOWs. Abbildung 7.2 veranschaulicht solch einen Zusammenschluss von Rechnern zu einem NOW; in der Abbildung hat dieser Zusammenschluss die Form eines sogenannten *Grids* – einer matrixartigen Verbindung von Rechnern. Es sind jedoch auch andere Verbindungsmöglichkeiten denkbar.

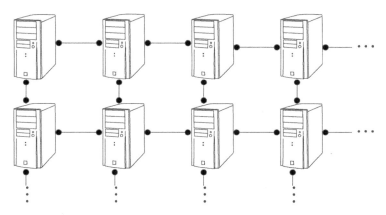

Abb. 7.2. Aufbau eines sogenannten NOW: Viele eigenständige Rechner werden über ein schnelles Netzwerk miteinander verbunden und können dadurch nach außen den Eindruck eines einzigen leistungsstarken Rechners vermitteln. Häufig formen diese Rechner ein sogenanntes Grid, d. h. sie sind matrixartig miteinander verbunden. Grundsätzlich sind jedoch auch andere Verbindungsarten möglich, beispielsweise die Verbindung über einen Bus.

7.2.2 SMPs und Mehrkern-Prozessoren

In einem sogenannten *symmetrischen Multiprozessorsystem*, oft kurz einfach *SMP* genannt, befinden sich in einem Rechner mehrere gleichartige Prozessoren, die sich einen *gemeinsamen* Speicher teilen. Abbildung 7.3 veranschaulicht den Aufbau eines symmetrischen Multiprozessorsystems. Man bezeichnet ein solches Multiprozessorsystem übrigens deshalb als *symmetrisch*, weil jeder Prozessor prinzipiell jeden Prozess ausführen können muss; bei asymmetrischen Multiprozessorsystemen dagegen, ist jedem Prozessor eine Aufgabe bzw. ein Aufgabenbereich fest zugewiesen.

Mehrkern-Rechner bzw. Mehrkern-Prozessoren sind SMPs, bei denen sich mehrere Prozessoren auf einem einzigen Chip befinden.

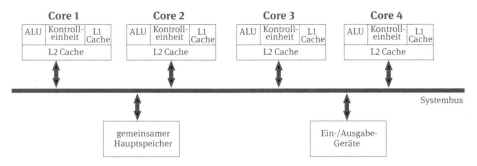

Abb. 7.3. Grundsätzlicher Aufbau eines Multi-Core-Rechners. Dieser besteht aus mehreren parallel arbeitenden, sich auf einem Chip befindenden Prozessoren – auch Cores genannt. Ein Multicore-Rechner hat einen Speicher, auf den die Cores gemeinsam Zugreifen. Dieser Speicher zusammen mit dem Systembus, bildet oft den Flaschenhals eines solchen Systems.

7.2.3 GPUs

Das Kürzel „GPU" steht für „*Graphics Processing Unit*". Eine GPU ist ein Hilfsprozessor[3], der auf die Berechnung graphischer Darstellungen, unter anderem auf das sogenannte Rendering[4] spezialisiert ist.

Eine GPU ist für eine bestimmte Art paralleler Berechnungen ausgelegt, sog. SIMD-Berechnungen. Das Kürzel „SIMD" steht für *Single Instruction, Multiple Data*; eine GPU bietet also Maschinenbefehle an, die bestimmte Berechnungen über viele Daten gleichzeitig ausführen können. Dies sind etwa Kommandos zur Vektor-Matrix-Multiplikation oder zur Berechnung eines Skalarprodukts, bei denen dieselbe Operation (nämlich in diesem Fall die Multiplikation) über eine ganze Reihe von Daten (nämlich in diesem Fall über alle Komponenten eines Vektors bzw. über alle Zeilen bzw. Spalten einer Matrix) ausgeführt werden müssen.

Abbildung 7.4 zeigt grob die Architektur einer typischen GPU – angelehnt an die ATI-Evergreen-GPU-Architektur. Im Gegensatz zu Mehrkern-Rechnern ist die Parallelität in der Architektur einer GPU feingranularer: Diese Architektur besteht aus 20

---

3 Einen Hilfprozessor bezeichnet man in der Rechnertechnik auch oft als *Co-Prozessor*. Ein Co-Prozessor nimmt dem Hauptprozessor eines Rechners rechenaufwändige Aufgaben ab – wie beispielsweise eben die Berechnung graphischer Darstellungen.

4 Als *Rendering* bezeichnet man das Abbilden eines 3-D-Modells auf eine zweidimensionale Bildschirmdarstellung.

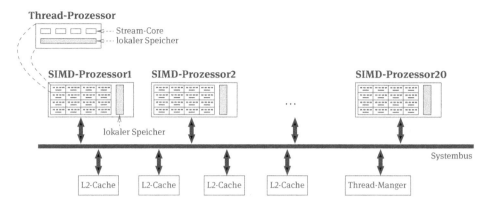

Abb. 7.4. Architektur einer typischen GPU – angelehnt an die ATI-Evergreen-GPU-Architektur.

parallel arbeitenden SIMD-Prozessoren; neben den über den Systembus erreichbaren globalen Cache-Speichern[5], hat auch jeder dieser Prozessoren seinen eigenen lokalen Speicher. Jeder dieser SIMD-Prozessoren besteht wiederum intern aus 16 sogenannten Thread-Prozessoren, und jeder dieser Thread-Prozessoren hat ebenfalls einen lokalen Speicher. Diese Vielzahl an lokalen Speichern verhindert unnötige Kommunikation über den verhältnismäßig langsamen Systembus und stellt sicher, dass möglichst viele Operationen nur mit lokalen Speichermodulen arbeiten. Insgesamt hat diese GPU $20 \cdot 16 \cdot 5 = 1600$ parallel arbeitender SIMD-Prozessoren. Diese Architektur ist also auf eine große Anzahl parallel arbeitender Kleinst-Operationen ausgelegt – insofern kann man die durch eine GPU ermöglichte Parallelität als feingranular bezeichnen.

Außerdem ist die Architektur der gängigen Hauptprozessoren unserer Desktop-Rechner darauf spezialisiert, die Latenzzeiten, d. h. die Antwortzeiten, möglichst gering zu halten. Dagegen ist die Architektur einer GPU darauf spezialisiert, den *Durchsatz*, d. h. die Größe des verarbeitbaren Datenstroms, möglichst hoch zu halten. Das liegt daran, dass für die eigentlichen Anwendungen einer GPU die Latenzzeit unkritisch ist: ein Bild muss nur ca. alle 20 Millisekunden (geht man von ca. 50 Bildern pro Sekunde aus, um eine ruckelfreie Darstellung zu garantieren) fertig berechnet zur Ausgabe auf dem Bildschirm vorliegen, und 20 Milisekunden sind für Prozessoren eine verhältnismäßig lange Zeit.

---

5 Als *Cache* bzw. *Cache-Speicher* bezeichnet man einen „kleinen", schnellen Speicher, der Kopien eines langsameren Speichers (etwa des Hauptspeichers) enthält. Wann immer möglich wird die CPU sich wegen der geringeren Zugriffszeiten sich die Daten aus dem Cache-Speicher holen. Obwohl der Chache im Allgemeinen wesentlich kleiner ist als der Hauptspeicher und daher immer nur einen kleinen Teil des Hauptspeichers enthalten kann, ist es (durch raffinierte Techniken), schaffen, dass die CPU einen sehr großen Teil ihrer Daten ausschließlich über den Cache-Speicher beziehen kann.

Aufgabe 7.1

Lesen Sie [7] und diskutieren Sie, welche algorithmischen Aufgaben (abgesehen von den graphischen Berechnungen, für die GPUs ursprünglich ausgelegt sind) von der Unterstützung einer GPU bzw. einer GPGPU (= General Purpose GPU) profitieren könnten.

7.2.4 Hardware-seitiges Multithreading

Hardware-seitiges Multithreading, oft auch als *Simultaneous Multithreading* bezeichnet, unterstützt durch zusätzliche Hardware (wie mehrere getrennte Registersätze, mehrere ALUs, mehrere Pipelines) die tatsächlich parallele Ausführung mehrerer Threads. Jeder Thread besitzt hierzu einen eigenen lokalen Speicher (in Form eines eigenen Registersatzes, Stackpointers, Programmzählers und teilweise sogar durch eine eigene Befehlspipeline). Anstatt das Betriebssystem die zeitlich verschränkte Ausführung der Threads mittels Time-Sharing organisieren zu lassen, übernimmt die Prozessorhardware diese Aufgabe. Dies macht sich in der Praxis zum einen dadurch bemerkbar, dass Thread-Wechsel viel schneller erfolgen können als durch Software-seitiges Multithreading und zum anderen können Threads zumindest teilweise wirklich parallel ablaufen.

7.3 Techniken Paralleler Programmierung

Es gibt einige grundsätzlich unterschiedliche parellele Programmiertechniken. Allen gemeinsam ist, dass sie eine Aufgabe intern in Threads oder Prozesse aufteilen, und Möglichkeiten bereitstellen, diese Threads oder Prozesse von Zeit zu Zeit miteinander kommunizieren zu lassen. Entweder, um Daten, etwa Ergebnisse von Teilberechnungen, auszutauschen oder um sich zeitlich zu synchronisieren, d. h. Prozess x muss etwa warten, bis Prozess y fertig ist, oder bis Prozess y ein bestimmtes Zwischenergebnis liefert. Verschiedene Techniken paralleler Programmierung unterscheiden sich im Wesentlichen dadurch, wie eine solche Inter-Prozesskommunikation und -synchronisation erfolgen kann.

7.3.1 Locks

Der Datenaustausch paralleler (oder nebenläufiger) Prozesse erfolgt oft durch globale Variablen, auf die alle Prozesse gemeinsam Zugriff haben, in die also alle Prozesse schreiben und von denen alle Prozesse lesen können. Dadurch kann aber die problematische Situation entstehen, dass mehrere Prozesse (praktisch) gleichzeitig in eine Variable schreiben wollen. Trifft man diesbezüglich keine Vorsichtsmaßnahmen, so ensteht durch diese Situation eine sog. *race condition* – wörtlich übersetzt „Wettlauf-bedingung"; liegt solch eine Wettlaufbedingung vor, so bedeutet dies, dass das Ergeb-nis einer Operation oder eines Algorithmus ungewollt stark vom zeitlichen Verhalten der Prozesse abhängt. Aber nicht nur das: durch Wettlaufbedingungen können auch die Art von Inkonsistenzen oder gar Datenverluste entstehen, vor denen sich auch Da-tenbankmanagementsysteme schützen müssen (siehe Kapitel 5.2).

In Abbildung 7.5 ist eine Situation dargestellt, in der zwei nebenläufige Threads (es könnten genauso gut Prozesse sein) auf eine globale Variable x zugreifen. Es sind keine Vorkehrungen gegen gleichzeitigen oder verschränkten Zugriff getroffen. Man sieht, dass dadurch die von Thread$_2$ durchgeführten Änderungen durch die von Thread$_1$ ausgeführte Änderungsoperation überschrieben werden. Um solche race conditions zu verhindern, muss ein Thread vor Zugriff auf eine globale Varia-ble diese durch einen sog. *Lock* schützen – dies ist in Abbildung 7.6 veranschaulicht. Sobald Thread$_1$ auf die globale Variable x zugreift, setzt er `xLock` mittels der `acquire`-Methode in den Zustand *locked*. Jeder andere Thread, der – während sich `xLock` im Zustand *locked* befindet – `xLock.acquire` ausführen will, muss warten, bis `xLock` mittels der `release`-Methode wieder freigegeben ist. Solch ein wartender Thread befindet sich typischerweise im *Idle*-Zustand und verbraucht entsprechend wenig Rechenressourcen. Während `xLock` sich im Zustand *locked* befindet, kann Thread$_1$ ungestört die Änderungen an der globalen Variablen x vornehmen, und die Gefahr inkonsistenter Zustände ist gebannt.

7.3.2 Message-Passing

Message Passing geht einen anderen Weg der Interprozess-Kommunikation: Prozesse (bzw. Prozessoren oder eigenständige Rechner in einem NOW) senden sich gegensei-tig Nachrichten, um Daten auszutauschen oder um sich zeitlich zu synchronisieren. Es gibt eine standardisierte Schnittstelle, das *MPI* (ein Kürzel für *Message Passing Interface*), die Funktionen für das Message Passing bereitstellt. Im Kern besteht diese Schnittstelle aus einer *send*-Funktion und einer *receive*-Funktion.

7.3.3 Bulk Synchronous Parallel Model (BSP)

Sowohl durch Message-Passing als auch durch Kommunikation und Synchronisation mittels Locks und globaler Variablen kann es zu *Deadlocks* kommen. Als Deadlock be-zeichnet man folgende Situation: Nehmen wir an, Prozess *A* hat Lock 11 gesperrt und Prozess *B* hat Lock 12 gesperrt. Ein Deadlock entsteht, wenn Prozess *A* solange mit dem Freigeben von 11 wartet, bis 12 freigegeben ist, und gleichzeitig Prozess *B* solan-

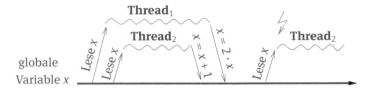

Abb. 7.5. Zwei nebenläufige Threads in einer Beispielsituation, die Inkonsistenzen und Datenverlust verursacht. Während Thread$_1$ gerade dabei ist, die globale Variable x zu ändern, liest Thread$_2$ die Variable x und überschreibt den alten Wert mit $x + 1$. Thread$_1$ „weiß" davon jedoch nichts und überschreibt x mit dem verdoppelten ursprünglichen Wert von x; die von Thread$_2$ durchgeführten Änderungen werden so ignoriert.

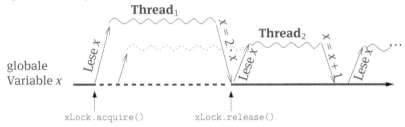

Abb. 7.6. Hier werden Inkonsistenzen und Datenverlust dadurch vermieden, dass ein sog. Lock gesetzt wird, sobald Thread$_1$ mit dem Prozess beginnt, die Variable x zu verändern. Während der Lock gesetzt ist, kann kein anderer Thread auf x zugreifen und muss solange warten, bis Thread$_1$ den Lock wieder freigibt.

ge mit dem Freigeben von 12 wartet, bis 11 freigegeben wurde. Keiner der Prozesse kann fortfahren.

Das Bulk Synchronous Parallel Model schränkt die Möglichkeiten der Interprozess-Kommunikation ein, verhindert jedoch im Gegenzug Deadlocks und erleichtert zudem Laufzeit-Abschätzungen. Die Grundidee ist die folgende: Die Interprozess-Kommunikation erfolgt nur zu bestimmten Zeitpunkten im „bulk", also in größeren Message-Paketen. Nach diesem Kommunikationsschritt erfolgt eine sogenannte *Barrier Synchronisation*, d. h. zu diesem Zeitpunkt wird auf alle beteiligte Prozesse gewartet und es darf erst fortgefahren werden, wenn alle Prozesse synchronisiert sind.

7.4 Multithread-Programmierung in Python

Es gibt prinzipiell nur eine Situation, in der eine Verwendung von Threads sinnvoll ist: Ein Programm muss auf eine Reihe von Ereignissen warten bzw. auf diese reagieren, und es ist nicht von vornherein klar, in welcher Reihenfolge die Ereignisse eintreten. Diese Reihenfolge könnte etwa von Benutzereingaben, Signalen von externen Geräten, wie etwa einem Scanner oder Drucker, oder sonstigen nicht-deterministisch eintreffenden Situationen abhängen.

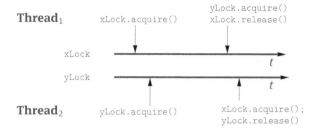

Abb. 7.7. Ein Deadlock: Thread$_1$ wartet auf Thread$_2$ und Thread$_2$ wartet auf Thread$_1$.

Insbesondere graphische Benutzeroberflächen, die sogenannten GUIs, arbeiten gerne mit Threads, um bestimmte, für die Oberfläche relevante Ereignisse (wie Mausklicks oder Tastatureingaben) effizient abzufragen. Auch für die Implementierung vieler Kommunikationsprotokolle (hier muss auch auf Ereignisse bestimmter Geräte gewartet werden) ist eine Verwendung von Threads sinnvoll – hierfür bietet etwa das Pythonmodul `twisted` eine Schnittstelle an.

7.4.1 Das `threading`-Modul

Erstes Beispiel: Nebenläufige Summation
Wir beginnen mit einem zwar nicht praktisch sinnvollen jedoch instruktiven Beispiel, das veranschaulicht, wie sich nebenläufige Threads verhalten. Das in Listing 7.1 gezeigte Skript startet mehrere Threads, die jeweils die Summe $\sum_{i=1}^{n} i$ mit einem zufällig gewählten n berechnen:

```
1  from random import randint
2  from threading import Thread
3
4  def sumThread(j):
5      n = randint(10,100000)
6      print('Beginne Thread '+str(j)+': Summiere bis '+ str(n))
7      summe=0
8      for i in range(n): summe+=i
9      print('Ende Thread'+str(j)+': Summme ist '+str(summe))
10
11 threads = [Thread(target=sumThread, args=(j,)) for j in range(3)]
12 for t in threads: t.start()
```

Listing 7.1. Mehrere Threads berechnen nebenläufig die Summe der ersten n natürlichen Zahlen.

In Zeile 11 werden in einer Listenkomprehension drei Threads mittels des `Thread`-Konstruktors des Moduls `threading` angelegt. Der `target`-Parameter spezifiziert, welche Funktion der jeweilige Thread ausführen soll. In diesem Fall führen alle drei Threads dieselbe Funktion aus – nämlich die ab Zeile 4 definierte Funktion `sumThread`. Das `args`-Argument spezifiziert (als Tupel) die Argumente, die dem jeweiligen Thread übergeben werden, in diesem Fall ist das lediglich eine Zahl.

7.4.2 Verwendung von Locks

Jeder Thread gibt zunächst den Text `'Beginne Thread ...: Summiere bis ...'` aus, summiert dann die Zahlen auf und gibt schließlich den Text `Ende Thread ...: Summe ist ...` aus. Sehen wir uns einmal eine tatsächliche Ausgabe des obigen Skripts an:

```
Beginne Thread 0: Summiere bis 83539
Beginne Thread 1: Summiere bis 42289
Ende Thread0: Summme ist 3489340491
Beginne Thread 2: Summiere bis 22372
Ende Thread2: Summme ist 250242006
Ende Thread1: Summme ist 894158616
```

An den unteren drei Zeilen kann man zunächst erkennen, dass die Reihenfolge, in der die Threads enden, eine andere ist als die Reihenfolge, in der sie gestartet wurden.

> **Aufgabe 7.2**
>
> Erklären Sie die Reihenfolge, in der die Threads enden. Warum endet hier Thread 2 noch vor Thread 1?

Führt man den Programmcode aus Listeing 7.1 unter Linux aus, so kann sogar vorkommen, dass die Bildschirmausgabe eines Threads mittendrin unterbrochen wird und der Ausführungsstrang einem anderen Thread übergeben wird. Ob und wann dies geschieht, lässt sich, zumindest aus der Perspektive des reinen Anwenders des Betriebssystems, nicht vorhersagen und muss gedanklich der „Willkür" des Betriebssystems zugeschrieben werden.

Als Programmierer hat man aber eine Möglichkeit, solch „unschöne" Unterbrechungen zu verhindern. Listing 7.2 zeigt, wie ein Teil solcher Unterbrechnungen durch Verwendung eines Locks verhindert werden kann.

```
from random import randint
from threading import Thread, Lock

def sumThread(j,l):
  n = randint(100,1000000)
```

```
l.acquire()
print('Beginne Thread ' +str(j) +': Summiere bis ' +str(n))
l.release()
summe=0
for i in range(n): summe+=i
print('Ende Thread ' +str(j) +': Summe ist ' +str(summe))

l = Lock()
threads = [Thread(target=sumThread, args=(j,l)) for j in range(3)]
for t in threads: t.start()
```

Listing 7.2. Erweiterung von Listing 7.1: Die Bildschirmausgabe in Zeile 7 wird unter Verwendung eines Locks vor Unterbrechungen durch die anderen Threads geschützt.

In Zeile 13 wird eine einfache Lock-Variable definiert, die zwei Zustände *locked* und *unlocked* besitzt. Der Methodenaufruf l.acquire() wartet – falls erforderlich – so lange, bis l im Zustand *unlocked* ist und wandelt den Zustand in *locked* um. Der Methodenaufruf l.release() überführt l wieder in den Zustand *unlocked*. Eine Unterbrechung der print-Ausgabe, wäre nun nicht mehr möglich. Betrachten wir nochmals die Beispielausgabe von oben: Ist Thread 1 gerade dabei, Zeile 7 abzuarbeiten und eine entsprechende Bildschirmausgabe zu produzieren, so ist es zwar möglich, dass er während dieser Bildschirmausgabe von einem anderen Thread (etwa Thread 2) unterbrochen wird. Thread 1 hat jedoch zuvor l.acquire() ausgeführt, d. h. der Lock ist gesperrt. Thread 2 muss mit der Ausführung von Zeile 6 (also l.acquire) warten, bis der Lock wieder freigegeben ist, d. h. bis Thread 1 die Kommandos in den Zeilen 7 und 8 fertig ausgeführt hat.

Aufgabe 7.3

Zwar ist durch das in Listing 7.2 gezeigte Skript die Gefahr, dass die Bildschirmausgabe eines Threads durch die Bildschirmausgabe eines anderen Threads unterbrochen wird, weitgehend gebannt. Es sind jedoch nach wie vor Situationen denkbar, in denen es zu einer solchen unerwünschten Unterbrechung kommen kann.

(a) Beschreiben Sie eine Situation während der Ausführung des in Listing 7.2 gezeigten Skripts, in der die Bildschirmausgabe eines Threads durch die Bildschirmausgabe eines anderen Threads unterbrochen werden kann.

(b) Passen Sie das in Listing 7.2 gezeigte Skript so an, dass alle Unterbrechungen von Bildschirmausgaben ausgeschlossen werden.

Daten aus einer Liste von URLs

Wir fahren mit folgendem einfachen und auch praktisch nützlichen Anwendungsbeispiel fort, das mit Verwendung von Threads sehr viel schneller ablaufen kann als eine entsprechende rein serielle Implementierung. Wir wollen Daten (sagen wir: die ersten 1024 Bytes) aus einer Reihe verschiedener URLs abrufen. Eine serielle Implementierung ohne die Verwendung von Threads zeigt Listing 7.3:

```
from urllib2 import urlopen
urls = ['http://www.' +u for u in
        ['hs-albsig.de/haeberlein','wetteronline.de','bahn.de',
         'albstadt.de','sigmaringen.de','degruyter.com']]
for u in urls:
  print('Die ersten 1024 Bytes von '+u+': '+urlopen(u).read(1024))
```

Listing 7.3. Serielle Implementierung der Aufgabe, Daten aus einer Liste von URLs zu lesen.

Hier können wir die Ausführungszeit durch Verwendung von Threads in der Regel deutlich verbessern. Warum ist das so? Welcher Teil der Implementierung wirkt sich negativ auf die Laufzeit aus? Das Kommando urlopen öffnet ein Socket zu einer URL; je nach Bandbreite der jeweiligen Verbindung und Leistungsfähigkeit des jeweiligen Servers dauert es eine gewisse Zeit, bis die angeforderten Daten von der URL eintreffen. In dieser Zeit befindet sich das Pythonskript gewissermaßen im Leerlauf und verschwendet seine Rechenzeit damit, auf eintreffende Daten zu warten. Dieses *aktive Warten* kann man durch Verwendung von Threads vermeiden.

Die in folgendem Listing 7.4 gezeigte Implementierung verwendet Threads um Daten aus einer Liste von URLs zu lesen.

```
from urllib2 import urlopen
from threading import Thread

def getUrl(u):
  print(urlopen(u).read(1024))

urls = ['http://www.' +u for u in
        ['hs-albsig.de/haeberlein','wetteronline.de','oldenbourg.de',
         'albstadt.de','sigmaringen.de','bahn.de']]
threads = [Thread(target=getUrl, args=(u,)) for u in urls]
for t in threads: t.start()
```

Listing 7.4. Nebenläufige Implementierung der Aufgabe, Daten aus einer Liste von URLs zu lesen.

In Zeile 10 wird pro URL ein Thread erzeugt; dies geschieht unter Verwendung des Konstruktors Thread, dessen target-Argument die Funktion spezifiziert, die der jeweilige

Thread „gleichzeitig"[6] zu den übrigen Threads ausführt, und dessen `args`-Argument die Argumente spezifiziert, mit der die Thread-Funktion aufgerufen wird. Die Schleife in Zeile 11 startet jeden dieser Threads jeweils mit der `start()`-Methode.

Aufgabe 7.4

Wie oben schon erwähnt, kann man die Aufgabenstellung, Daten aus einer Reihe von URLs zu lesen, mittels Threads viel effizienter implementieren. Verwenden Sie Pythons `timeit`-Modul, oder das entsprechende „Magic-Command" `%timeit` in einem Python-Notebook, um die Laufzeit desjenigen in Listing 7.3 gezeigten seriellen Skripts mit der Laufzeit des in Listing 7.4 zu vergleichen.

7.4.3 Das `queue`-Modul

Bisher ließen wir die Threads lediglich Daten auf dem Bildschirm ausgeben. Häufig ist es jedoch notwendig, die von den einzelnen Threads produzierten Daten aufzusammeln und in einer (globalen) Variablen zu speichern.

Locks und globale Variablen
Listing 7.5 zeigt, wie man die Ausgaben der URLs – statt sie einfach auf dem Bildschirm auszugeben – in der globalen Variable `erg` speichert.

```
1  from urllib2 import urlopen from threading import Thread
2
3  def getUrl(u,l):
4      global erg
5      uInhalt = urlopen(u).read(1024)
6      l.acquire() ; erg.append(uInhalt) ; l.release()
7
8  urls = ['http://www.' +u for u in
9          ['hs-albsig.de/haeberlein','wetteronline.de','oldenbourg.de',
10          'albstadt.de','sigmaringen.de','bahn.de']]
11 l = Lock() ; erg = []
12 threads = [Thread(target=getUrl, args=(u,l)) for u in urls]
13 for t in threads: t.start()
14 for t in threads: t.join()
15 print(erg)
```

Listing 7.5. Nebenläufiges Lesen der Daten aus verschiedenen URLs; die Daten werden in der für die einzelnen Threads globalen Variablen `erg` aufgesammelt.

---

6 Aber eben nur scheinbar gleichzeitig; die Illusion der Gleichzeitigkeit entsteht hier durch Time-Sharing. Eine tatsächliche Gleichzeitigkeit ist unter Verwendung von Threads zumindest in Python nicht möglich.

Die Threads tragen nun die aus den URLs gelesenen Daten in die globale Listenvariable `erg` ein. Dies geschieht – durch Locks geschützt – in Zeile 8. Jeder der in Zeile 14 erzeugten Threads greift auf *dieselbe* globale Variable zu. Hier unterscheiden sich die Threads fundamental von den in Abschnitt 7.5.1 behandelten Prozessen: Prozesse besitzen keine gemeinsame Umgebung; jeder Prozess arbeitet auf *getrennten* Kopien globaler Variablen. Nachdem in Zeile 15 alle Threads gestartet wurden, wartet man in Zeile 16, bis alle Threads beendet wurden. Dies erledigt der Aufruf `t.join()`: er lässt das Hauptprogramm solange warten, bis Thread `t` beendet wurde. Erst danach enthält die Liste `erg` alle durch die Threads produzierten Daten, und die Ergebnisse können ausgegeben werden.

Aufgabe 7.5

(a) Was würde das Skript aus Listing 7.5 ausgeben, wenn man Zeile 16 auskommentieren würde?

(b) An welcher Listenposition der Variable `erg` stehen die Ausgaben desjenigen Threads, der als erstes endete? An welcher Listenposition der Variable `erg` stehen die Ausgaben desjendigen Threads, der als letztes endete?

Aufgabe 7.6

(a) Erweitern Sie das in Listing 7.5 gezeigte Skript so, dass jeder Thread auch zusätzlich die von ihm benötigte Laufzeit in der Liste `erg` speichert.

(b) Bestimmen Sie zusätzlich die Laufzeit des gesamten Skripts und vergleichen Sie die Summe der Laufzeiten der einzelnen Threads mit der Gesamtlaufzeit des Skripts. Erklären Sie ihre Beobachtungen.

Tipp: Verwenden Sie die Funktion `time` aus dem Pythonmodul `time`, zur Laufzeitberechnung.

Queues

Pythons `threading`-Modul bietet alle nötigen Möglichkeiten der Synchronisation von Threads und der Datenkommunikation zwischen Threads an, wie beispielsweise Locks, Semaphoren oder Events. Eine Semaphore ist eine Verallgemeinerung eines Locks. Während ein Lock nur zwei Zustände (nämlich *locked* und *unlocked*) kennt, kennt eine Semaphore viele Zustände. Eine Semaphore ist eine globale Variable, die die Anzahl der `acquire`-Aktionen minus die Anzahl der `release`-Aktionen speichert. So kann man etwa kontrollieren, wie viele Threads gleichzeitig auf eine bestimmte Ressource zugreifen dürfen.

Trotz der schon vorhandenen Möglichkeiten des `threading`-Moduls ist es dennoch in vielen Fällen ratsam, die auf das Zusammenspiel mit Threads abgestimmten Warteschlangen (auch in der deutschsprachigen Literatur oft als *Queues* bezeichnet) des Pythonmoduls `Queue` zu verwenden. Eine Queue ist eine sogenannte First-in-First-out-Datenstruktur (kurz auch als Fifo-Datenstruktur bezeichnet): Dasjenige Element, das als erstes in die Queue eingefügt wurde, kommt auch als erstes „zum Zuge". Abbildung 7.8 veranschaulicht die Funktionsweise einer Queue: Ein neues Element wird „hinten" in die Queue eingereiht; dies geschieht mittels der `put`-Methode. Das am weitesten „vorne" befindliche Element, das also als erstes eingefügt wurde, wird bei einem Aufruf der `get`-Methode als nächstes zur weiteren Verarbeitung entfernt.

Verwendet man Queues um die von Threads produzierten Ergebnisse aufzusammeln bzw. um Ergebnisse zwischen Threads auszutauschen, so braucht man sich als Programmierer um Locks und eventuelle Race-Conditions nicht zu kümmern; die `get` und `put`-Methoden einer Queue kapseln das Setzen und Lösen der Locks an den richtigen Stellen.

Abb. 7.8. Funktionsweise einer Queue-Datenstruktur. Mittels der `put`-Methode reiht man ein neues Element „hinten" in der Warteschlange ein. Das am weitesten „vorne" befindliche Element kann mittels der `get`-Methode aus der Queue zur weiteren Bearbeitung entfernt werden. Beide Operationen sind *thread-safe*, d. h. sie verwenden Locks so zur richtigen Zeit, dass es zu keinen Race-Conditions kommen kann.

```python
1  from queue import Queue
2  from urllib2 import urlopen
3  from threading import Thread
4
5  def getUrl(u,l):
6    q.put(urlopen(u).read(1024))
7
8  urls = ['http://www.' +u for u in
9          ['hs-albsig.de/haeberlein','wetteronline.de','oldenbourg.de',
10          'albstadt.de','sigmaringen.de','bahn.de']]
11 q = Queue()
12 threads = [Thread(target=getUrl, args=(u,q)) for u in urls]
13 for t in threads: t.start()
14 for _ in threads: print(q.get())
```

Listing 7.6. Nebenläufiges Lesen der Daten aus verschiedenen URLs; die durch die einzelnen Threads produzierten Daten werden globalen synchronisierten Queue q aufgesammelt.

Jeder Thread führt die Funktion `getUrl` mit einer anderen URL aus und fügt – sobald sie die Daten von der URL erhalten hat – diese mittels `put` in die Queue ein (Zeile 6). Diese Einfügeoperationen ist sicher: das `Queue`-Objekt „kümmert" sich um das Setzen der dafür notwendigen Locks und das Freistellen dieser Locks nach der `put`-Operation; der Progammierer braucht sich darum nicht zu kümmern. Die Schleife in Zeile 14 liest Daten der Queue mittels der `get`-Methode aus. Man beachte, dass unmittelbar nach Ausführung der Schleife in Zeile 13 die Queue leer ist. Ein Aufruf der `get`-Methode blockiert die Ausführung des Hauptprogramms so lange, bis sich ein Datum in der Queue befindet, dass dann zurückgeliefert wird.

Aufgabe 7.7

Wie würde sich das in Listing 7.6 gezeigte Pythonskript verhalten, falls Sie nach Zeile 14 die Codezeile

```
print(q.get())
```

einfügen würden?

7.5 Multicore-Programmierung in Python

Wie schon weiter oben erwähnt, ist es nicht möglich, Threads in einer tatsächlich parallelen Weise auf unterschiedliche Prozessoren zu verteilen. Wollen wir Codeteile auf unterschiedlichen Prozessorkernen ausführen lassen, müssen wir daher auf andere Python-Module zurückgreifen.

7.5.1 Das `multiprocessing`-Modul

Das `multiprocessing`-Modul stellt eine ähnliche Schnittstelle bereit, wie das `threading`-Modul. Der wichtige Unterschied besteht darin, dass das `multiprocessing`-Modul mit mehreren Prozessen arbeitet, die – im Unterschied zu Threads – auch auf mehreren Kernen eines Prozessors tatsächlich parallel laufen können. Sowohl das `multiprocessing`-Modul als auch das später vorgestellte `mpi4py`-Modul können je nach Einstellungen auch auf mehreren getrennten Rechner – etwa einem NOW – parallel laufen. Wir gehen dieser Möglichkeit jedoch hier nicht näher nach, sondern beschränken uns auf die Vorzüge der parallelen Ausführung auf mehreren Kernen eines einzelnen Rechners.

Beispiel 1: Durchführung eines Zufallsexperimentes

Wir wollen durch die wiederholte Ausführung eines Zufallsexperimentes Näherungs-werte für Wahrscheinlicheiten bestimmen. In diesem Beispiel interessieren wir uns für die Frage, wie groß die Wahrscheinlichkeit ist, bei n-maligem Würfeln eine Gesamtau-gensumme von k zu erhalten – Abbildung **??** veranschaulicht diese Fragestellung. Lis-ting 7.7 zeigt eine rein serielle Implementierung eines solchen Zufallsexperimentes. Die Parameter n, k und die Anzahl der Wiederholungen werden über die Kommando-zeile eingelesen. Die Listenkomprehension in Zeile 7 summiert die Augenzahlen eines Wurfs auf und prüft ob diese Summe der Zahl k entspricht.

```
1 from random import randint
2 from sys import argv
3 n = int(argv[1]) ; k = int(argv[2]) ; wiederhlg = int(argv[3])
4
5 zaehler = 0
6 for i in range(wiederhlg):
7     if sum([randint(1,6) for j in range(n)]) == k: zaehler += 1
8 print("Wahrscheinlichkeit: %f" % float(zaehler)/wiederhlg)
```
Listing 7.7. Serielle Implementierung des Zufallsexperiments

Dieses Problem ist *embarrassingly parallel*. Als embarrassingly parallel bezeichnet man Probleme bzw. Algorithmen, die sich einfach und effektiv in parallelisierbare Teil-probleme zerlegen lassen. Bei Verwendung von M parallelen Prozessoren kann man bei solchen Problemen eine Laufzeitsteigerung um (fast) den Faktor M erwarten. Das in Listing 7.7 implementierte Zufallsexperiment kann man sehr einfach in parallelisier-bare Teile zerlegen: Will man das Zufallsexperiment M-mal wiederholen, so könnte man etwa M parallele Prozesse verwenden – jeder führt ein einziges Zufallsexperi-ment durch. Will man dagegen nur beispielsweise P (mit $P < M$) Prozesse verwenden, führt jeder Prozess M/P Zufallsexperimente aus. Die in Listing 7.8 gezeigte Implemen-tierung verwendet Pythons `multiprocessing`-Modul, um eine solche Aufteilung des Zufallsexperients in (eine frei wählbare Anzahl) P parallel arbeitende Prozesse zu rea-lisieren.

```
1 from multiprocessing import Process, Value, Lock
2 from random import randint
3 from sys import argv
4
5 n = int(argv[1])
6 k = int(argv[2])
7 M = int(argv[3])   # Anzahl Gesamt-Wiederholungen
8 P = int(argv[4])   # Anzahl Prozesse
9 M = M -M%P         # M muss durch P teilbar sein
10 myM = M/P          # Anzahl Wiederholungen pro Prozess
```

```
11
12 def proc(id, gesamt, gesamtLock):
13   global n,k,M,P,M,myM
14   zaehler = 0 # Wie oft ist die Summe der Würfe == k?
15   for i in range(myM):
16     if sum([randint(1,6) for wurf in range(n)]) == k: zaehler += 1
17   gesamtLock.acquire()
18   gesamt.value += zaehler
19   gesamtLock.release()
20
21 if __name__ == '__main__':
22   gesamt = Value('i',0)
23   gesamtLock = Lock()
24   procLst = [Process(target=proc, args=(i,gesamt,gesamtLock))
25                      for i in range(P) ]
26   for p in procLst: p.start()
27   for p in procLst: p.join()
28   print("Die Wahrscheinlichkeit ist %f" % float(gesamt.value)/M)
```

Listing 7.8. Parallele Implementierung des Zufallsexperimentes unter Verwendung von P Prozessen.

In den Zeilen 5 bis 9 werden die globalen Variablen n, k, M, P und myM definiert; wichtig zu wissen ist, dass jeder der gestarteten P Prozesse auf *getrennten* Kopien dieser globalen Variablen arbeitet. Die Funktion proc zwischen Zeile 12 und Zeile 19 wird von jedem der P Prozesse parallel abgearbeitet. Jeder dieser Prozesse führt myM Wiederholungen des Zufallsexperimentes durch. Dies geschieht in der for-Schleife in Zeile 15. Die Variable zaehler enthält danach die Anzahl der myM Experimente, die eine Gesamtaugensumme von k ergaben. Der Wert von zaehler wird schließlich auf die allen Prozessen gemeinsame Variable gesamt aufaddiert. Hierbei wird mit einem Lock gearbeitet, um Race-Conditions zu vermeiden.

Diese gemeinsame Variable gesamt wird in Zeile 22 durch den Konstruktor Value definiert, den das multiprocessing-Modul anbietet. Im Gegensatz zu den üblichen Python-Variablen muss der Typ der gemeinsamen Variablen vorab festgelegt werden (hier: 'i' für *Integer*). In Zeile 23 werden die P Prozesse über eine Listenkomprehension mittels des Konstruktors Process erzeugt. Dieser Konstruktor erwartet zwei Argumente: Das target-Argument legt die Funktion fest, die der jeweilige Prozess parallel mit allen anderen Prozessen ausführt. Das args-Argument spezifiziert die Argumente des jeweiligen Prozesses, in diesem Fall sind das die Prozessnummer, die gemeinsame Variable und der Lock. In Zeile 26 werden alle Prozesse gestartet. Ein Aufruf der Methode join lässt das aufrufende Programm (hier: das Hauptprogramm) solange warten, bis der jeweilige Prozess beendet ist. Die print-Anweisung in Zeile 28 wird also erst dann ausgeführt, wenn alle P Prozesse beendet sind.

Die Abfrage `if __name__ == '__main__'` in Zeile 21 stellt sicher, dass dieses Skript nicht wieder rekursiv von allen gestarteten Prozessen ausgeführt wird (was zur Folge hätte, dass jeder der P gestarteten Prozesse wiederum P Prozesse startet, usw.). Lediglich im Hauptprogramm gilt, dass `__name__` den Wert `'__main__'`) hat, und lediglich im Hauptprogramm werden daher neue Prozesse gestartet.

Aufgabe 7.8

Vergleichen Sie die Laufzeiten der Implementierung aus Listing 7.7 mit der Laufzeit der Implementierung aus Listing 7.8 auf einem Mehrkern-Rechner.

Aufgabe 7.9

Wir betrachten folgende Fragestellung aus der Stochastik: „Gegeben seien n Kinder an die zufällig k Gummibärchen verteilt werden. Wie groß ist die Wahrscheinlichkeit, dass dabei (mindestens) ein Kind leer ausgeht?"

(a) Implementieren Sie einen seriellen Algorithmus, der dieses Zufallsexperiment M-mal durchführt.
(b) Geben Sie mit Hilfe von Pythons `multiprocessing`-Modul eine parallele Implementierung an, die P parallel arbeitende Prozesse verwendet, um das Zufallsexperiment M-mal durchzuführen.

Die Parameter n, k, M und P sollen dabei jeweils als Kommandozeilenparameter übergeben werden.

7.5.2 Das `mpi4py`-Modul

Das Python-Modul `mpi4py` stellt eine Schnittstelle zu der frei verfügbaren Open-Source-Implementierung MPICH[2] des Message-Passing-Standards MPI-2 dar. Zur Installation des `mpi4py`-Moduls, das nicht in der Standard-Installation von Python enthalten ist, verfahren Sie wie folgt:

```
$ python -m pip install mpi4py
```

Zusätzlich müssen sie die MPI-Laufzeitumgebung installieren. Unter Windows bietet sich hierfür die MSMPI-Implementierung an, die sich auf den Download-Seiten von Microsoft befindet. Unter Linux gibt es mehrere Alternativen, beispielsweise OpenMPI. Der Pythoncode muss dann innerhalb der Laufzeitumgebung mittels des installierten `mpiexe`-Kommandos von der Shell aus gestartet werden.

Beispiel 1: Paralleles Summieren

Betrachten wir als erstes Beispiel einen Algorithmus, der sich offensichtlich in parallel arbeitende Teilaufgaben zerlegen lässt, das Aufsummierung der ersten n natürlichen Zahlen[7]:

$$\sum_{i=1}^{N} i = 1 + 2 + \ldots + N$$

Aufgrund der Assoziativität der Summation, kann diese Berechnung auf zwei parallel arbeitende Prozesse verteilt werden:

$$\sum_{i=1}^{N} i = \underbrace{\sum_{i=1}^{N/2} i}_{Prozess_0} + \underbrace{\sum_{i=N/2+1}^{N} i}_{Prozess_1}$$

Das in Listing 7.9 gezeigte Python-Skript `parSum` implementiert diese Parallelität mit Hilfe von Message-Passing. Dieses Skript sollte deshalb auch von einer Shell aus mittels

```
> mpiexec -n 3 python parSum.py
```

gestartet werden. Das Kommando `mpiexec` bewirkt, dass das Kommando `python parSum.py` in der durch MPICH bereitgestellten Message-Passing-Umgebung ausgeführt wird. Die Option `-n 3` bewirkt, dass drei Prozesse gestartet werden. Jeder dieser drei Prozesse führt das Skript `parSum.py` *gleichzeitig* aus. Anders als beim Multithreading besitzen diese drei Prozesse keine gemeinsamen Variablen. Die in den Zeilen 8 und 11 gesetzte Variable `s` beispielsweise ist *keine* gemeinsame Variable von *Prozess_0* und *Prozess_1*, sondern beide Prozesse arbeiten auf jeweils unterschiedlichen Kopien.

```
1 from mpi4py import MPI
2
3 comm = MPI.COMM_WORLD
4 rank = comm.Get_rank()
5 N = 100000000
6
7 if rank == 0:
8     s = sum(range(N//2))
9     comm.send(s,dest=2)
10 elif rank == 1:
11     s = sum(range(N//2+1,N))
```

---

[7] Zur Berechnung dieser Summe gibt es eine geschlossene Formel; wir verwenden diese jedoch im folgenden Algorithmus nicht, sondern gehen immer davon aus, dass für die Berechnung der Summe Zahl für Zahl aufaddiert werden muss.

```
12   comm.send(s,dest=2)
13 elif rank == 2:
14   s1 = comm.recv(source=1)
15   s0 = comm.recv(source=0)
16   print(str(s0+s1))
```

Listing 7.9. Das Skript `parSum.py`: Paralleles Aufsummieren implementiert mittels Message-Passing.

Die in Zeile 3 verwendete Variable `MPI.COMM_WORLD` stellt einen Kommunikations-Handler bereit (ein Objekt der Klasse `Intracomm`), über den Nachrichten unter anderem mittels der Methoden `send` und `recv` zwischen den einzelnen Prozessen ausgetauscht werden können. Mittels der Methode `Get_rank()` in Zeile 4 erkundigt sich der jeweilige Prozess nach der Nummer, die er von dem Message-Passing-System zugewiesen bekam. Die Fallunterscheidungen ab Zeile 7 stellen sicher, dass Prozess$_0$ die Anweisungen in den Zeilen 8 und 9, Prozess$_1$ die Anweisungen in den Zeilen 11 und 12 und Prozess$_2$ die Anweisungen in den Zeilen 14 und 15 ausführt. Wohlgemerkt laufen diese drei Anweisungsblöcke in verschiedenen Prozessen nebenläufig zueinander und – vorausgesetzt, der Rechner unterstützt Parallelität, wie dies etwa bei Mehrkernprozessoren der Fall ist – größtenteils tatsächlich parallel. Die `recv`-Anweisungen in Zeile 14 im Code für *Prozess*$_2$ lässt *Prozess*$_2$ solange warten, bis eine Nachricht von *Prozess*$_1$ eingetroffen ist. Diese wird dann in Variable `s1` gespeichert. Anschließend wartet die `recv`-Anweisung in Zeile 15 bis eine Nachricht von *Prozess*$_0$ eingetroffen ist und, speichert dessen Nachricht in `s0`. Schließlich werden in Zeile 16 die beiden Teilsummen von *Prozess*$_2$ addiert und ausgegeben.

Abbildung 7.10 veranschaulicht den Ablauf des Skripts `parSum.py` in drei parellelen Prozessen. Die `send-receive`-Aktionen des Message-Passing-Interfaces sind hierbei durch waagerechte Pfeile dargestellt.

Aufgabe 7.10

Implementieren Sie die gleiche Aufgabe, nämlich die Summation der Zahlen bis n, nur dass sie jetzt statt zwei Prozessorkernen vier Prozessorkerne verwenden.

Aufgabe 7.11

Implementieren Sie die gleiche, wie durch das Skript in Listing 7.9 realisierte Funktionalität ...

(a) ... unter Verwendung des `multiprocessing`-Moduls.
(b) ... unter Verwendung von Threads mittels des `threading`-Moduls.

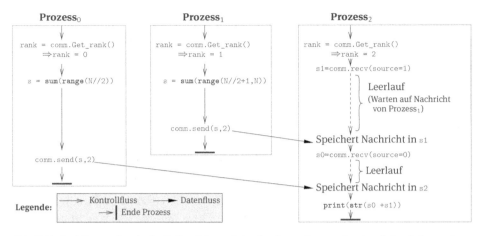

Abb. 7.10. Funktionsweise der in Listing 7.9 gezeigten Implementierung des parallelen Aufsummierens mittels Message-Passing.

> Vergleichen Sie jeweils die Laufzeiten dieser Implementierungen mit der Laufzeit des Skripts aus Listing 7.9 und erklären Sie ihre Beobachtungen.

Beispiel 2: Eine Pipeline zur Berechnung von Primzahlen.

Eine bewährte Technik, einen bestimmten Fertigungs- oder Berechnungs-Prozess zu beschleunigen, besteht in der Organisation einer Fließbandverarbeitung, in der Informatik auch oft mit dem englischen Begriff *Pipelining* bezeichnet. Bei der Fließbandverarbeitung unterteilt man einen Fertigungs- oder Berechnungsprozess in einige möglichst gleich lange bzw. gleich aufwändige Schritte, die in diesem Zusammenhang oft als *Pipelinestufen* bezeichnet werden. Ein in der Literatur [6, 8] häufig verwendetes Beispiel aus dem Alltagsleben, zur Veranschaulichung der Funktionsweise des Pipelining, ist das Wäschewaschen. Man kann den Prozess des Wäschewaschens unterteilen in die Pipelinestufen „Waschen", „Trocknen", „Bügeln" und „Einräumen". Abbildung 7.11 zeigt das Wäschewaschen einmal ohne Pipelining und einmal mit Pipelining, bei dem die Pipelinestufen verzahnt ausgeführt werden. Es gibt einige Situationen, in denen eine Berechnung über Pipelining nicht möglich ist bzw. sich nicht lohnt: **1.** Wenn verschiedene Pipelinestufen auf die gleiche Ressource (etwa den Hauptspeicher) zugreifen wollen. **2.** Wenn eine nachfolgende Berechnung vom Ergebnis der vorherigen Berechnung abhängt. **3.** Wenn die Reihenfolge der Berechnungen statisch nicht klar ist (etwa bei dynamischen Sprüngen).

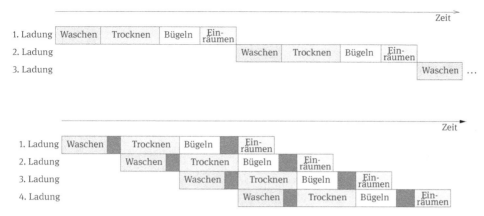

Abb. 7.11. Wäschewaschen ohne Pipelining (oben) und Wäschewaschen mit Pipelining (unten).

Aufgabe 7.12

Angenommen, wir haben einen Berechnung, die in fünf Pipelinestufen unterteilt werden kann. Die Berechnung soll zehn Mal hintereinander ausgeführt werden. Wie groß ist der Zeitgewinn der Ausführung mit Pipelining gegenüber der Ausführung ohne Pipelining, wenn ...

(a) ... alle Pipelinestufen gleich lang sind.
(b) ... eine Pipelinestufe nur halb so lange ist wie alle anderen.
(c) ... eine Pipelinestufe doppelt so lange ist wie alle anderen.
(d) ... eine Pipelinestufe viermal so lange ist wie alle anderen.

Als Beispiel für die Realisierung einer Pipeline mittels Message-Passing implementieren wir einen Algorithmus zur Berechnung der Anzahl von Primzahlen kleiner als N. Zur Bestimmung der Primzahlen gehen wir ähnlich vor wir das berühmte Sieb des Erathostenes: Man erhält die Liste aller Primzahlen, indem zunächst alle Vielfachen von 2 aussortiert werden, danach alle Vielfachen der nächsten Zahl, die übrigbleibt (nämlich 3), usw. Die Implementierung in Listing 7.10 unterteilt diese Berechung in drei Pipelinestufen, aufgeteilt auf die drei Prozesse P_0, P_1 und P_2. Prozess P_0 sortiert alle Vielfachen von 3 (und 2) aus, Prozess P_1 sortiert alle Vielfachen von 5 aus und Prozess P_2 kümmert sich um die restlichen Vielfachen.

```
1 from mpi4py import MPI
2 comm = MPI.COMM_WORLD
3 rank = comm.Get_rank()
4 END_MSG = 0 ; N=1000
5
6 if rank==0:
```

```
7    for i in range(3,N,2):
8        if i%3 != 0: comm.send(i,dest=1)
9    comm.send(END_MSG,dest=1)
10   elif rank==1:
11     while True:
12         i = comm.recv(source=0)
13         if i == END_MSG:
14             comm.send(END_MSG, dest=2)
15             break
16         if i%5!=0: comm.send(i,dest=2)
17   elif rank==2:
18     anzPrims = 3
19     while True:
20         zahl = comm.recv(source=1)
21         if zahl == END_MSG: break
22         i=7 ; hatWeitereTeiler = False
23         while i*i<=zahl and not hatWeitereTeiler:
24             if zahl%i == 0: hatWeitereTeiler = True
25             i+=1
26         if not hatWeitereTeiler: print(zahl)
```

Listing 7.10. Implementierung einer Pipeline zum Berechnung von Primzahlen. Die einzelnen Pipelinestufen, realisiert durch die drei Prozesse P_0, P_1 und P_2, filtern sukzessive Zahlen aus, die durch 3, 5, 7 usw. teilbar sind.

Betrachten wir den Code für die jeweiligen Prozesse getrennt:

- Prozess P_0: Der Code für P_0 befindet sich in den Zeilen 7 bis 9. Die for-Schleife durchläuft alle ungeraden Zahlen von 3 bis N. Jede Zahl i, die nicht durch 3 teilbar ist, wird mittels comm.send(i,dest=1) an P_1 gesendet. Nach Beendigung der for-Schleife sendet P_0 das END_MSG-Signal an P_1 und signalisiert so, das Ende der Übertragungen.
- Prozess P_1: Der Code für P_1 befindet sich in den Zeilen 11 bis 16. In jedem while-Schleifendurchlauf wird eine von P_0 kommende Zahl empfangen und genau dann an P_2 weitergeschickt, wenn diese Zahl nicht durch 5 teilbar ist (Zeile 16). Empfängt P_1 das END_MSG-Signal von P_0, leitet er dieses Signal an P_2 weiter, beendet die Schleife und stoppt.
- Prozess P_2: Der Code für P_2 befindet sich in den Zeilen 18 bis 27. In jedem äußeren while-Schleifendurchlauf empfängt P_2 eine Zahl von P_1 und testet diese im inneren while-Schleifendurchlauf darauf, ob diese weitere Teiler (größer als 7) besitzt. Falls nein, handelt es sich um eine Primzahl, und die Zahl wird ausgegeben.

Abbildung 7.12 veranschaulicht das Zusammenspiel der drei Prozesse in einer Pipeline. Optimalerweise könnte solch eine Pipeline einen Geschwindigkeitszuwachs um (nahezu) den Faktor drei ergeben, wenn **1.** die drei Prozesse keine gemeinsamen Ressourcen wie etwa den Hauptspeicher ansprechen würden, und **2.** die Laufzeiten der Sende- und Empfangsoperationen vernachlässigbar wären (was jedoch i. A. nicht realistisch ist) und **3.** die (Rechen-)Arbeit über die drei Pipelinestufen gleichmäßig verteilt wäre (was in diesem Beispiel jedoch nicht der Fall ist). Man spricht in diesem Zusammenhang auch von der sogenannten *Load Balance*, und meint damit eben die möglichst gleichmäßige Verteilung der Rechenarbeit.

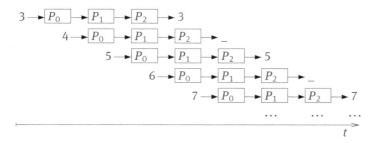

Abb. 7.12. Funktionsweise der in Listing 7.9 gezeigten Implementierung von Pipelining.

Aufgabe 7.13

Welche der Pipelinestufen der Pipeline zur Berechnung von Primzahlen hat i. A. mehr Rechenarbeit zu leisten, welche weniger Rechenarbeit?

Aufgabe 7.14

Implementieren Sie den obigen Algorithmus mit Hilfe von Pythons `multiprocessing`-Modul.

Sowohl die Werkzeuge des `multiprocessing`-Moduls als auch die Werkzeuge des `mpi4py`-Moduls lassen dem Programmierer die Verantwortung, sich um die Synchronisation der Prozesse zu kümmern.

Literatur

[1] J. Chris Anderson, Noah Slater, and Jan Lehnardt. *CouchDB: The Definitive Guide*. O'Reilly, November 2009.

[2] National Laboratory Argonne. MPICH2: High-Performance and Widely Portable MPI, März 2011. www.mcs.anl.gov/mpi/mpich.

[3] Edgar F. Codd. A relational model of data for large shared data banks. *Communications of the ACM*, pages 377–387, Juni 1970.

[4] Jeffrey Dean and Sanjay Ghemawat. Mapreduce: Simplified data processing on large clusters. In *OSDI, Sixth Symposium on Operating System Design and Implementation*, pages 137–150, 2004.

[5] Jan Goyvaerts and Steven Levithan. *The Rregular Expression Cookbook*. O'Reilly Media, Juli 2009.

[6] Tobias Häberlein. *Technische Informatik: Ein Tutorium der Maschinenprogrammierung und Rechnertechnik*. Vieweg-Teubner, März 2011.

[7] David Luebke and Greg Humphreys. How GPUs work. *IEEE Computer*, 40(2):96–100, 2007.

[8] David L. Patterson and John L. Hennessy. *Rechnerorganisation und -entwurf*. Spektrum akademischer Verlag, 2005.

[9] Python.org. The python standard library, Juli 2016. https://docs.python.org/3/library/.

[10] Python.org. The python tutorial, Juli 2016. https://docs.python.org/3/tutorial/.

[11] Neal Stephenson. *In the Beginning ... was the Command Line*. Harper Perennial, November 1999.

[12] C. H. Swaroop. A bite of python, 2016. http://python.swaroopch.com.

[13] Linus Torvalds and David Diamond. *Just for Fun: The Story of an Accidental Revolutionary*. Harper Paperbacks, 2001.

Stichwortverzeichnis

/dev/null, 27
Überladung von Operatoren, 94
.., 17
., 17
% (Stringformattierung), 77
if-Ausdruck, 66
1. Normalform, 155
2. Normalform, 156
3. Normalform, 157

Ablaufdiagramm, 62
ACID-Prinzip, 139
aktives Warten, 204
Anaconda, 53
anonymous (Benutzername eines öffentlichen
    FTP-Servers), 179
Ansteuerungssoftware (Treiber), 8
Anweisung, 66
Anweisung vs. Ausdruck, 66
Anwendungsschicht, 172
Arbeitsverzeichnis, 17
ARPA, 170
ARPANET, 170
asymmetrisches Multiprozessorsystem, 195
Atomarität, 136, 137, 139
Attribut, 106, 151
Ausdruck, 66
Ausführungsstrang, 192
Ausnahme, 181
Auswertungs-Strategie
– lazy, 63
– nicht-strikt, 63
Auszeichnungssprache, 181

back tick („...„), 31
Backupmechanismus, 136
Bash, 11
Baum, 13
Benutzergruppe, 14
Berechenbarkeit, 1
Berners-Lee, Tim, 6
Betriebssystem, 8
– closed-source, 9
Betriebssystemkern (Kernel), 8
Bibliothek, 96
bidirektionale Kommunikation, 174

binäres Datenformat, 162
Bourne Again Shell (Bash), 11
Bourne Shell (sh), 11
BSP (Bulk Synchronous Parallel Model), 199
Buffer (bei der Verwendung von Pipes), 28

C-Shell (csh), 11
Cache, 197
CGI, 187
Chomsky, Noam, 3
Chomsky-Hierarchie, 3
Client, 176
Client-Server-Modell, 176
closed-source-Software, 9
CMD.EXE, 11
Co-Prozessor, 196
Commit (einer Transaktion), 137
Content-Management-System, 139
Cook, Stephen A., 4
Copyleft-Lizenz, 5
Core, 191
CouchDB, 158
Cursor (in einer Datenbank), 142
cygwin, 12

Daemonprozess, 20
Datei-Iterator, 99
Dateiarten, 13
– blockorientiertes Gerät (b), 14
– named pipe (p), 14
– Normale Datei (–), 13
– Symbolischer Link(l), 14
– Verzeichnis (d), 13
– zeichenorientiertes Gerät (c), 14
Dateiattribute, 14
Dateiobjekt, 97
Daten-Persistenz, 135
Datenbank-Cursor, 142
Datenbank-Handle, 164
Datenbank-Lock, 160
Datenbankmanagementsystem (DBMS), 137
Datenintegrität, 136
Datenisolation, 136
Datenkanal einer FTP-Verbindung, 179
Datenkapselung, 68
Datenkonsistenz, 136

Datenredundanz, 136
Datensatz, 139
Datentypen, 56
Datenverfügbarkeit, 159
Dauerhaftigkeit, 139
DBMS (Datenbankmanagementsystem), 137
Deadlock, 199
Decor-Undecor-Idiom, 102
Derivat, 10
Dezentralität des Internet, 170
Dictionary-Operationen, 77
DNS (Domain Name Server), 175
DocString, 68
Dokument (in CouchDB), 159
Domain Name Server, 175
Domain-Name, 175
double tick ("..."), 31
Durchsatz, 197
dynamische Typisierung, 58

Eingabeaufforderung (Prompt), 30
Einrücktiefe, 60
Emacs, 23
EMail-Client, 176
embarrassingly parallel, 209
Emulator, 9
Entität, 151
Entscheidungsproblem, 2
ERP-System, 139
Event Loop, 192
Eventual Consistency, 159
Exception, 181
Exit-Status, 32

Fifo-Datenstruktur, 207
First-in-first-out-Datenstruktur, 207
Fließbandverarbeitung (Pipelining), 214
formal, 1
Freie Software, 5
Fremdschlüssel, 142
FTP, 179
Funktion höherer Ordnung, 70, 89
funktionale Programmierung, 83

Gödel, Kurt, 2
Gödelscher Unvollständigkeitssatz, 2
Ganzzahlen (`int` in Python), 56
gcc (Gnu C-Compiler), 5
GIL (Global Interpreter Lock), 194

Gleitpunktzahlen (`float` in Python), 56
globale Variablen
– in Prozessen, 210
– in Threads, 206
globale Variablen (für die
    Interprozess-Kommunikation), 198
GNU, 5
Google, 158
GPGPU, 198
GPL (GNU General Public Licence), 5
GPU (Graphics Processing Unit), 196
– Architektur, 196
Graphische Benutzeroberfläche, 201
greedy (Eigenschaft von Operatoren regulärer
    Ausdrücke), 126
Grid (Computernetzwerk), 195
GUI, 201

höhere Programmiersprache, 51
Handle, 164
Hardware-seitiges Multithreading, 198
higher-order (Funktion), 70, 89
Hilbert, David, 2
Hilbertsche Probleme, 2
Hilfsprozessor, 196
Hintereinanderausführung, 67
Home-Verzeichnis, 17
Horner-Schema, 95
Host, 142, 176
HTML, 181
HTML-Tags, 182
– `<body>`, 182
– `<em>`, 182
– `<h1>`, 182
– `<h4>`, 182
– `<head>`, 182
– `<html>`, 182
– `<pre>`, 182
– `<p>`, 182
– `<title>`, 182
– `<ul>`, 182

ICANN, 171
identifzierendes Attribut, 151
Idle (Prozess- bzw. Threadzustand), 193
Imperative Programmiersprachen, 83
Imperative Programmierung, 83
Informatik (Etymologie), 1
Information Hiding, 68

Inkrementelle Replikation, 162
Integrierte Entwicklungsumgebung (IDE), 53
Inter-Process-Communication, 174
Internet Protocol, 171
Internetknotenpunkt, 171
Internetworking, 170, 173
Intregrationsdichte, 191
IP-Adresse, 175
IPC (Interprocess-Commuication), 174
Isolation, 139
Iteratorobjekt, 99

Join, 149
Jokerzeichen, 31

Kardinalität (einer Beziehung), 152
Kernel, 8, 10
Klasse, 105
Klassen
– -attribute, 106
– -instanzen, 107
– -methoden, 106
– __init__-Methode, 107
Knuth, Donald E., 3
Kommandoerweiterung, 25
Kommandozeilenparameter, 43, 97
Kommandozeilenspeicher, 24
Kommuikationsprotokoll, 171
komplexe Zahlen (`complex` in Python), 56
Komplexitätsklasse P, 4
Komplexitätsklasse NP, 4
Komplexitätstheorie, 4
Konkatenation, 94
Konsistenzerhaltung, 139
konsolenorientierte Anwendung, 23
Korn Shell (`ksh`), 11

LAN (Local Area Network), 195
lange Ganzzahlen (`long int` in Python), 56
Latenzzeiten, 197
lexikografische Sortierung, 60, 102
Linux, 10
Listenkomprehension, 84
load balance, 217
Lock, 199
– Zustand *unlocked*, 203
– Zustand *locked*, 203
Lock (Datenbanken), 160
Lookahead, 127

Lookbehind, 127, 128

Map-Funktion (des MapReduce=Frameworks), 165
MapReduce, 165
Markdown, 55
Markup-Sprache, 181
Match, 112
– nicht-überlappend, 113
mathematische Mengennotation, 84
Mehrkern-Rechner, 196
Message-Passing, 199
Metazeichen, 31
Methode, 106
Minix, 7
mode bit, 19
Mooresches Gesetz, 191
MPI (Message Passing Interface), 199
mpiexec, 212
Multi-Version-Concurrency-Control, 160
Multicore-Programmierung, 208
Multitasking, 12
Multitasking-Betriebssystem, 10
Multithreading, 193
Multiuser-Betriebssystem, 10
MVCC, 160
MySQL, 140
MySQL-Server, 141
mysqld, 141

Nebenläufigkeit, 192
Netzwerk-Protokoll, 171
nicht-überlappende Matches, 113
Nicht-relationale DBMS, 158
Normalformen, 155
Normalisierung einer relationalen Datenbank, 155
NoSQL, 159
Notebooks, 54
NOW (Network of Workstations), 195

Objekt, 107
objektorientierte Programmierung, 105
Oktalzahl (zum Setzen der mode bits), 19
Open-Source-Software, 9
OS/360, 9
Overhead, 192

P/NP-Problem, 4

Parallelität, 193
perfekte Zahl, 65
Perfekte Zahl, 89
Peripheriegeräte, 9
Perl, 51
Persistenz, 135
Pipe, 28
Pipelinestufen, 214
Pipelining, 214
Port, 172
Portnummer, 175
präemptives Multitasking, 12
Priorisierung, 193
Prompt, 30
Protokoll, 171
Prozess, 12, 191
Prozessorkern, 191
PyCharm, 53
Python 2, 52
Python 3, 52
Python-Distribution Anaconda, 53
Python-Funktionen
– `range`, 63
Python-Notebooks, 54
Python-Referenzen, 76
Python-Shell, 54
Pythondatentypen
– `complex`, 56
– `dict`, 77
– `float`, 56
– `int`, 56
– `list`, 70
– `long`, 56
– `str`, 57, 80
– `tuple`, 77
Pythonfunktionen
– `Process.Process(target,args)`, 210
– `Process.Value`, 210
– `Process.join`, 210
– `Process.start`, 210
– `Queue.Queue`, 207
– `del`, 72
– `dir`, 75, 96
– `file.readlines`, 99
– `file.read`, 98
– `file.writelines`, 98
– `file.write`, 97
– `filter`, 91
– `int()`, 63

– `json.dumps`, 162
– `len`, 72
– `list.count`, 74
– `map`, 89
– `max`, 72
– `min`, 72
– `open`, 97
– `os.listdir`, 103
– `os.walk`, 104
– `raw_input()`, 63
– `re.findall`, 112
– `re.sub`, 113, 116
– `reduce`, 93
– `str.capitalize`, 80
– `str.endswith`, 80
– `str.find`, 80
– `str.join`, 80
– `str.lower`, 80
– `str.partition`, 80
– `str.replace`, 80
– `str.split`, 80
– `str.startswith`, 80
– `str.upper`, 80
– `sum`, 72
– `threading.Lock`, 203
– `threading.Thread`, 201, 202
– `time.time`, 206
Pythonklassen
– `CGIHTTPRequestHandler`, 186
– `Cursor`
  – `fetchall()`, 146
  – `fetchone()`, 146
– `FTP`, 179
  – `FTP(host,user,passwd)`, 179
  – `cwd(dirname)`, 179
  – `login(user,passwd)`, 179
  – `retrbinary(cmd,callback)`, 180
  – `storbinary(cmd,file)`, 179
– `Form` (aus HTMLgen), 188
– `HTTPServer`, 186
– `Intracomm`, 213
  – `Get_rank`, 213
  – `recv(source)`, 213
  – `send(s,dest)`, 213
– `Lock`, 203
  – `acquire`, 203
  – `release`, 203
– `Process`
  – `Value`, 210

– join, 210
– start, 210
– Queue, 207
  – get, 208
  – put, 208
– Select (aus HTMLgen), 188
– SimpleDocument (aus HTMLgen), 184
– Table (aus HTMLgen), 184
– Thread, 202
  – join, 206
  – start, 202
– couchdb.client.Server, 163
– socketobject, 177
  – accept(), 178
  – bind(host,port), 177
  – listen(n), 177
  – recv(), 178
  – send(dat), 178
Pythonkommandos
– Intracomm.Get_rank, 213
– Intracomm.recv(source), 213
– Intracomm.send(s,dest), 213
– Thread.join, 206
– break, 65
– continue, 65
– def, 67
– elif, 62
– except, 181
– file.close, 97
– for, 61
– global, 68
– help, 75
– if-Ausdruck, 66
– import, 96
– list.append, 74
– list.insert, 74
– list.remove, 74
– list.reverse, 74
– list.sort, 74
– print, 53
– return, 67
– try, 181
– while, 61
Pythonmethoden
– __cmp__, 109
– __getitem__, 109
– __ini__, 109
– __len__, 109
– __setitem__, 109

– __str__, 109
Pythonmodule
– BaseHTTPServer, 186
– CGIHTTPServer, 186
– HTMLgen, 184
– MySQLdb, 142
– Queue, 205, 207
– cgi, 188
– couchdb.client, 163
– couchdb, 163
– ftplib, 179
– json, 162
– mpi4py, 211
– multiprocessing, 208
– os.path, 104
– os, 96
– pickle, 135
– shelve, 135
– socket, 177
– sys, 96
– threading, 201
– time, 206
– twisted, 201
– urllib2, 182
Pythonoperatoren, 58
– *, 60
– +, 60
– -, 60
– /, 60
– <<, 60
– <, 60
– ==, 60
– >>, 60
– >, 60
– %, 60
– &, 60
– ^, 60
– ~, 60
– and, 60
– in, 60
– is, 60
– not, 60
– or, 60
Pythonshell, 53
Pythonvariablen, 57
– __doc__, 68
– __name__, 211
– sys.argv, 97
– globale, 68

– lokale, 68

Queue, 207
Quotes
– „...„(back tick), 31
– "..."(doppelte Anführungszeichen), 31
– ‚...‚(tick mark), 31
Quoting, 31

Rückwärtskompatibilität, 52
Rückwärtsreferenz (backreference), 115, 124
race condition, 199
Raw-String, 112
Reduce-Funktion (des MapReduce Frameworks),
    165
Redundanz, 136
Registerkarte, 23
Reguläre Ausdrücke
– ⟨re⟩*, 120
– re.DOTALL, 118
– [⟨charlst⟩], 122
– ^, 119
Reguläre Ausdrücke
– ⟨re⟩?, 121
– ⟨re⟩{n,m}, 121
– (?
    – ⟨re⟩), 128
– \W, 119
– \s, 119
– Kommentare, 116
Reguläre Ausdrücke
– ⟨re1⟩⟨re2⟩, 123
– ⟨re⟩+, 121
– ⟨re⟩{m}, 121
– re.MULTILINE, 119
– (?:⟨re⟩), 124
– (?<
    – ⟨re⟩), 129
– (?<=⟨re⟩), 128
– (?=⟨re⟩), 128
– (⟨re⟩), 124
– ., 118
– [^⟨charlst⟩], 123
– $, 119
– \S, 119
– \b, 120
– \w, 119
– \⟨zahl⟩, 124
– Alternativen, 122

– greedy, 126
– Gruppierung, 124, 127
– Lookahead, 129
– Lookbehind, 129
– Non-Greedy-Wiederholungsoperatoren, 126
– Spezielle Zeichen und Positionen, 118
– Wiederholungen, 120
Relation, 139
Relationenalgebra, 144
– Differenz, 145
– Division, 145
– Join, 145
– Projektion, 145
– Restriktion, 145
– Schnitt, 145
– Vereinigung, 145
Relationenschema, 140
Rendering, 196
REPL, 54
Replikation, 161
Reply (im TCP-Protokoll), 172
Request (im TCP-Protokoll), 172
Richie, Denis, 4
root-Verzeichnis (/), 13
Router, 173
Ruby, 51

Scheduler, 12
Schema, 140
Schemafreies Dokumentenmodell, 158
Schlüsselattribut, 151
Schleife, 47
– Bash:while, 47
– Bash:for, 49
– Python:for, 61
– Python:while, 61
Schleifenabbruch, 65
Schleifenkörper, 48
Segmentierung von Datenpaketen, 172
Semaphore, 206
Sequenzen (Python), 70
Sequenzoperationen (in Python), 70
Server, 176
Shell, 11
– Features, 24
– Variablen, 29
Sieb des Erathostenes, 215
SIMD (Single Instruction, Multiple Data), 196
Simultaneous Multithreading, 198

Skalierbarkeit, 159
Skriptsprache, 51
Slicing (in Python), 70
SMP (Symmetrisches Multiprozessorsystem), 195
Socket, 174
– -programmierung, 176
Spyder, 53
SQL, 142
SQL-Kommandos
– CURDATE(), 147
– DAY(...), 147
– MONTH(...), 147
– YEAR(...), 147
SQL-Schlüsselwörter
– AS, 147
– CHAR, 142
– COUNT, 148
– CREATE TABLE, 142
– INSERT INTO ... VALUES, 143
– INTEGER, 142
– NOT NULL, 142
– ORDER BY, 148
– PRIMARY KEY, 142
– REFERENCES, 142
– SELECT, 145
– WHERE-Klausel, 146
Stallman, Richard, 5
Standardausgabe, 26
Standardeingabe, 26
Standardfehlerausgabe, 26
statische Typisierung, 58
stderr, 26
stdin, 26
stdout, 26
Steinbuch, Dr. Karl, 1
Stephenson, Neil, 9
Steuerkanal einer FTP-Verbindung, 179
String, 15
– zeilenübergreifend, 116
Stringformatierung mittels Tupel, 77
Strings in Python, 57, 80
– """..."""', 57
– "...", 57
– '''...''', 57
– '...', 57
– ,...,, 57
Synchronisation von Daten, 162
Synchronisation von Prozessen, 198

Synchronisationsmechanismus, 136
Syntax-Highlighting, 54

Tabelle, 139
Tabellenschema, 140
Tabulator (Registerkarte), 23
Task, 192
Tcl, 51
TCP, 172
TCP/IP
– Referenzmodell, 171
TCP/IP-Schicht, 172
textbasiertes Datenformat, 162
Thompson, Ken, 4
Thread, 192
Thread-Prozessor, 197
Threadzustände, 193
tick mark (,...,), 31
Time-Sharing, 193
Torvalds, Linus, 6
Trade-Off, 159
Transaktion, 137
transitiv, 157
Transmission Control Protocol, 171
Transportschicht, 172
Treiber, 8
Treiberschnittstelle, 10
Treiberschnittstelle (Linux), 10
Turingmaschine, 2
Typisierung
– dynamisch, 57
– statisch, 57

Ubuntu, 13
UDP, 172
Umgebungsvariable
– $, 43
– $0, 43
– PATH, 30
– PS1, 30
– $i, 43
– PS1, 30
Umgebungsvariablen (der Bash), 29
Umleitung, 26
– 2>, 27
– <, 27
– >>, 27
– >, 27
Unix, 10

Unix vs. Linux, 10
Unix-Dateisystem, 13
Unix-Derivat, 10
Unixkommandos, 15
– &&, 33
– ;, 32
– cat, 17
– cd, 16
– chmod, 19
– cp, 17
– cut, 39
– done, 47
– do, 47
– du, 21
– echo, 21
– else, 46
– file, 16
– find, 34
– fi, 46
– grep, 36
– head, 41
– if, 46
– killall, 20
– kill, 20
– less, 17
– ls, 14
– man, 15
– mkdir, 16
– mv, 17
– passwd, 19
– ps, 20
– pwd, 16
– read, 42
– rmdir, 16
– rm, 17
– set, 29
– sleep, 48
– sort, 40
– tail, 41
– tar, 21
– test, 44
– then, 46
– top, 20

– touch, 17
– wc, 21
– whatis, 15
– while, 47
– whoami, 19
– who, 19
– […], 46
– for, 49
– for ohne in, 49
URL, 182
Usenet, 6
User Datagram Protocol, 172

Verbindungsobjekt, 142
Vererbung, 108
Verzeichnisbaum, 13
vi, 22
– Eingabemodus, 23
– Kommandomodus, 23
View, 165

Wäschewaschen (als Pipeline), 214
Wartbarkeit von Programmen, 65
Warteschlange, 207
Wettlaufbedingung (race condition), 199
WHERE-Klausel (SQL), 146
Wildcard, 15, 25
– *, 15, 26
– ?, 15, 26
– [! …], 26
– […], 26

Zahlentheorie, 2
Zeitkomplexität, 4
Zeitscheibe, 193
Zelle (Notebook), 55
ZFS (Dateisystem), 137
Zufallsexperiment, 209
Zugriffszeiten
– Festplatte, 28
– Hauptspeicher, 28
zusammengesetzte Datentypen (in Python), 70
Zustand (eines Threads oder Prozesses), 193
Zwillingsprimzahl, 69

www.ingramcontent.com/pod-product-compliance
Lightning Source LLC
LaVergne TN
LVHW062313060326
832902LV00013B/2194